아동을 위한

접수상담

박현주 저

학지사

머리말

아동상담자로서 오롯이 접수상담을 시작한 것은 상담실을 개소한 뒤부터였습니다. 부모와 아동에게 좋은 첫인상을 주고 의미 있는 상담자가 되고 싶었습니다. 대표 상담자로서 접수상담에 오는 내담자에게 적합한 자료를 미리 찾아보고, 어떤 모습의 부모와 아동을 만나게 될지 상상하며 약간의 설렘과 긴장 속에서 첫 시간을 기다렸습니다.

상담에서 접수상담은 매우 중요한 시간이라고 익히 배워 알고 있었습니다. 상담실을 직접 운영하면서 접수상담의 의미와 가치를 더 부여하였습니다. 상담이 늘어날수록 접수상담의 중요성을 더 많이 깨달았습니다.

아동상담에서 부모의 결정이 얼마나 중요하고 강한지 알기에, 부모와의 첫 상담을 마치면 자성의 시간이 저절로 생겼습니다. '과연 이런 방법이 맞는 것인가? 접수상담을 잘하고 있는 걸까?'에 대한 답을 찾으려 노력하였습니다. 왜냐하면 다른 상담 이론보다 접수상담에 대한 것은 대학원에서도 매우 간략하게 배우고 넘어간 탓에 체계적으로 익히지 못했다고 느꼈기 때문입니다. 이후 부족함을 느낄 때마다 접수상담과 부모상담에 도움이 될 만한 자료를 찾았습니다. 상담전공 서적은 물론 전문가 및 부모들이 쓴 육아서, 동화,

영유아 전문잡지, 맘 카페 사이트의 대화방까지 살펴보며 상담자의 전문성을 향상하는 일에 깊은 관심을 기울였습니다. 관심을 가질수록 더 필요한 것이 보였고, 부족함을 무엇으로 채울 수 있을까에 대한 고민도 했습니다. 다른 분야의 상담자들과 소통도 하고, 한국심리상담연구소에서 진행하는 효과적인 부모역할 훈련(Parent Effectiveness Training: PET)에 참가하여 강사과정까지 마쳤습니다. 이전보다 부모와 아동에 대한 이해가 높아진 것은 사실이지만 부모의 간절한 상담욕구를 위해서 무언가 더 필요하다고 느꼈습니다. 마치 같은 재료를 가지고도 유난히 맛을 잘 내는 요리사처럼 기본에 충실하면서 나만의 상담기술을 더 얻고자 했습니다.

접수상담에 익숙해지고 상담만족도가 높았던 부모의 소개로 상담실을 찾아오는 내담자가 있어 감사하지만 여전히 쉽지 않다고 느끼는 것이 접수상담입니다.

상담자가 전문성을 가장 많이 발휘해야 하는 시간은 접수상담이라고 말해도 과언이 아닐 것입니다. 첫 상담의 중요성을 상담자 못지않게 느끼는 부모가 많기에 전문가적 자질 향상에 힘써야 한다고 생각합니다. 아동과 부모와의 오랜 상담 경험으로 같은 길을 가는 아동상담자들에게 먼저 얻은 지식을 함께 나누고자 접수상담에 대한 전공서를 집필하기로 했습니다.

아동상담 분야에서 접수상담을 체계적으로 교육하고 훈련하는 데 초석이 되길 바라는 마음으로 시작한 일입니다. 충분하지 않은 참고문헌과 그동안의 접수상담 경험을 정리하면서 무리한 계획은 아닐까 염려도 했지만 결코 소홀하게 여길 주제가 아니기에 조심스럽게 첫발을 내딛었습니다. 필자가 그랬듯이 누군가는 접수상담에 대한 전문성을 체계적으로 익히지 못해 두려운 마음으로 상담실에 들어설지 모릅니다. 성인상담과 다른 아동상담의 특수성을 잘 알고 있기에 아동상담자의 접수상담에 대한 전문성 향상을 위해 작지만 힘을 보태려고 합니다.

혹자는 앞으로 저출산시대가 더 길어지면 아동상담 분야도 위기를 맞을 것이라고 말합니다. 맞는 말이기도 하지만 자녀를 향한 부모의 애정과 기대감은 절대 감소하지 않을 것입니다. 자녀의 수가 적어지는 만큼 그 소중함은 배가 되어 아동의 건강한 성장을 바라는 부모는 상담이 필요할 때 더욱 전문적인 상담자를 찾을 것입니다. 그러기에 아동상담은 더 세분화되고 발전할 필요가 있습니다. 상담자 스스로 성장의 끈을 놓지 말고 가야 합니다. 필자는 상담의 마중물 역할을 하는 접수상담에서 그것을 찾고자 합니다.

이 책은 접수상담에 대한 실제적인 자료로 필자의 접수상담 경험과 한국놀이치료학회에 이미 게재한 접수상담 관련 연구 논문을 토대로 집필하였습니다.

제1장 '아동을 위한 접수상담', 제2장 '접수상담의 진행과정', 제3장 '접수상담에서의 기록', 제4장 '접수상담의 실습', 제5장 '접수상담의 사례'로 구성되어 있습니다. 부록에는 접수상담 실무에서 사용할 수 있는 서류와 보고서 양식의 예를 수록하였습니다. 그 외 접수상담 경험을 한 어머니의 인터뷰 내용도 포함되어 있으니 접수상담에 대한 이해와 실제 업무에 도움이 되길 바랍니다.

아동상담을 전공하는 학생이나 상담자가 접수상담을 보다 쉽게 이해하는 자료로 유용하게 사용되길 바랍니다. 특히 접수상담에 대한 부담을 느끼는 초보접수상담자와 아동상담실에서 '실장'이란 이름으로 상담 업무를 돕는 비전공자에게 실질적으로 도움이 되길 기대합니다. 무엇보다 아동접수상담자가 이 책을 통해서 아동이 변화하고 성장하는 상담활동에 참고하는 자료가 되길 희망합니다.

접수상담에 대한 단행본 출판 자체가 불모지나 다름없음에도 기획안을 보고 흔쾌히 의미 있는 책이 되겠다며 집필을 허락해 준 학지사의 김진환 사장님께 먼저 감사드립니다. 직접 필자의 상담실을 방문하여 응원해 주고 더 깊은 사고를 하도록 도움을 준 한승희 부장님과 홍석 차장님께도 감사드립니다. 또한 원고 전 과정의 편집을 끝까지 신경 써 준 안정민 씨에게도 고마움을 전하고 싶습니다.

집필에 대한 부담을 안고 출발했지만 오랜 벗이자 같은 길을 가는 동료 상담자가 있어 끝까지 마무리할 수 있었습니다. 바쁜 일과 중에도 원고에 대한 조언을 해 준 해밀아동청소년상담센터의 김지윤 부소장과 이형선 실장에게 고마움을 전하고 싶습니다. 또한 마음으로 응원을 아끼지 않았던 수원시청소년상담센터의 차은미 소장, 허그맘 광명센터 대표 김은숙 원장에게도 힘이 되었다고 전하고 싶습니다.

여러 해 전, 접수상담에 대한 주제로 박사학위 논문을 쓰겠다고 했을 때 주저 없이 "관련 연구가 없으니 자네가 한번 해 보게."라며 적극적인 지도로 힘을 주셨던 숙명여자대학교 명예교수이며 은사이신 김광웅 교수님께도 깊이 감사드립니다.

끝으로, 상담과 집필에 몰두하여 가끔씩 지쳤을 때조차 잘할 수 있다며 희망을 주고, 기도해 준 가족에게 감사드립니다. 특히 애정과 지원을 아끼지 않았던 남편과 아들에 대한 고마움을 오랫동안 기억하겠습니다. 그 밖에 드러나지 않게 도움을 준 많은 분에게도 감사를 드립니다.

2019년 6월

필자 박현주

차례

제5장 접수상담의 사례 • 245

부록 • 323

참고문헌 • 349

찾아보기 • 351

제1장

아동을 위한 접수상담

1. 접수상담의 의미
2. 접수상담자의 역할

1. 접수상담의 의미

1) 접수상담의 의미와 개념

상담은 상담활동을 매개로 하는 상담자와 내담자 간의 특별한 만남이다. 접수상담은 상담의 출발점으로 매우 중요한 의미를 가진다. 또한 상담자와 내담자가 처음으로 만나는 상담시간이다. 조금 더 자세히 접수상담에 대한 의미를 살펴보자.

접수상담이란 접수(接受)와 상담(相談)의 합성어다. 우선, 상담(相談)은 말로 상의한다는 뜻이다. 즉, 문제를 해결하거나 궁금증을 풀기 위하여 상담자와 내담자가 서로 의논하는 것이다. 서로 의논한다는 것은 일방향의 전달이 아니다. 상담자와 내담자 양자 간의 이야기라고 볼 수 있다. 이 때문에 상담은 상담자와 내담자의 상호 협력적인 활동일 수밖에 없다(박랑규 외, 2011). 그럼에도 상담자인 필자조차 내담자가 상담을 받는다는 말을 흔하게 사용하고 있었다. 돌이켜 보니 내담자에게 도움을 주는 활동으로 이해하고 있었던 것 같다. 그래서 쉽게 상담을 받으러 오라고 거리낌 없이 말한 건 아닌가 싶다.

상담은 도움이 필요한 내담자와 도와주는 상담자 간에 성립되는 인간관계와 상담활동이라고 규정하는 것이 일반적이다(김흥규, 2003). 자신의 문제를 인식하고 해결책을 찾아가는 내담자의 활동에 전문성을 가진 상담자의 역할이 더해져 상담성과를 낸다. 결과적으로 보면 내담자가 상담활동을 통해 자신의 문제를 해결하는 데 도움을 받았다고 느끼면 상담자가 도움을 준 것이 맞다. 그렇지만 상담이란 단어의 뜻처럼 상담자와 내담자는 내담자가 호소하는 심리적인 문제를 상의하지만 전적으로 상담자가 문제를 직접 해결해 주진 않는다. 내담자 스스로 자기 문제를 해결하는 일에 상담자가 동참할 뿐 주체는 내담자 본인이다.

상담 앞에 접수라는 말이 붙으면 어떤 의미일까? 접수(接受)란 신청이나 신고 따위를 구두(口頭)나 문서로 받는 것을 뜻한다. 그렇다면 접수상담의 의미는 무엇일지 생각해 보자.

접수상담은 내담자가 어떠한 문제를 해결하거나 궁금증을 풀기 위하여 상담자에게 구두나 문서 형태로 신청하고 함께 의논하는 일을 상담자의 입장에서 표현한 말이다. 즉, 접수상담이란 내담자의 문제를 해결해 나가기 위해 상담자와 내담자 양자 간의 협력적인 인간관계이며 상담활동이다.

상담자는 내담자가 자기결정에 확신을 가질 수 있도록 수용하는 자세를 보여야 한다. 내담자와 상담자가 신뢰관계를 형성할수록 내담자 스스로 사고활동을 촉진시켜 상담동기를 확인하고 상담의지를 높인다. 따라서 접수상담자는 가급적 편안한 상담분위기를 조성하여 내담자가 자신의 변화와 성장을 위해 노력하도록 지지와 격려해야 한다(강갑원, 2012).

첫 번째 상담시간의 의미를 담고 있는 접수상담은 여러 가지 용어로 사용된다. 즉, '첫 상담, 첫 면접, 첫 대면, 최초 상담회기, 1회기 상담, 접수면담, 접수면접' 등이다(박현주 외, 2013). 가장 비슷하게 불리는 용어는 접수면접이다. 접수면접에 담긴 뜻을 살펴보자.

면접(面接)은 서로 대면하여 만나 보는 일이다. 면접하면 채용 상황이 연상된다. 면접관이 응시자를 마주한 채 이야기하는 모습이 그려진다. 그래서 접수면접이란 말을 들으면 상담자와 내담자가 직접 대면하여 이야기하는 장면이 떠오른다. 두 사람 사이의 면대면의 시간으로 이해할 수 있다. 일반적으로 접수상담과정은 상담자를 직접 대면하기 이전에 상담에 대해 알아보고, 상담을 신청하는 것부터 시작된다고 봐야 한다. 그러므로 접수상담은 의뢰과정에서부터 상담자와 직접 면담하는 시간까지를 포함한 보다 포괄적인 활동으로 이해하는 것이 좋다.

인간관계에서 첫 만남은 매우 의미가 있다. 첫 만남에서 좋은 인상을 가지면 서로 신뢰하는 관계로 발전할 것이다. 접수상담 역시 상담자와 내담자가 긍정적인 첫 상담시간을 가지면 상호 신뢰 속에서 상담활동을 시작할 수 있다. 그래서 많은 상담자가 접수상담의 중요성을 강조한다(이장호, 1990; 이장호, 2005).

첫인상이 어떠냐에 따라 그 만남에 대한 기억은 긍정적이거나 부정적으로 인식된다. 보통 첫인상이 좋은 대상에게는 호감을 보이지만 첫인상이 좋지 않다면 반감뿐 아니라 선입견을 가질 수 있다. 간혹 첫인상과 다른 반전 매력을 가진 대상과 만남을 지속하는 경우가 있다. 좋지 않았던 첫인상의 기억을 간직한 채 말이다. 매우 드문 경우다. 대부분 첫인상이 좋지 않으면 이후 만남을 기약하지 않는다. 좋은 인간관계를 위해서 사람들은 첫인상에 신경을 많이 쓴다. 하물며, 계약관계와도 같은 상담에서 상담자와 내담자의 첫인상은 얼마나 중요하겠는가? 내담자가 첫 만남인 접수상담에 대한 높은 기대를 가지는 경우가 많다. 이 때문에 상담자에겐 상담의 출발점에 해당하는 접수상담이 중요할 수밖에 없다(이장호, 1995).

접수상담은 정해진 시간 동안 이루어지는데, 내담자가 기대하는 상담목표를 설정하는 것까지 협의한다. 이를 위해서 두 사람은 촉진적인 상담관계를 형성해야만 한다. 상담자와 내담자가 촉진적인 관계를 형성하려면 서로에 대한 깊은 신뢰가 기본이 되어야 가능하다. 첫 만남에서 내담자가 기대한 것이 충족되면 대체적으로 성공적인 접수상담이 이루어졌다고 볼 수 있으며, 발전적인 관계로 나아갈 수 있다. 둘 사이의 발전적인 관계 여부는 차기상담에 대한 약속으로 확인할 수 있다.

접수상담자는 내담자의 입장에서 주 호소 문제를 생각할 수 있어야 한다. 인내를 가지고 내담자 스스로 자신의 문제를 해결할 수 있도록 이해와 공감 반응으로 전문성을 발휘해야 한다. 내담자는 상담자에게 곤란한 주제라도 자신의 문제를 솔직하게 말하고 상담자만큼 이해하려고 노력해야 한다. 상담자에게 전적으로 의존하기보다 스스로 문제를 해결할 수 있다는 확신을 갖고 자기성찰의 시간도 가져야 한다(강갑원, 2012; 이장호, 2005).

접수상담은 내담자의 적극적인 상담 참여와 상담자의 전문적인 상담 기술 활동으로 이루어진다. 접수상담의 성공 여부에 따라 이후 상담이 좌우되는 만큼 접수상담자는 상담자의 역할에 충실해야 한다(노안영 외, 2006).

2) 성인상담과의 차이

접수상담은 아동상담에서도 매우 강조하고 있다. 성인과 다른 아동과의 접수상담은 보다 전문적이어야 한다. 성인상담과의 차이를 알면 아동 대상의 접수상담을 왜 더 강조하는지 저절로 이해할 수 있다.

아동상담이 성인상담과 다른 이유는 크게 세 가지로 정리할 수 있다. 즉,

아동은 성인에 비해 언어능력이 부족하고, 낮은 상담동기로 자발성이 부족하며, 대부분의 의사결정을 부모가 대신 한다는 점이다. 구체적인 내용을 살펴보자.

첫째, 아동은 성인에 비해 언어능력이 부족하기 때문에 여러 가지 면에서 제한점이 있다. 아동은 언어를 이해하고 표현하며, 전달하는 능력이 성인보다 어렵다. 그래서 성인처럼 언어 중심의 상담을 할 수가 없다. 성인과 이런 차이를 보이는 가장 큰 원인은 아동의 발달 때문이다.

아동은 모든 발달에서 성인보다 미성숙한 상태에 있다. 언어발달 역시 성인에 비해 현저하게 낮은 상태로, 자신의 생각과 감정을 표현하는 능력에서 상당한 차이를 보인다(백용매 외, 2003).

언어 표현의 제한이 있다고 해서 아동이 자신의 감정을 전혀 모르는 것은 아니다. 다만, 아동은 성인과 다른 방법으로 자신의 감정을 표현한다. 예컨대, 얼굴 표정이나 행동으로 자신의 기분을 나타낼 수 있다.

화가 난 상황에서 성인과 아동이 어떤 차이를 보이는지 생각해 보자. 성인에게 화가 난 이유를 물어보면 대부분 자신이 화가 났던 상황을 떠올리며 진술할 수 있다. 화난 이유를 설명하고 현재의 감정을 찾아 말할 수 있다. 화가 난 이유를 알기 때문에 어떻게 대처할지도 생각할 수 있다. 이에 반해 아동은 누가 봐도 화가 난 얼굴이지만 왜 화가 났는지 물어보면 잘 모르겠다고 하거나 계속 화만 낼 수 있다. 말로 이유나 상황을 설명하는 대신 얼굴을 찡그리거나 눈을 치켜뜬다. 우는 정도와 목소리로 어느 정도 화가 난 것인지 대신 알아챌 수 있다. 아동 스스로 화가 난 정확한 이유를 잘 인식하지 못하기 때문에 대처방법을 모른다. 주로 짜증이나 칭얼거림, 삐침과 같은 행동으로 화가 난 자신의 상태를 표현한다. 성인과 아동이 언어 · 인지 · 사고 발달에서 차이가 나는 것은 자연스럽다. 그러므로 아동상담은 성인과 다른 방법으로 상담하는 것이 적합하다.

아동의 발달은 같은 나이라도 개인차를 보인다. 개인차는 언어발달에서도 여실히 드러난다. 또래보다 말을 잘하는 아동이 있고, 그렇지 않은 아동도 있다. 아동은 언어로 표현하는 능력뿐 아니라 사고력과 사회성 발달에서도 성인보다 미숙할 수밖에 없다. 그래서 상대방의 말이나 행동의 의미를 이해하고, 의도에 따라 자신의 생각과 감정을 표현하는 능력에서도 상당한 차이를 보일 수 있다.

이러한 아동의 특수성 때문에 아동을 상담할 땐 주로 매개체를 이용하는 경우가 많다. 가장 대표적인 것 중의 하나가 놀이치료기법이다.

놀이치료는 놀이활동을 매개로 아동의 생각과 감정을 보다 쉽게 표현하도록 돕는 아동상담기법이다. 이 기법은 제한적으로 언어를 표현하는 아동이 자신의 세계를 자연스럽게 표현하도록 한다. 말하기 어려운 감정을 놀이로 재연하고, 내면의 세계를 상상으로 표현하기도 하여 아동의 발달 및 심리 상태를 이해하는 데 유용하다. 이런 이유 때문에 아동상담에서 보다 효과적으로 사용하고 있다(강은주 외, 2010; 김광웅, 1999; 김광웅, 2009).

아동은 놀이환경을 다른 환경보다 편안해한다. 또한 자발적이고 자생적으로 놀이를 한다. 놀이 속에서 자신의 경험과 감정을 실제적으로 표현하고, 내적인 자신의 세계를 상징적으로 보여 준다. 많은 아동이 언어로 자신의 세계를 표현하는 것을 힘들어하지만 놀이활동에선 보다 쉽게 표현하는 것을 알 수 있다(유미숙 외, 2006).

대부분의 성인은 대화만으로 상담이 가능한 반면, 아동은 놀이활동과 같이 의사소통을 돕는 수단을 이용한 상담이 보다 효과적이다. 이는 놀이가 가진 속성 때문이다. 아동은 쉽게 놀이에 대한 매력을 느끼기 때문에 말로 표현하는 부담을 감소시켜 준다.

필자도 많은 아동이 놀이를 통해 자기를 표현하는 것을 보았다. 쉽게 말문을 열지 못하던 아동도 놀이 속에서 저절로 상호작용하고 말로 하기 힘든 상황마저 재연(再演)하는 것을 볼 수 있었다.

언젠가 가정폭력으로 아빠와 엄마의 싸움을 목격하고 싸움 끝에 엄마가 구급차에 실려 가는 것을 본 아동이 상담에 왔다. 충격적인 경험으로 아동이 그 이야기를 어떻게 표현할지 궁금했지만 말을 건네기가 조심스러웠다. 한동안 망설이던 아동은 놀이로 당시 상황을 표현했다. 말은 거의 하지 않았지만 실제처럼 장면을 꾸미는 것 같았다. 아빠와 싸우던 엄마 인형을 소방관이 구급차에 태우고 사이렌을 요란하게 울리며 병원으로 이송했다. 구급차가 떠난 자리에 경찰차가 주차되고 경찰관 두 명이 아빠를 경찰차에 태웠다.

또 다른 아동은 자동차 안에 갇힌 경험 때문에 불안이 높아져 상담을 신청했다. 사건 이후 아동은 조금만 어둡거나 혼자 있는 것을 몹시 두려워하였다. 잘 때에도 방문을 닫지 못하게 하였고, 심지어 형광등을 꼭 켜 놓은 채 잤다. 이 아동의 놀이는 은유적이었다. 작은 아이의 머리 위에 자꾸만 유령이 나타나서 따라다닌다. 유령은 무서운 소리를 내며 아동 주변을 맴돌다 어른만 나타나면 사라진다. 아동이 이불을 뒤집어쓰거나 화장실에 앉아 있을 때조차 계속 나타났다. 하지만 유령에게도 약점이 있었다. 아동을 쫓아다니는 유령은 엄마만 등장하면 꼼짝을 못했다. 실제 이 아동은 차 안에 갇힌 이후 엄마와 떨어지지 않으려 했고, 엄마와 있으면 덜 무섭다고 표현했다.

두 사례에서 보는 것처럼 아동에게 놀이란 언어적인 제한을 넘어서 의사소통의 수단이 될 수 있다. 이런 이유로 많은 아동상담자가 아동의 놀이를 관찰하거나 놀이평가를 통해서 아동의 전반적인 발달 정도나 심리 상태를 이해하고 있다.

둘째, 아동은 상담에 대한 동기가 낮아 자발적으로 참여하지 않는다. 성인과 달리 아동은 스스로 상담이 필요한 상태인지 인식하지 못한다. 가끔 부모에게 상담을 하고 싶다고 직접 말해서 오는 아동이 있지만 대부분의 아동은 부모 때문에 상담에 온다. 그래서 아동은 상담에 대한 이해가 성인보다 낮고 상담동기도 거의 없는 편이다(김순혜, 2004).

아동상담에서 부모가 상담을 신청하면 아동의 의지와 상관없이 상담이 결정되고, 부모가 상담목적까지 정한다. 자발성이 없는 아동을 데리고 오는 것은 부모에게도 쉽지 않다. 그럼에도 아동이 같이 와야 하는 이유는 부모가 아동의 문제를 호소하기 때문이다. 억지로 부모와 접수상담에 온 아동은 접수상담에 협조하지 않는 편이다(현정환, 2009). 이런 아동은 접수상담자와의 첫 대면에서 거부적인 태도를 보일 가능성이 높다. 부모의 일방적인 지시로 따라온 아동은 부모에게 직접 불만을 표현한다. 예를 들면, 부모를 툭툭 치거나 발길질을 하며 불편한 마음을 공격적으로 드러내는 경우다. 그러나 자발성이 없더라도 부모의 결정을 믿고 오는 아동도 있다. 이런 아동은 심하게 접수상담을 거부하진 않는다.

부모가 상담에 오기 전, 접수상담에 대한 설명을 해야 하는 이유가 여기에 있다. 간혹 부모가 사전에 상담에 대해 설명하고 안내를 했지만 상담동기가 생기지 않아 불편한 마음으로 접수상담에 온 아동이 있을 수 있다. 이런 아동은 친숙한 부모가 곁에 있더라도 접수상담자와 대화하는 것을 싫어한다. 필자가 만난 한 아동은 접수상담에서 말을 시켜도 대답하지 않았다. 화가 난 마음을 침묵으로 표현하고 있었다. 꾹 다문 입을 아동이 스스로 열지 않아 목소리를 들을 수 없었다. 어쩔 수 없이 부모와만 접수상담을 하였다. 또 다른 아동은 상담실 입구까지 왔지만 바깥쪽 복도에서 들어오지 않았다. 엄마가 강제로 데리고 왔다며 계속해서 화만 내고 있었다. 상황을 들어 보니 방과 후에 친구랑 놀기로 했는데 엄마가 학교 앞에서 기다리는 바람에 친구와의 약속을 지키지 못한 것이다. 화가 난 상태로 따라는 왔지만 기분이 좋지 않았다. 그래서 아동은 복도에서 엄마에게 화를 내고 있었다. 엄마를 향해 "엄마가 내 시간 물어내, 물어내란 말이야. 당장!"이라며 소리를 질렀다. 엄마가 속상하고 화난 마음을 달래 주려 했지만 원하지 않았다. 이 아동도 접수상담 당일 상담할 수 없었다.

비슷한 또래 아동 역시 엄마가 자기 맘대로 상담을 신청했다며 엄마도 상담하지 말라며 막무가내로 떼를 썼다. 상담자가 말을 시켜도 "안 할 거야."라고 하거나 "여기 이상해."하며 상담자의 말에는 대꾸조차 없이 엄마만 졸라댔다.

지금은 접수상담을 한 경험이 많아져 이런 아동이 와도 여유를 가지고 바라볼 수 있게 되었다. 웬만하면 면담없이 그냥 돌아가게 하는 일은 없다. 그러나 여전히 필자에게도 비자발적으로 온 아동과의 접수상담은 힘든 시간이다.

조금 더 특별하게 신경 써야 하는 아동이 있더라도 접수상담자가 전문적인 접수상담 기술을 갖추고 있다면 능숙하게 첫 상담을 성공적으로 해낼 수 있다. 이를 위해 접수상담자는 아동의 특수성을 잘 이해해야 한다.

셋째, 부모가 아동을 대신하여 상담 전 과정에서 의사결정을 한다. 성인은 본인이 상담을 신청하고 스스로 의사결정을 한다. 하지만 아동은 내담자이지만 의사결정을 하지 않는 편이다. 대부분 부모나 보호자가 상담자와 상의하여 결정한다. 상담을 의뢰하고 종결할 때까지 중요한 의사결정은 거의 부모가 한다. 그래서 아동상담에서는 부모의 역할이 중요하고, 상담자들에겐 부모상담에 대한 전문성이 더 강조된다. 부모의 이런 역할 때문에 부모를 내담자로 볼 것인지에 대한 주제가 아동상담 분야에서 자주 논의된다. 필자는 부모를 내담자로 간주하여야 한다고 본다. 그 근거는 상담의 성립조건에서 찾아볼 수 있다.

상담의 성립조건은 상담비, 상담시간, 상담공간이다. 세 가지 조건을 상담자와 내담자가 합의하면 상담이 성립된다. 내담자는 상담활동에 대한 상담비를 지불해야 하고, 약속한 장소에서 정해진 시간 동안에 상담자와 공식적인 상담관계로 만난다(신경진, 2010).

아동상담에 오는 부모는 상담자와 이런 상담의 성립조건을 준수하는 대상이라고 볼 수 있다. 즉, 내담아동이 아닌 부모가 상담비를 지불하고, 상담시간에 맞춰 상담장소에서 상담활동에 참여한다. 물론 아동도 동행하지만 부모가 주로 상담자와 이야기한다. 아동상담에서 상담성과를 내기 위해서는 아동보다 적극적인 부모의 노력이 필요하다.

부모는 적극적으로 상담에 참여하여 상담자와 함께 아동의 문제를 해결하기 위해서 협력한다. 어떤 면에서 보면 아동보다 부모가 더 큰 역할을 한다고 봐도 과언이 아니다. 상담 준비과정부터 부모는 능동적인데 비해 아동은 수동적이고 비자발적이다. 이런 관점에서 본다면 아동상담에 오는 부모를 내담자로 볼 수 있다.

접수상담자는 아동과 부모가 기대하는 것이 무엇인지 접수상담에서 정확하게 파악해야 한다. 부모의 상담욕구를 충족시켜 주는 일은 접수상담에서 중요하다. 접수상담부터 상담의 전 과정에 참여하는 부모는 주도적으로 의사결정을 하기 때문에 상담자가 신경을 쓰는 것은 당연하다.

접수상담에 부모만 오는 경우는 있어도 아동만 오는 법은 없다. 그만큼 아동상담에서 부모의 역할과 참여는 중요하다. 접수상담에서 부모의 욕구를 파악해야 하는 또 다른 이유는 상담 이후 부모자녀관계에 영향을 주기 때문이다. 한두 번의 상담 결과라도 부모가 자녀에게 영향을 줄 가능성이 높다. 따라서 접수상담자는 부모자녀관계에 도움이 되는 접수상담을 해야 한다.

자녀를 대신하여 부모가 상담에서 많은 의사결정을 하는 이유는 아동이 미성년자이기도 하지만 문제를 해결하고자 하는 의지가 아동보다 높기 때문이다. 즉, 부모의 상담동기와 의지에 따라 아동상담이 달라진다. 접수상담자는 부모가 자녀를 어떻게 이해하고 주 호소 내용에 대해 어떤 생각을 하는지 파악해야 한다. 접수상담에서 다루는 아동문제 중 상당수는 부모 자신에 대한 것이거나 부부문제로 야기된 것이다. 하지만 부모 대부분은 주 호소 내용을 아동에 대한 것만 적기 마련이다. 당신이 만약 접수상담자라고 생각해 보자. 아동의 문제를 해결하기 위해서 부모의 변화가 절실하다고 소견을 밝히고 싶다면 어떻게 부모에게 말할 것인가? 다음의 사례를 통해서 부모에 대해 구체적으로 이해해 보자.

한 어머니가 접수상담 후 필자에게 말했다. "선생님 얘기대로 우리 아이보다 저희 부부가 먼저 상담을 받아야겠네요." 어머니가 말한 아동의 주 호소 내용은 부부문제와 연관되어 있었다.

아동이 어린이집에서 친구들을 방해하고 교사의 지시를 따르지 않자 교사가 어머니에게 상담을 권유했다. 하지만 아버지는 어릴 땐 누구나 그럴 수 있다고 생각했다. 조금 더 크면 아동이 저절로 좋아질 것이라며 상담을 원하지 않았다. 반면, 어머니는 어린이집 교사에게 아동이 어떻게 친구들을 불편하게 했는지 듣고 상담을 해서라도 도움을 주고 싶었다. 부부갈등을 피하기 위해 아내는 한동안 상담을 미루었다. 아동의 문제는 점점 더 심각해졌다. 자기 맘대로만 하는 아동이 교사의 주의에도 불구하고 한 친구를 때렸다. 상대 어머니가 어린이집에 불만을 제기했다. 그 일 이후 어쩔 수 없이 부모가 함께 상담에 왔다.

어머니는 아동이 고집스러운 남편을 닮았다고 느끼고 있었고, 아버지는 아내가 과민하여 불필요한 교사의 말을 따르려 한다고 주장했다. 어머니는 아동에 대한 이야기를 남편과 하게 되는 날이면 속이 부글거리고 화가 치민다고 표현했다. 평소 부부싸움을 하는 이유였다. 남편은 아내가 혼자서라도 상담을 하겠다고 결심하자 따라왔다. 문제는 부부의 양육갈등으로 보이지만 어머니는 주 호소 내용을 '어린이집 부적응, 또래관계의 어려움'이라고 기재했다.

앞의 사례처럼 부부의 생각이 달라 남편은 상담을 반대하고 아내만 상담하고 싶어 하는 또 다른 경우가 있었다. 아동은 또래보다 인지발달이 빠르고 말도 잘하지만 새로운 것을 배우러 갈 때면 좀처럼 엄마랑 떨어지지 못했다. 아버지는 아동에게 별다른 문제가 없다고 보았다. 아동은 새로운 것을 배우기 위해 오랜 시간이 걸렸다. 집에서는 의존적인 아동이 아니었다. 그럼에도 아동은 새로운 강좌의 첫 시간이면 쉽게 들어가지 못하고 복도에서 친구들이 하는 것만 쳐다봤다. 이런 날이 많아지자 친구 엄마가 상담을 권유했다. 아버지는 아동이 굳이 안 해도 되는 강좌를 아내가 등록했기 때문에 생긴 문제로 상담까진 필요없다고 느꼈다. 하지만 어머니는 아동이 새로운 것을 배울 때뿐 아니라 새로 산 옷을 입거나 신발을 신을 때에도 불필요하게 예민한 반응을 보여 힘들어했다. 새 제품에 붙어 있는 상표가 피부에 닿기만 해도 불편하다거나 옷감이 조그만 뻣뻣해도 싫어하고 달라붙어도 입지 않았다.

접수상담에 온 이 아동은 조심스럽게 행동했고 눈 깜박임과 코를 씰룩거리는 틱(tic) 증상을 보였다. 아동은 어머니의 말처럼 새로운 것을 경계하는 모습을 보였고, 아버지의 얘기처럼 또래보다 말을 잘하고 높은 수준의 어휘를 사용하는 것으로 보아 인지발달이 빨라 보였다.

아버지는 상담자와 따로 이야기를 나누면서 아동의 특성을 이해하였다. 아버지는 상담자에게 조심스럽게 어릴 때 자신이 딸과 비슷하게 커 왔다고 말했다. 고등학교 때까지 남모르게 학교시험이나 수학여행이 다가오면 불안하고 두려웠던 기억을 떠올렸다. 당시 아버지는 걱정이 있으면 쉽게 잠을 자지 못했다. 아버지는 접수상담을 통해 자신을 돌아보는 시간을 가졌기 때문에 딸의 모습을 더 잘 이해하게 되었다. 아버지는 아동의 불편을 누구보다 잘 이해한다며 차기상담에 적극 동의했다. 접수상담 이후에도 여러 번 아내와 상담에 왔다. 아동은 놀이치료를 하면서 변화를 보였다. 이전과 달리 무언가 시작할 때 겁을 내기보다 재미를 먼저 알게 되었고, 새로운 것을 배우는 환경에 더 빠르게 적응해 갔다.

접수상담으로 부모가 아동의 문제를 이해하고 도울 수 있는 방법을 함께 찾는 것은 아동에게 매우 중요하다. 부모가 자신의 문제를 인식하고 인정해야 하더라도 말이다. 앞의 두 사례처럼 아동문제의 근본적인 해결을 위해서 부모 자신과 아동을 둘러싸고 있는 가족환경을 다른 관점에서 이해하도록 돕는 것도 접수상담자의 역할 중 하나다. 부모에게 불편한 이야기를 전달하는 것은 상담자에게도 부담이 되므로 보다 전문적인 면담기술을 사용해야 한다.

접수상담에서 부부문제와 관련된 상담자의 소견을 부모에게 밝히는 것은 중요하다. 그러나 부부상담이 아니기 때문에 아동의 문제와 연관지어 이해하도록 전달하려면 심사숙고해야 한다. 먼저 부모가 상담자의 견해를 들을 준비가 되어 있는지 확인한다. 부모 자신이 아동을 위해 변화해야 한다는 것을 알더라도 접수상담자가 직접 언급하면 싫어할 수 있기 때문이다. 부모가 접수상담에서 불편을 느끼면 후속상담에 대한 결정을 유보할 수 있다. 차기상담이 필요하더라도 접수상담으로 중단된다. 접수상담 후 이어지는 상담에 대한 결정 역시 부모의 몫이기 때문이다. 그래서 아동상담에서 접수상담자들은 부모에 대한 이해가 필수적이며, 부모상담 기술을 보다 전문적으로 발휘할 필요가 있다.

아동상담에서 부모가 협력할 때 아동의 문제를 쉽게 해결하는 경우가 훨씬 더 많다. 부모가 아동상담 전반에 영향을 주고 조력자로서 상담에 적극적으로 참여하기 때문에 아동상담자들에게 부모상담은 매우 중요하다(김나영 외, 2001).

아동상담은 성인상담의 주제와 다르고, 부모상담에 따라 상담의 지속성이 결정되는 특성이 있다. 따라서 접수상담자는 성인상담과 다른 아동상담의 특수성을 잘 이해하여 실제적이고 전문적인 접수상담을 해야 한다.

3) 접수상담의 현황

상담과정의 기초를 다지는 접수상담의 중요성에 비해 국내에 관련 연구가 저조하여 연구의 필요성은 꾸준히 제기되어 왔다(김계현, 1990; 이규성, 2005). 필자 역시 상담을 전공했지만 전문적으로 접수상담에 대한 교육과 훈련의 기회는 갖지 못하여 늘 아쉬웠다. 그래서 충분하지 않지만 접수상담에 대한 기초연구를 시작하였다. 다음은 아동상담 분야의 접수상담 현황과 접수상담자들의 경험에 대한 연구 내용의 일부다(박현주 외, 2013). 구체적인 내용을 살펴보자.

(1) 예약 업무

접수상담에 대한 예약 업무는 전문상담기관의 경우, 사무원과 같은 별도의 업무자와 접수상담자가 같이하고 있었다. 상담실의 규모에 따라 행정 업무만 전담하는 직원의 유무가 달랐다. 별도의 직원이 없는 상담실의 경우에는 상담자들이 번갈아가면서 예약 업무를 하고 있었다.

아동상담에 대한 문의는 부모가 가장 많았다. 대부분 어머니가 자녀상담을 문의하고 신청하였다. 그다음 아버지, 친인척의 순이다. 신청 경로는 주로 손쉽게 이용할 수 있는 전화가 일반적이었다. 간혹 기관에 직접 방문하여 예약하기도 하고, 온라인을 이용하여 상담을 문의하고 신청하였다. 최근에는 SNS(Social Network Service)를 통해 내담자의 상담 문의와 예약을 돕는 기관이 많아졌다.

상담신청이 이루어진 후 실제 상담일까지 기다려야 하는 경우 접수상담이 일부 취소되었다. 취소 이유는 '다른 한쪽 부모의 반대, 아동의 상담 거부, 다른 기관으로 가기 위해서'와 같은 것이었다.

보통 상담신청과정 중에서 접수상담자는 내담자에 대한 기본적인 정보를 수집하고 있었다. 수집하는 정보로는 내담자명(주로 아동 이름), 성별, 생년월일, 부모나 보호자 연락처, 상담 이유, 신청 경로 등이다.

상담은 다른 서비스에 비해 긴 시간이 소요되기 때문에 대부분 예약 후에 이용한다. 이 때문에 희망 일을 정하여 사전에 상담신청을 하였다. 간혹 상담일까지 기다리는 동안 상담동기가 낮아지거나 신청자의 변심으로 취소하는 경우가 있다. 일부 상담실에서는 상담신청을 할 때 상담료의 전액 또는 일부를 예약금으로 받고 있었다. 이는 예약금을 통해 내담자의 상담 의지를 확인하고 상담자와의 시간을 존중하고자 하는 의미에서 이루어진다.

(2) 상담시간과 상담비용

접수상담시간은 평균 한 시간 정도가 가장 많았으며, 그 이상의 시간도 있었다. 일부 기관에서는 한 시간의 상담시간과 한 시간 삼십분 정도의 시간으로 구분하여 내담자가 선택하도록 하는 경우가 있었고, 길어진 시간만큼 상담비용을 더 지불했다.

상담비용은 대체적으로 시간에 비례하며, 기관에 따라 약간씩 차이가 있었다. 2013년 기준으로 상담료는 약 3만 원에서 12만 원 정도까지 다양했다. 이 중 가장 보편적인 상담비용은 6만 원에서 9만 원 정도였다. 그 외 3만 원 이상 6만 원 이하, 12만 원 이상을 받고 있었다. 접수상담 이후 차기상담이 지속될 때 대부분은 접수상담비용과 동일하게 상담료를 지불하게 하였으나 일부 기관에서는 접수상담비용보다 더 적게 받았다. 이는 지속적인 상담을 원하는 내담자의 상담료 부담을 줄여 주기 위해서였다.

(3) 접수상담자의 특성

접수상담자는 대부분 기관에서 경험이 가장 많은 상담자가 주로 담당하였다. 유경험자일수록 접수상담을 도맡아 하는 상담실이 많았으며, 접수상담자 대부분이 기관의 대표였다. 사설 상담실의 경우, 접수상담의 성공 여부가 상담기관의 운영과 이미지에도 영향을 주기 때문에 상담성과를 높일 수 있는 경험 많은 상담자가 담당하고 있다고 해석된다.

접수상담자의 상담경력은 최소 3년 이상이었으며, 9년 이상의 경력자가 가장 많았다. 접수상담에 대한 전문성이 요구되는 상황에서 유경험자가 접수상담을 더 많이 하는 것은 당연하다.

(4) 접수면담에 대한 경험

접수상담 시 대부분 상담자들은 부모와 아동에 대한 면담을 함께하거나 별도로 하였다. 면담 이외에 간혹 약식으로 심리검사를 직접하기도 하였다.

실시하는 검사로는 HTP(집-나무-사람), KFD(가족화), SCT(문장완성검사), K-CBCL(한국아동행동평가척도)과 같은 것이었다.

접수상담자의 구체적인 접수상담 경험에 대해 살펴보자.

① 불편함을 보인 아동에 대한 경험

접수상담에 온 아동이 불편해 보였다고 기억하는 상담자들이 생각보다 많았다. 아동들은 상담에 대해 잘 모른 채 부모가 데리고 와 어쩔 수 없어 따라왔다. 주로 아동은 자신이 상담을 왜 해야 하는지 몰라 불편해하였다. 어떤 아동은 접수상담 당일 어디에 가는지조차 몰랐다고 말하였다. 부모가 별도로 설명을 해 주지 않은 경우였다. 아동에게 무조건 나가자고 해서 얼떨결에 따라 온 아동조차 있었다. 접수상담에서 불편함을 드러냈던 아동들은 상담에 오기 전 부모에게 접수상담에 대한 정보를 얻지 못한 경우가 대부분이었다.

이런 아동들은 자신의 불편한 정서를 접수상담 장면에서 보일 가능성이 높다. 접수상담에 오기 전 부모가 자녀에게 어떻게 상담을 안내하고 방문해야 하는지 상담자들이 알려 주어야 하는 이유가 여기에 있다.

필자가 만난 여러 아동도 부모가 접수상담에 대한 사전 정보를 주지 않아 불편했다고 하였다. 부모에게 물어봐도 두루뭉술하게 얼버무려 궁금한 상태로 온 경우가 있었다. 이런 부모들은 주변에서 아동상담을 권해서 신청을 했지만 가급적 상담에 대해 말하는 것은 피하고 싶어 하였다. 또 다른 경우에는 아동에게 미리 말하면 오기 싫다고 거부할까 봐 사전 설명이나 별도의 안내를 일부러 하지 않았다. 일부 부모는 아동의 조급한 성격 때문에 상담에 대해 미리 알려 주지 않았다. 미리 아동에게 전달하면 오기 전까지 부모가 귀찮을 정도로 자주 물어볼 게 뻔해서 말하지 않았다.

가끔 부모가 상담에 대해 부정적인 인식을 가진 주변인들 때문에 아동에게 설명하지 않은 경우가 있었다. 어떤 경우엔 아동이 상담에 대해 부정적인 선입견을 갖고 있어 부모가 계속 침묵하다가 당일 무작정 데려 오기도 하였다.

부모가 접수상담에 대해 아동에게 사전에 알려 준 경우와 그렇지 않은 경우는 상담자와의 관계 형성에서 큰 차이를 보일 수 있다. 대부분의 아동은 상담동기가 거의 없기 때문에 사전 정보를 주었든지 그렇지 않았든지 불편할 수 있다. 하지만 부모가 아동의 불안한 정서에 대해 조금만 이해한다면 말하지 않는 것보단 사전 설명을 하는 쪽으로 선택할 것이다. 사전 설명과 안내를 해주면 적어도 어디를 가는지 몰라서 막연한 두려움을 갖거나 상담에 대해 무조건 부정적인 정서를 강하게 드러내진 않기 때문이다. 아동이 상담에 대해 충분히 이해할 수는 없지만 긴장과 불안은 줄여 줄 수 있다. 아동이 접수상담자와 관계를 형성할 때 부모가 미리 알려 준 경우가 라포(rapport) 형성에 훨씬 도움이 된다.

접수상담에서 불편함을 보인 아동에 대해 접수상담자들은 다음과 같이 이해하고 있었다.

첫째, 아동 자체의 특성으로 불편해하였다. 보통의 아동들은 낯선 곳에 가면 약간의 긴장과 불안을 느낀다. 불안이 높은 아동들은 평소보다 더 긴장하여 접수상담에 오면 자신의 생각을 표현하기 어려워하는 경향이 있다. 더욱이 언어표현의 제한과 감정 전달의 어려움이 있는 아동이나 또래보다 발달이 늦은 아동은 접수상담상황이 더 불편할 수 있다. 이런 아동들은 상담에 대해 충분히 이해하지 못하기 때문에 접수상담에서 불편함을 더 많이 보였다.

둘째, 상담동기가 부족한 아동들이다. 부모 때문에 오긴 했지만 상담하고 싶어 하지 않았다. 자신의 행동이 문제로 취급된 경우라도 접수상담을 받아들이기 어려워 보인다. 가끔 학교나 학원 교사가 부모에게 아동의 상담을 권유할 때가 있다. 부모는 상담에 대한 고민 끝에 아동을 데리고 온다. 이런 아동은 처벌적 느낌으로 상담을 받아들여 불만을 표현할 수 있다. 그래서 훨씬 상담에 대해 거부적인 태도를 나타낸다.

거부적인 태도를 보이는 아동들은 상담자에게 성의 없이 대답하거나 침묵한다. 또는 진심으로 이야기하기보다 부모나 교사가 말한 것을 그대로 전달하기 일쑤다. 예를 들면, "내가 동생이랑 자꾸 싸워서 엄마가 데리고 왔대요."라고 하거나 "학교에서 떠든다고 선생님한테 혼나서 왔어요."라는 식이다. 자발적이지 않은 아동 중 일부는 상담자의 물음에 한 마디도 하지 않는다. 이런 아동을 만나면 접수상담자도 어려운 시간을 보내야 한다. 부모가 마음에 들지 않는 자녀의 행동때문에 아동을 데리고 오더라도 아동이 가급적 처벌로 상담을 인식하지 않도록 배려해야 한다.

셋째, 상담은 문제가 있는 사람만 받는 것이라고 부정적으로 인식하는 아동들이다. 일부 아동은 상담에 대해 일부 성인들이 말하는 것처럼 매우 폄하된 표현을 쓴다. 예를 들어, 접수상담에 온 한 아동에게 필자가 상담에 온 이유를 아는지 묻자 바로 "저 장애인 아니에요."라고 대답했다. 또 다른 아동은 "여기 무슨 병원이에요?"라고 묻거나 "나 정신병자 아닌데……."라고 말하기도 한다. 이처럼 상담을 장애인, 혹은 병리(病理)나 이상(異常)과 연관된 것으로 인식하는 경우가 있다. 상담을 부정적으로 바라보고 있는 사람들의 이야기를 접했을 가능성이 있다. 평상시 아동이 가진 생각이라기보다 주변 사람들이 사용한 말을 인용했거나 간접적인 영향을 받아 표현했을 것이다. 아동이 편견이나 폄하하는 말을 한다면 접수상담에서 그 자체에 대한 이야기로 시작하는 것도 의미가 있다.

아동의 표현을 그대로 살려 자신의 생각을 되돌아보도록 해 준다. 예를 들면, 상담을 장애인들이 하는 것이라고 생각한 아동이라면 "여기가 장애인만 오는 곳이라고 생각했구나."라고 말한다. 이어 "장애인은 어떤 사람이지?"라고 물어 아동의 평소 생각을 들어 봐도 좋다. 병원이냐고 물어본 아동에게는 "병원이라면 어떤 병원인 것 같아?" 또는 "병원에 왔다면 어떤 기분일까?" "병원이 아니라면 어떤 곳인 것 같니?"와 같이 병원에 대한 아동의 생각을 말해 보도록 한다.

아동이 접수상담자의 이런 질문을 받으면 순간적으로 당황하거나 불편할지도 모른다. 그렇지만 아동이 상담을 어떻게 인식하고 있는지 아는 것은 접수상담에서 중요하다. 최대한 아동의 속마음이나 생각을 자유롭게 드러낼 수 있도록 한다. 어떤 이야기를 해도 괜찮다는 생각을 가지게 되면 아동은 상담자와 보다 솔직한 대화를 나눌 수 있다. 상담자와의 솔직한 대화의 시작은 상담에 대한 거부나 저항을 감소시키고 신뢰관계를 형성하도록 돕는다.

넷째, 부모로부터 상담에 대한 정보를 전혀 듣지 못한 경우다. 자신이 가는 곳과 이유에 대해 모르고 왔기 때문에 불편하다. 일부 아동은 매우 화가 나서 상담하는 내내 얼굴을 찌푸리고 말도 하지 않는다. 자신이 얼마나 기분이 나쁜지 고스란히 드러낸다. 귀가 전까지 부모에게 화난 마음을 전혀 풀지 않는 아동도 있다. 때로는 부모와 상담실에 들어오기 전부터 실랑이를 벌인다. 이런 아동에겐 원하지 않으면 상담하지 않아도 되며, 지금 어떤 마음인지 자신의 정서를 직접 말할 기회를 주는 것이 좋다. 상담실 안으로 억지로 이끄는 것보다 낫다.

불편한 마음으로 온 아동과 계속 시간을 보내면 면담이 이루어지지 않아 부모와의 면담에도 방해가 된다. 아동의 입장을 고려하지 않고 데리고 오는 것은 바람직하지 않다. 접수상담자들은 이런 아동을 대면했을 때 접수상담에 어떤 마음으로 왔는지 반드시 파악해야 한다. 특히, 불만에 가득찬 아동이라면 더 세심하게 배려하는 자세를 보여야 한다.

② 불만족을 표현한 부모에 대한 경험

부모들 역시 접수상담에서 불만족을 경험한다. 스스로 상담을 신청하고 와서 아동처럼 접수상담에 대해 모르지는 않는다. 하지만 부모마다 접수상담에 대한 기대가 다르기 때문에 상담에 대한 만족도 차이가 난다. 대부분의 부모는 아동의 변화와 성장을 바라는 마음이 제일 크다. 그러나 접수상담만으로 부모가 원하는 바를 채우긴 어렵다. 그 때문에 기대치 이하라고 느끼면 불만족했다.

접수상담에 대한 부모들의 불만족 이유를 이해한다면 접수상담자가 부모와의 성공적인 접수상담방법을 이해하는 데 도움이 될 것이다. 부모가 표현한 불만족한 경험을 구체적으로 살펴보자(박현주 외, 2013).

첫째, 접수상담 예약 및 환경에 대한 불만족이다. 부모들은 상담문의 후 상담신청을 하는 과정에서 필요한 안내가 충분하지 못했을 때 불만족하였다. 예를 들면, 정확한 상담시간과 상담비용을 모를 때였다. 접수상담 후에는 상담비용에 비해 상담시간이 짧다고 느낀 경우에 불만족하였다.

그 외 부모가 기대한 것보다 상담실 환경이 쾌적하지 못했을 때 실망하였다. 예컨대, 상담장소가 지나치게 협소하거나 낡은 경우다. 일부 부모는 면담시간 동안 상담자가 무언가 계속 기록하는 것이 불만스러웠다. 필요한 내용을 상담자가 기록하는 것이라고 이해하지만 자신에게 집중하지 못한다고 느꼈기 때문이다. 간혹 기록 자체에 대한 거부감을 보인 부모도 있었다. 상담 관련 기록을 부모나 아동에 대한 사생활 정보를 수집하여 보존하는 것으로 인식하고 불쾌감을 드러냈다.

둘째, 접수상담자의 면담 방식과 내용에 대한 것이다. 부모들은 접수상담에서 대부분 자녀의 문제에 대해서 많은 이야기를 하고 싶어 한다. 하지만 접수상담자가 아동보다 부모나 가족에 대한 질문을 더 많이 했을 때 불쾌해하였다. 아동상담에서 부모에 대한 정보를 수집하거나 부모문제를 언급할 때 신중해야 하는 이유다.

부모들은 자녀에 국한된 주 호소 내용만 다루고 싶었다가 갑자기 자신의 이야기를 상담자가 거론하면 때때로 불편해하며 저항을 보일 수 있다. 부모가 당장 갈급해 하는 문제해결방법을 접수상담자가 구체적으로 제시하지 못한다고 느낄 때 역시 실망하고 불만족하였다.

그 외 접수상담자의 이야기가 이해되지 않을 때에도 불편하고 힘들어하였다. 부모는 내담자의 입장을 보다 많이 이해하고 반영하는 상담자의 자세를 기대한다. 그래서 부모가 알고 싶어 하는 부분에 대한 이해를 돕지 못하는 상담자의 태도에 불만족하였다.

셋째, 상담자와 부모의 상담목표가 일치하지 않을 때였다. 접수상담의 특성상 한두 번의 상담만으로 자녀의 주 호소 문제를 해결하긴 어렵다. 그래서 대부분의 상담자는 부모와 차기상담 여부와 상담목표를 접수상담에서 설정한다. 첫 시간에는 주로 아동의 주 호소 내용과 그 원인을 탐색한다. 접수상담만으로 문제를 즉시 해결하는 것은 무리가 있기 때문에 차기상담을 염두에

두고 목표를 세운다. 접수상담은 본 상담의 준비단계로 상담목표를 설정하는 것은 지극히 당연하다. 그럼에도 일부 부모들은 접수상담에 대한 기대가 높아 욕구가 바로 충족될 것이라 믿는다. 그래서 접수상담이 기대 이하라고 느끼거나 상담목표가 불일치하면 바로 불만족할 수 있다.

③ 만족도가 높았던 부모상담 경험

부모들이 접수상담에 대한 불만족만 있는 것은 아니다. 반대로 만족스러운 상담을 했다고 느끼는 경우도 많았다. 대부분 접수상담을 통해 자녀에 대한 이해가 높아지면 만족하고 차기상담을 결정하였다. 이런 부모는 주변인들에게 상담을 권유하거나 접수상담자를 직접 소개하며 상담을 긍정적으로 평가하였다.

접수상담의 만족도가 높았던 부모들은 대부분 접수상담에서 기대한 것을 상담자가 충분히 채워 주었다고 느꼈다. 예를 들면, 부모가 알고자 한 자녀의 발달적 특성이나 주 호소 문제의 원인과 해결방법을 이해하는 데 도움이 된 경우다. 상담자와의 면담을 통해 부모 스스로 자녀를 도울 수 있다는 자신감이 생겼을 때에도 높은 만족감을 표현하였다. 부모의 입장에서 보면 매우 당연한 일이다.

접수상담에 대한 부모의 불만족의 원인을 역으로 생각해 보면 부모들이 기대하는 접수상담을 짐작할 수 있다. 부모가 접수상담자에 대한 기대감이 높을수록 상담을 통해 아동이 좋아질 것이라고 생각한다. 이런 부모들의 마음을 접수상담자가 빨리 알아채고 부모를 지지해 주면 만족하였다.

아동상담은 부모가 많은 것을 결정하기 때문에 부모와 협력적인 관계를 첫 시간부터 형성해야 한다. 접수상담에 대한 부모들의 기대와 만족도를 잘 이해해야 성공적인 접수상담의 비결을 찾을 수 있다.

④ 접수상담 후 차기상담을 취소한 경험

차기상담을 결정한 부모들 중의 일부는 약속을 취소하였다. 부모가 상담을 약속했다가 취소한 사실을 알면 접수상담자는 당황스럽고 불편할 수 있다. 자신의 전문가적 자질에 대한 의심이 들고 원인을 생각하며 자성의 시간을 가질 수 있다. 하지만 접수상담자가 꼭 적절하지 않은 상담을 했다고 생각할 필요는 없다. 부모의 접수상담에 대한 욕구를 보다 전문적으로 이해하면 될 일이다.

부모가 차기상담을 취소한 이유를 이해하는 것은 상담관계에 대해 숙고할 수 있어 도움을 준다. 구제척인 취소 이유에 대해 살펴보자.

첫째, 가족 중 상담을 반대하는 사람이 생겼을 때로 아동상담에서 가장 일반적인 경우다. 부모 중 한 사람만 와서 차기상담까지 결정했지만 나머지 부모가 동의하지 않으면 상담을 취소하였다. 부모뿐 아니라 조부모와 같은 가까운 친척들이 아동의 상담을 반대할 때에도 취소하였다. 그들이 상담을 반대한 이유는 아동이 상담할 정도는 아니라고 자의적으로 해석하거나 지속적으로 상담을 하는 것에 대한 불편과 부담 때문이다. 그 밖에 아동이 접수상담 후 상담동기가 더 낮아져 억지고 데려 오기 힘들어 취소하였다.

드물게 부모가 다른 일정이 생겨 상담에 올 수 없는 경우가 있었다. 예컨대, 이사 시기나 부모의 복직 일정이 앞당겨지거나 가족 중 입원환자가 생겨서 급하게 취소하였다. 기타 취소 이유로는 상담에 대한 확신이 낮아진 경우와 상담 이외에 다른 방법으로 아동의 문제를 해결하고자 할 때에도 취소하였다. 그냥 지켜보면 아동이 저절로 좋아질 것이라고 믿거나 부모가 임의로 다른 결정을 할 때에도 취소하였다.

둘째, 지속적인 상담료 지불에 대한 부담과 이동의 불편함 때문이다. 한두 번의 상담만으로 마무리할 줄 알았다가 막상 상담을 지속해야 한다고 생각하니 상담료가 걱정이 된 경우다. 계속해서 지불하게 될 상담료는 당연히 부담될 수 있다. 때때로 상담료가 보다 저렴한 곳으로 가기 위해서 취소하는 부모가 있다. 또 다른 이유는 지인의 소개로 원거리임에도 접수상담은 했지만 차기상담부터 계속 올 것을 생각하니 이동시간에 대한 부담이 커진 것이다. 이런 경우에는 가능한 한 가까운 곳의 상담실로 가도록 상담자가 미리 말해 주는 것이 좋다. 아동을 데리고 상담에 계속 오는 것은 부모에게 매우 버거운 일이기 때문이다.

셋째, 상담하는 것에 대한 심리적인 부담이다. 아동에게 문제가 있다고 확인하는 것 같아서 상담을 다시 망설이게 된 경우다. 상담 자체에 대해 불편한 마음이 생겨 돌연 취소하기도 한다. 상담동기가 접수상담 무렵에 일시적으로 높아졌다가 주변 사람들의 다른 견해나 정보가 들어오면 철회하였다. 어떤 부모는 도저히 상담을 지속할 용기가 없다고 말한다. 아직은 상담을 부정적으로 보는 사람들이 있는 것이 현실이다. 상담에 대한 선입견을 갖고 있는 사람들이 부모 주변에서 영향을 끼치면 부모라도 결정을 번복할 수 있다. 차기상담에 대한 번복은 안타깝지만 부모가 아동상담 여부를 결정하기 때문에 받아들일 수밖에 없다.

이상의 접수상담 현황을 통해 접수상담에 오는 부모들의 경험을 이해하였다. 접수상담자는 부모의 상담목적, 상담에 대한 기대감, 아동의 문제를 인식하는 태도, 첫 시간에 느낄 수 있는 감정, 자기상담 결정에 영향을 주는 요인에 대한 실제적인 이해가 필요하다. 이와 관련하여 구체적이고 활용할 수 있는 접수상담 기술을 익혀야 한다.

2. 접수상담자의 역할

1) 접수상담자의 자질과 역할

접수상담자는 내담자가 접수상담에서 자신이 처한 상황을 솔직하게 이야기하고, 스스로 문제를 해결하는 방법을 찾아가도록 존중, 공감, 진실성을 느끼도록 해야 한다(노안영 외, 2006). 이러한 상담자의 태도는 내담자가 첫 시간에 느낄 수 있는 긴장과 불안을 낮추고 기대는 올라가게 한다. 상담에 대한 기대가 높아지면 상담동기도 높아져 상담자와의 면담에 집중하게 된다. 내담자가 자신의 문제에 집중할 수 있다면 스스로 자기 문제를 올바로 인식하고 문제를 해결하기 위한 변화에 적극적으로 노력할 것이다(신경진, 2010). 이와 같이 접수상담에서는 접수상담자의 역할이 매우 중요하다.

아동상담에서도 접수상담자의 역할은 강조된다. 아동들은 부모 결정에 따라 상담에 오기 때문에 상담동기가 매우 낮다. 접수상담자가 첫 시간에 어떤 분위기를 조성하느냐에 따라 아동이 상담을 이해하고 상담자와의 관계를 다르게 형성한다. 접수상담에서 아동과 신뢰관계를 형성할 수 있는지의 여부는 접수상담자의 역할에 따라 좌우된다(강문희 외, 2008; 조수철 외, 2011).

내담자마다 상담을 하는 이유는 각기 다르다. 그러므로 접수상담자는 내담자가 어느 정도의 상담 의지와 동기가 있는지 먼저 확인하는 것이 필요하다(강갑원, 2012). 상담 의지와 동기가 높을수록 상담자와의 신뢰관계를 형성하기 쉽다. 신뢰관계가 형성된 내담자일수록 적극적으로 상담활동에 참여한다. 상담활동을 통해 내담자는 주 호소 내용과 연관된 과거 경험이나 자신의 욕구 등을 표현하고, 자신에게 필요한 도움이 무엇인지 발견하게 된다.

상담자는 내담자에게 필요한 상담기법을 사용할 수 있어야 한다. 내담자의 이야기에 공감하고 적절한 반응을 통해 내담자가 자신을 더 깊이 이해하도록 한다.

이장호(2005)는 내담자가 안심한 상태에서 자신이 하고 싶은 이야기를 할 수 있도록 편안하고 부드러운 상담분위기를 접수상담자가 조성할 것을 강조했다. 또한 상담자가 내담자의 이야기를 잘 경청하고 이해하고 있음을 느끼도록 해야 된다고 하였다.

접수상담자와 내담자의 역할을 항해하는 배에 비유해 보자. 목적지를 향해 가는 배를 움직이게 하는 가장 중요한 사람은 선장이다. 선장의 역할은 승객이 원하는 장소에 안전하게 데려다주는 일이다. 승객은 목적지까지 바다의 환경이 어떻게 변화하든지 선장을 믿고 끝까지 배에 머물러야만 도착할 수 있다. 파도와 풍랑이 일어도 선장이 잘 헤쳐 나갈 것이라는 믿음을 가져야 한다. 선장 역시 아무리 거칠고 험난한 파도와 바람이 불어도 숙련된 항해 기술로 무사히 승객을 목적지에 내려 주어야 한다. 배에 함께 탄 선장과 승객처럼 상담은 동일한 목적지를 향해 달려가는 상담자와 내담자의 항해와도 같다.

상담자와 내담자는 목적지에 가는 동안 역할이 서로 다르다. 하지만 두 사람은 서로를 믿고 각자의 역할에 충실해야만 항로를 이탈하지 않고 도착할 수 있다. 상담자는 선장처럼 자신의 전문적인 기술을 승객의 안전을 위해서 사용하고, 승객 역시 선장의 운행에 동의를 해야만 항해를 시작할 수 있다. 두 사람의 신뢰를 바탕으로 한 상담관계는 내담자의 정신건강을 위해서도 필요하며 긍정적인 상담성과를 내는 데 중요하다.

접수상담에서 내담자가 상담자에 대해 좋은 첫인상을 가지면 상담을 보다 신뢰할 가능성이 높다. 내담자는 상담실의 환경보다 접수상담자에 대한 관심이 더 많다. 아동상담에서도 부모들은 접수상담자에 대한 기대가 적지 않다. 필자와 상담하는 부모들의 이야기를 들어 봐도 접수상담자의 전문성뿐 아니라 인간적인 자질에서 좋은 인상을 받았다. 좋은 첫인상은 상담자에 대한 신뢰를 높인다.

접수상담 후 차기상담을 결정했던 부모들 대부분은 접수상담자에 대해 호의적으로 평가하였다. 접수상담자의 따뜻하고 수용적인 태도를 전문성으로 인식하고 있었다(박현주, 2015).

모든 상담자에게 요구되는 인간적이며 전문적인 자질은 접수상담자에게 더욱 강조된다. 이는 접수상담의 성공 여부가 차기상담을 결정하는 이유이기 때문에 상담자의 역할과 자질을 더 중요하게 생각하는 것이다(김재환 외, 1990).

아동상담에서 요구하는 접수상담자의 자질과 역할에 대해 살펴보자. 우선, 자질(資質)이란 어떤 분야의 일에 대한 능력이나 실력의 정도를 말한다. 접수상담자가 인간적으로 내담자를 진심으로 존중하고 수용할 수 있어야 내담자도 상담자를 신뢰하는 마음이 생긴다. 부모가 적극적인 상담활동에 참여하더라도 상담자처럼 전문적인 지식을 통해 아동에게 다가가는 것은 아니다. 상담자에 대한 깊은 신뢰로 자신도 자녀에 대한 이해를 높히고, 상담을 통해 자녀와 함께 성장하는 것이다. 내담자와의 신뢰관계 형성에 있어서 상담자의 자질이 중요한 이유다.

역할(役割)에 대해서 생각해 보자. 역할은 맡겨진 일이나 임무다. 그렇다면 상담자의 역할이란 무엇일까? 상담 분야의 일을 잘 수행할 수 있을 정도의 능력과 실력을 갖추는 것이다.

상담에서 상담자의 자질은 보통 인간적 자질과 전문적 자질로 구분하여 설명한다(김청자 외, 2012; 김춘경, 2004). 인간적 자질은 말 그대로 인간으로서 가져야 될 기본적인 덕목이다. 가장 대표적인 것은 인간에 대한 이해로 존중하고 배려하는 태도다. 존중(尊重)은 높이어 귀중하게 여긴다는 뜻이다. 그렇다면 내담자를 존중하는 것은 어떤 태도일까? 누군가를 높일 수 있는 자세는 상대방을 위해 자신을 기꺼이 낮추어야만 가능하다. 내담자를 존중하는 마음이 크다면 상담자는 내담자 스스로 자신의 문제를 해결할 수 있는 존재라고 믿어 주어야 한다.

배려(配慮) 역시 내담자의 입장을 헤아려 보살펴 주고 마음을 쓰는 행위다. 존중과 배려는 내담자가 자기성장에 도움이 되는 것으로, 상담자가 지녀야 할 덕목이며 자세다. 상담자는 내담자와 함께하는 상담활동에서 힘이 되어야 한다. 이때 내담자가 상담자에게 무조건 의존하지 않도록 해야 한다. 상담은 내담자와 상담자가 같이하는 시간이다. 내담자는 상담자가 제공해 주는 상담기법을 통해 자기 삶의 태도에 반영할 수 있는 일들을 더 많이 찾고 실천하려는 의지를 가져야 한다. 즉, 상담활동을 통해 내담자는 자신의 문제를 스스로의 힘으로 해결할 수 있는 역량을 키운다. 이런 내담자를 배려하고 공감하며 지지하는 것이 접수상담자의 몫이다.

아동상담에서 접수상담자의 역할을 구체적으로 살펴보자.

첫째, 부모가 호소하는 아동의 문제를 정확하게 파악하여 소견을 밝힐 수 있어야 한다. 아동상담에서 다루는 주 호소 내용은 각양각색이다. 부모가 어떠한 이야기를 꺼내더라도 자녀에 대한 것이 대부분일 것이다. 아동상담에서 주 호소 내용을 결정하는 것은 부모다. 부모가 아동 대신 대부분의 의사결정을 하는 것이 일반적이기 때문에 주 호소 내용 역시 부모의 불편함을 중심으로 언급하기 쉽다. 접수상담에서 부모가 호소하는 내용 모두가 문제 행동은 아니다.

적지 않은 주 호소 내용이 자녀 개인의 문제가 아닌 부모나 가족처럼 아동을 둘러싸고 있는 환경과 연련된 문제일 수 있다. 아동은 홀로 생활할 수 없고, 가족 안에서 생활하고 성장하기 때문이다. 아동의 어떤 문제는 성장하는 과정에서 자연스럽게 나타나는 행동으로 상담할 정도는 아니다. 다음 발달단계로 가기 위해서 일시적으로 나타나는 어려움으로 큰 문제가 아닌 경우가 허다하다. 이런 경우에는 부모가 아동의 발달에 대해 이해하면 충분하다. 부모가 자녀의 행동을 보고 불편을 느끼자 더 큰 문제가 될까 염려하는 마음으로 상담에 오기도 한다. 이런 내용들은 특별히 문제를 삼을 필요 없이 아동의 상황에 맞도록 대처하거나 시간이 지나면 제자리를 찾아간다. 부모에게 저절로 좋아질 수 있는 아동의 행동이 무엇인지 관련된 정보와 이유를 설명하면 된다.

가끔씩 자녀의 행동을 바라보는 부모의 불편한 시선 때문에 접수상담을 신청하기도 한다. 부모의 조급하고 다급한 결정은 오히려 아동을 위축시킨다. 이런 아동의 상당수는 자신이 상담에 왜 왔는지, 자신의 어떤 모습이 문제인지 알지 못한다. 다만, 부모의 채근이 두려워 따라왔을 뿐이다. 이런 경우에는 아동과의 개별적인 면담을 통해 불편한 정서 상태를 파악하여 가능한 한 두려움 없이 부모와 편안한 상태로 돌아가도록 돕는 것이 좋다.

이와 같이 접수상담자들은 부모가 꺼내는 이야기를 경청하고 상담동기에 따라 무엇이 문제인지 파악할 수 있어야 한다.

둘째, 부모와 아동에게 알맞은 면담기술에 능숙해야 한다. 아동상담이 성인상담과 다른 이유는 앞에서도 언급했다. 아동은 내담자이지만 상담에 대한 이해가 부족하고 의사결정권이 거의 없다. 이 때문에 부모의 의지와 결정에 따라야 한다. 이런 특성으로 접수상담자는 첫 시간에 가능한 한 내담아동과의 관계를 잘 형성하는 일에 신경 써야 한다. 아동이 상담할 준비가 되어 있지 않으면 말을 건네는 것조차 어려울 것이다. 비자발적인 아동은 더욱 세심한 배려와 전문적인 면담기술을 사용해서 신뢰를 형성해야 한다. 하지만 상담동기가 낮은 아동에게 상담에 대한 이해와 상담자에 대한 신뢰를 높이려 해도 상담시간이 부족할 수 있다. 정해진 시간을 효율적으로 사용하지 못하면 중요한 이야기를 나누지도 못한 채 끝나 버릴 수 있다. 접수상담에 오는 비자발적이고 거부감이 큰 아동에겐 먼저 상담에 대한 거부감부터 낮출 필요가 있다.

아동마다 각각의 발달이 다르므로 상담내용을 이해하는 능력의 차이가 있다. 같은 연령이라도 큰 차이를 보이는 것이 아동의 특성이다. 이 때문에 접수상담자들은 아동의 발달 수준에 맞는 의사소통기법을 사용해야 한다. 뿐만 아니라 아동이 가진 언어 표현 능력을 감안하여 그들의 생각과 감정을 이해하고 가능한 한 쉽게 표현해야 한다.

아동을 위해 놀이관찰과 놀이평가를 사용하여 면담하는 이유도 이 때문이다. 놀이는 아동들이 자신의 생각과 감정을 보다 쉽게 드러내는 수단이다. 대부분의 아동은 놀이 자체에 대한 즐거움으로 다른 활동보다 거부감 없이 받아들인다. 놀이가 가지는 유희성, 즐거움, 카타르시스의 속성 때문이다. 아동은 언어로만 이루어진 긴 상담시간을 견디기 힘들어하고 빨리 지루해한다. 그러나 놀이를 할 때에는 조금 더 오랫동안 자발적으로 말하고 행동한다. 따라서 접수상담자들은 아동의 언어적 제한점과 놀이를 좋아하는 특성을 고려하여 면담해야 한다. 놀이에 대한 지식과 아동의 발달 수준에 따른 놀이의 특성을 이해하는 것이 바람직하다.

아무리 어린 아동이더라도 인간적으로 존중해 주어야 한다. 인간에 대한 깊은 신뢰는 접수상담자의 자질로서 자주 언급된다. 성인에 비해 아동상담이 쉽지 않은 이유를 앞에서도 언급한 것처럼 아동이 가진 언어적 제한점과 발달의 미성숙을 이해할 수 있는 인간적인 자질이 요구된다. 예컨대, 인간에 대한 깊은 신뢰감, 돕고자 하는 마음, 상담에 대한 책임감, 공감능력, 민감성, 인내심, 진정성, 친절함, 격려하는 태도, 따뜻한 마음이다(박현주 외, 2013).

접수상담자에게 인간적 자질만큼 전문적 자질을 중요하게 요구한다. 전문적 자질이란 내담자의 상담목적에 부합하는 활동을 하는 것을 말한다(김청자 외, 2012). 전문적인 활동은 상담에 대한 이론적 지식을 기본으로 상담과정을 수행하기 위해 필요한 기술이다. 아동상담에서 접수상담자는 아동이 어떠한 발달 상태에 있더라도 전문적인 관점에서 아동의 발달 정도를 설명할 수 있어야 한다. 또한 부모의 다양한 상담 이유에 적합한 면접기술이 필요하다(구본권, 2009). 아동상담에서 요구하는 접수상담자의 전문적 자질에 대해 구체적으로 살펴보자(박현주 외, 2013).

첫째, 폭넓은 상담 지식이다. 지식에는 다양한 심리치료와 정신병리에 대한 것이 포함된다. 전반적인 상담개입방법을 알아야 하며, 아동발달과 가족역동에 대한 이해도 필수적이다. 그 외 심리평가보고서를 이해하고 해석하는 능력과 설명방법을 익혀야 한다. 내담자의 문제를 통합적으로 볼 수 있는 관련된 배경 지식도 필요하다.

둘째, 내담자의 사례를 관리하는 능력이다. 사례관리는 주 호소 내용을 정확하게 파악하는 것이 핵심이다. 주 호소 내용의 원인을 심리학적 관점으로 이해하고, 부모의 상담동기에 따라 상담을 진행할 수 있어야 한다. 위기사례에 보다 신속하고 적극적으로 대처할 수 있는 능력을 갖추어야 한다.

셋째, 실제적인 상담방법과 능숙한 치료기술이다. 다양한 부모와 아동에게 알맞은 면담방법을 선택할 수 있어야 하고, 관련 기술을 충분히 갖추어야 한다. 부모의 심리적인 부담을 감안하여 최대한 불편하지 않게 아동과 가족에 대한 정보를 수집할 수 있는 세련된 면접기술이 필요하다. 또한 내담자에게 적용할 수 있는 효과적인 상담방법을 선택할 수 있어야 한다.

이처럼, 아동상담에서 접수상담자의 역할과 자질은 강조될 수밖에 없다. 접수상담자들은 아동의 발달 특성을 이해하고 부모가 주도적으로 결정한 뒤 상담에 참여할 때 생기는 일부 어려움이 있더라도 전문상담자로서 접수상담을 잘 수행해야 한다. 이를 위해 접수상담에 대한 체계적인 이해와 실제적인 면담기술로 접수상담을 성공적으로 마쳐야 한다(박현주 외, 2013).

2) 접수상담자가 주의해야 할 일

접수상담에서 상담자와 내담자가 서로 신뢰하고 상호관계를 맺는 것은 중요하다. 하지만 전문적인 상담 기술과 인간적인 자질을 갖춘 접수상담자일지라도 정해진 시간 안에 부모의 기대를 충족시키는 것은 때때로 쉽지 않다. 접수상담 후 부모가 차기상담을 선택한다면 비교적 만족스럽고 그 역할을 잘 수행한 것이라고 봐도 좋다. 보다 성공적으로 접수상담을 하기 위해서 접수상담의 제한점을 고려하여 상담해야 한다. 접수상담시 주의할 일에 대해 살펴보자.

첫째, 접수상담 전후로 시간을 여유 있게 확보한다. 상담은 늘 정해진 시간을 지키는 것이 중요하다. 하지만 접수상담에서는 상담자와 내담자 모두 각자의 역할에 따라 해야 할 일들이 적지 않다. 이 때문에 상담시간이 부족하다고 느낄 수 있다. 특히 상담자는 효율적으로 시간을 활용해야 한다. 접수상담자는 미리 부모와 아동에게 상담을 시작하기 전에 주어진 시간을 알려줄 필요가 있다(김충기 외, 2001).

첫 상담에 오는 부모들은 보다 많은 이야기를 상담자와 나누고 싶어 한다. 이 과정에서 시간이 부족해지면 둘 다 초조해지기 마련이다. 내담자가 진지한 태도로 자신의 이야기를 하더라도 약속한 시간이 종료되면 상담을 중단해야 한다. 만약, 뒤에 다른 상담이 있다면 서둘러 마무리할 수밖에 없다.

필자가 접수상담에 대한 불만족을 가졌던 어머니에게 들은 일이다. 상담실을 옮긴 어머니는 그 이유를 상담자 때문이라고 했다. 접수상담자가 상담 중에 자꾸만 시계를 봐서 자신도 시간에 대한 스트레스를 느껴 이야기에 집중하지 못해 불편했다고 말했다. 자신의 이야기에 집중하기보다 정해진 시간 동안 상담자가 해야 할 질문 위주로 말하는 것처럼 느꼈다. 그 상담자가 어떻게 상담하였는지 구체적으로 알 수는 없지만 분명한 것은 접수상담에 임하는 어머니는 상담자에 대한 기대가 높아 사소한 행동까지 신경 쓰고 차기상담을 결정한다는 사실이다. 이 때문에 초보접수상담자나 시간이 길게 필요한 주 호소 내용은 접수상담 예약 시 충분한 시간을 확보하는 것이 좋다. 여유롭게 상담을 마칠 수 있도록 상담시간을 조정하고 추가 비용을 사전에 안내하고 상담하면 된다.

첫 상담에 오는 내담자에 맞게 접수상담자가 적합한 면담기술을 사용하는 것은 당연하지만 생각보다 어려울 수 있다. 시간적인 여유가 있다면 접수상담 이후 자신이 한 상담을 돌아볼 여유가 생긴다. 이 때문에 접수상담에 익숙한 상담자가 아니라면 익숙해질 때까지 앞뒤로 상담시간을 여유 있게 정해 보자.

다양한 내담자의 주 호소 내용만큼 이야기하는 방법도 각양각색이다. 초반부터 이야기를 잘하는 사람도 있지만 어색함이 줄어든 후에야 속 이야기를 시작하는 사람도 있다. 내담자의 주 호소 내용에 따라 시간 안배를 적절하게 하는 것이 상담관계 형성에 도움이 된다. 여러 가지 힘든 상황임에도 상담을 결정하고 온 부모들은 아주 사소한 상담자의 말과 행동에도 앞에서 언급한 것처럼 민감한 반응을 보일 수 있다. 따라서 충분한 상담시간을 확보하여 상담자 스스로 편안한 분위기에서 상담을 시작하는 것이 중요하다.

둘째, 내담자의 정보를 구분하여 심층적인 면담을 해야 한다. 상담자와 내담자의 이야기는 일반인들의 대화와 다르다. 내담자는 상담목적에 따라 첫 시간에 자신의 정보를 상담자에게 제공하고 기대한 바를 얻고자 한다. 상담자는 내담자의 상담동기, 오기까지의 과정, 주 호소 내용을 구별하기, 문제 정하기, 문제해결방법과 같은 상담과정에서 관련 지식과 기술을 발휘해야 한다. 접수상담자는 상담신청서를 토대로 심층적인 이야기를 나누고 내담자를 이해할 수 있다. 더 많은 정보를 얻는 것에 초점을 두지 않는다(김계현, 1995; 김청자 외, 2012). 상담자는 가능한 한 내담자의 이야기에 집중할 수 있도록 경청하고 필요한 정보는 기록한다. 기록할 때 내담자가 사용한 표현을 그대로 살려서 기록하는 것이 훨씬 생생하게 의미를 기억할 수 있어 좋다(김청자 외, 2012). 상담자는 내담자의 이야기를 듣는 일에 방해가 되지 않는 범위 안에서 기록하는 기술을 갖추어야 한다.

심층 면담기술은 내담자가 보다 쉽게 자신의 이야기를 꺼내고 상담하도록 돕는다. 접수상담자는 내담자가 알아야 하는 내용을 쉽게 설명해야 한다. 전문적인 영역일수록 설명을 어떻게 하느냐에 따라 이해 정도가 달라진다. 상담에 대해 잘 모르는 부모라도 상담자의 설명을 들으면 쉽고 정확하게 이해할 수 있어야 한다. 상담자의 전문성이란 상담에 대한 이해나 아동의 발달을 잘 모르는 부모에게 자녀의 발달을 쉽게 이해하고 필요한 정보를 빠르게 전달하는 능력이다.

필자 역시 부모가 접수상담에서 궁금해하는 것을 쉽게 이해하도록 설명한다. 부모의 이해 정도에 따라 예시나 비유를 사용한다. 구체적인 예시와 명료한 설명은 개별적인 부모상담이나 부모교육을 할 때에도 유용하다. 비유로 설명을 하게 된 이유는 내가 그 아이의 부모라면 어떤 것이 가장 알고 싶을까에 대한 의문을 많이 가졌기 때문이다. 접수상담에서 가장 궁금한 한 가지 사실이라도 분명하게 이해하고 간다면 부모의 입장에서 도움이 되었다고 느끼기 쉽다.

접수상담에 오는 부모들이 필자에게 흔하게 질문하는 것 중 두 가지가 있다. 첫번째는 '과연 상담으로 좋아질까?'에 대한 것이다. 문제해결에 대한 불확실성 때문이다. 두 번째는 앞으로 부모가 무엇을 해야 아동이 달라지는지 방법을 알고자 한다. 그동안 나름대로 노력한 부분이 많음에도 나아지지 않았기 때문이다. 간혹 부모의 변화의 필요성을 문제가 있는 것으로 이해하기도 한다. 이 때문에 종종 "결국 부모가 달라져야 된다는 거죠?"라고 말하는 부모를 본다. 첫술에 배부를 수 없듯이 접수상담만으로 아동이 변화되긴 어렵다. 그래서 부모를 통해 자녀의 문제를 해결하는 접근법을 사용한다. 앞에서 강조한 것처럼, 성인상담과 달리 아동의 변화는 부모를 통해서 이루어진다. 부모에게 이 부분을 효과적으로 전달하는 것이 접수상담자의 역할이다. 상담자는 부모가 아동의 변화에 얼마나 중요한 역할을 하는지 이해하도록 해야만 부모의 협력을 이끌 수 있다. 접수상담자는 부모와의 심층적인 대화를 통해 부모 스스로 자녀를 이해하고 적용할 수 있는 방법들을 찾도록 해야 한다.

셋째, 접수상담시간의 한계를 정확하게 전달해야 한다. 첫 시간이기 때문에 내담자도 많은 이야기를 하고 싶어 한다. 주 호소 내용과 관련된 이야기가 때로는 봇물 터지듯 나올 수 있다. 접수상담은 길어야 한 시간에서 한 시간 반 남짓이다. 이 시간은 가끔씩 충분하지 않다. 특히, 편안하지 않은 분위기에선 좀처럼 이야기하지 못하는 부모들은 더욱 그렇다. 말로 전달하는 능력이나 대화 기술이 부족한 부모 역시 마찬가지다. 이 때문에 자칫 성급하게 상담자가 대화를 마무리짓게 되면 부모는 하고 싶었던 이야기를 결국 못한 채 상담이 끝나 버릴 수 있다. 이에 상담자는 접수상담의 한계를 내담자가 이해할 수 있도록 반드시 먼저 전달해야 한다.

시간의 한계를 고려하여 상담동기와 목적을 확인하고 주 호소 내용을 중심으로 면담함을 전달한다. 상담자와 내담자 간의 합의가 있으면 차기상담 여부를 쉽게 결정할 수 있다. 첫 시간에 상담자와 부모는 상담이 계속 필요한지 파악하고 문제의 원인과 해결방법을 논의해야 한다. 차기상담부터 문제를 해결하기 위해 어떻게 접근해 갈지 방향을 정해야 한다. 차기상담 여부를 결정하지 못했더라도 접수상담 내용을 정리하고, 마무리해야 한다. 예컨대, 부모에게 "오늘 우리는 한 시간 동안 아동이 학교에 자주 결석하는 이유에 대해 이야기했습니다. 더 많은 이야기를 나누고 싶지만 첫 시간이라 결석하는 이유를 생각해 보았고, 앞으로 아동이 결석을 하지 않는 방법이 있는지 찾아보겠다고 하였지요. 정해진 시간이 모두 지났지만 충분하지 않다고 느껴서 매우 아쉬울 것입니다. 혹시 빠른 시일 내에 한 번 더 올 수 있다면 오늘 못한 이야기를 해도 됩니다."라고 반응한다.

접수상담만으로 충분하지 않은 사례가 의외로 많다. 이런 때에는 부모와 빠른 시일 내에 상담시간을 한 번 더 가질 수 있는지 묻고 협의하는 것이 좋다. 예를 들어, "오늘 이야기하지 못한 학교 친구에 대한 것은 다음에 하면 어떨까요?"와 같이 아쉽게 끝낸 주제를 언급해 준다. 마무리를 할 때에는 부모의 이야기를 경청했고, 서로 어느 부분을 얘기하고 결정했는지 확인한다.

접수상담에 대한 한계를 시작 전에 명확하게 전달해 주면 오히려 부모가 자신이 해야 할 이야기를 안배하여 효율적으로 말할 수 있다.

이와 같이 접수상담자들은 효율적인 접수상담을 위해 더욱 신경 써야 할 것이 있고, 전문적인 역할을 수행하고 자세를 갖추어야 한다.

제2장

접수상담의 진행과정

1. 의뢰과정
2. 대면과정
3. 면담과정

접수상담의 진행과정은 크게 세 가지로 나누어 볼 수 있다. 의뢰과정, 대면과정, 면담과정이다.

첫째, 의뢰과정은 내담자가 상담 여부를 결정하기 위해 상담을 문의하고 예약까지의 절차다. 상담 여부를 결정하는 일은 내담자 스스로 하거나 주변인의 조언을 참고하기도 한다. 상담을 하고자 한다면 자신에게 적합한 상담이 무엇인지, 어떤 상담자를 만날지 생각해야 한다. 상담에 대해 알아보는 과정을 거쳐 상담을 신청한다. 상담은 다른 서비스에 비해 한 내담자를 위해 긴 시간이 소요되기 때문에 대부분 예약으로 이루어진다.

상담자는 상담을 원하는 사람들에게 상담실이나 상담자에 대한 정보를 제공한다. 상담 문의 시 내담자의 상담목적과 주 호소 내용을 참고로 적합한 접수상담자를 선택하도록 해야 한다. 예약할 때 내담자에 대한 인적사항 정보를 미리 알아 두는 것이 좋다. 즉, 내담자의 이름, 나이, 성별, 연락처(아동의 경우, 부모 및 보호자의 연락처), 상담 이유, 이전 상담 경험 등이다.

둘째, 대면과정은 내담자가 상담일에 상담자와 처음 접촉하는 시간이다. 첫 대면 시 상담자는 내담자와 인사를 나눈다. 이 시간에 내담자에 대한 모습을 자연스럽게 관찰할 수 있다. 주로 첫인상에 영향을 주는 내담자의 용모, 얼굴 표정, 몸짓, 자세, 상담에 임하는 태도, 새로운 환경에 대한 반응, 상담자에 대한 반응이다.

부모와 아동에 대한 첫인상은 각기 다를 수 있다. 상담에 대한 기대감으로 온 부모와 달리 아동은 상담동기가 부족해서 접수상담에 억지로 온 듯한 표정일 수 있다. 가끔씩 부모에게 화를 내는 아동도 있다. 일부 아동은 들어오는 것조차 거부하고 상담자와의 대면을 회피한다.

부모가 나란히 온 경우에 표정을 통해 상담동기나 자세를 짐작해 볼 수 있다. 상담을 원해서 온 느낌이 있고 마지못해 온 부모도 있다. 상담에 대해 합의하지 못한 채 온 부모도 있다. 이와 달리 상담에 대한 높은 기대감을 갖고 웃는 얼굴로 상담자에게 공손한 태도를 보이는 부모가 있다.

이렇듯 첫 대면에서 보이는 아동과 부모의 모습은 각양각색이다. 접수상담자가 첫 대면과정에서 아동과 부모의 행동을 관찰하는 것은 중요한 일 중 하나다. 관찰 내용을 통해 상담동기, 평상시 분위기, 부부관계나 부모자녀관계를 짐작할 수 있다. 아동과 부모의 첫인상에 따라 접수상담을 어떻게 시작할지 생각할 수 있다. 예를 들면, 분리불안이 높은 아동은 부모와 함께 면담하고, 부부가 서로 이견이 많아 보인다면 부모를 개별적으로 면담해야 한다.

셋째, 면담과정은 상담자가 내담자를 대면하여 주 호소 내용을 중심으로 이야기하는 시간이다. 내담자는 상담 이유를 이야기할 수 있고, 상담자와 함께 스스로 문제를 어떻게 해결할지 생각한다. 상담목표를 합의하면 차기상담 일정에 대한 계획까지 세우고 마무리한다. 만약 상담이 더 필요하지 않다면 접수상담만으로 상담을 마무리할 수 있다. 이때 내담자의 주 호소 내용을 한 번 더 심리학적 관점으로 설명해 준다.

접수상담 후 심리검사가 필요한 내담자라면 언제, 어떤 내용의 검사를 하는지 알려 준다. 심리검사에 대한 전반적인 안내를 한다. 간혹 다른 상담실에서 상담이나 치료가 필요하면 해당 기관과 상담자를 접수상담자가 직접 소개하는 것이 바람직하다. 이를 위해 상담실과 상담자에 대한 정보를 제공해 준다.

접수상담을 끝내기 전 차기상담 여부를 결정하는 것이 좋다. 차기상담을 하기로 했다면, 접수상담자가 계속 이어 갈지, 다른 상담자가 할지를 정한다. 상담자가 바뀐다면 이유를 설명하고 새로운 상담자를 소개한다. 접수상담에서 내담자가 했던 이야기나 관련 정보를 공유할 것임을 밝힌다. 내담자의 입장에서 보면 새로운 상담자와 다시 접수상담을 하는 기분이 들어 불편할 수 있다. 다른 상담자와 다시 신뢰를 형성하는 것도 부담이지만 어렵게 꺼낸 이야기를 반복하는 것은 더 번거롭다. 이 때문에 다른 상담자와 상담을 하는 것이 어떤 도움이 되는지, 바뀔 때 예상할 수 있는 일에 대해 미리 알려 준다. 접수상담 후 이런 선택을 해야 하는 이유를 내담자가 이해하도록 잘 설명해 주는 것은 꼭 필요하다. 예컨대, 접수상담자와 상담일정을 조율하기 어렵거나 아동의 주 호소 문제를 다른 상담자가 더 잘 상담할 수 있다고 판단되는 경우다.

최근에는 상담자의 사정이 아니라 아동이나 부모의 사정으로 상담일정을 조정하기 힘든 경우가 있다. 부모가 바쁘기도 하지만 아동이 방과 후에 각종 학원과 활동이 많아 좀처럼 상담시간을 만들지 못하기 때문이다. 일부 부모는 차기상담을 한다면서도 원하는 시간이 아니면 바로 상담을 연이어 하지 못한다. 아동이 심각한 문제 행동을 보이고 있음에도 무조건 원하는 상담시간이 가능할 때까지 기다리겠다고 할 땐 매우 안타깝다. 방과 후 활동의 우선순위를 조정하지 않으려는 부모의 태도를 볼 때 가끔씩 상담을 소홀하게 여기는 것 같아 씁쓸하다.

어떤 어머니는 과도한 방과 후 일정으로 아동이 힘들어하는 문제로 상담에 왔음에도 상담일을 조정하지 못한다. 접수상담 후 휴대전화의 일정표를 들여다보며 고민만 하는 것을 보았다. 요즘에는 일정 기간 동안 상담이 필요해도 시간을 내지 못하는 경우가 있다. 상담을 방과 후 활동 중 하나의 수업으로 인식하는 부모도 있다. 그래서 자녀에게 학교나 학원 수업에 대한 스트레스를 푸는 상담학원 정도로 말하기도 한다. 아동에게 온 이유를 물었을 때 그런 뉘앙스로 말할 때면 상담의 본질마저 흔들리는 것 같아 상담자로서 안타까운 마음이 든다. 하지만 그런 내담자만 있는 것은 아니어서 계속 상담할 수 있어 다행이다.

좀 더 자세히 접수상담의 세 가지 진행과정에 대해 살펴보자.

1. 의뢰과정

의뢰과정은 상담 문의부터 신청까지다. 성인내담자는 상담을 스스로 결정한다. 이 때문에 본인이 상담을 직접 신청하고 상담일에 자발적으로 상담실을 찾는다. 하지만 아동은 혼자서 상담을 결정하지 못한다. 대부분 아동의 부모나 보호자가 대신한다.

부모는 자신의 필요에 따라 아동상담을 신청한다. 그래서 접수상담자는 상담 문의부터 신청에 이르기까지 접수상담에 대한 안내를 대부분 부모에게 해야 한다. 뿐만 아니라 아동에게 어떻게 접수상담을 설명할지 부모에게 알려주어야 한다. 하지만 일부 부모들은 아동에게 첫 상담에 대해 설명하는 일을 생략하고 오는 경우가 종종 있다. 상담자가 미리 설명했어도 여러 가지 이유로 설명 없이 아동을 데리고 오는 경우가 있다.

내담자와 신뢰를 형성하는 일은 접수상담자에게 매우 중요한 일이다. 상담에 대한 충분한 이해 없이 오는 아동과 이야기를 나누기란 쉽지 않다. 아동이 부모와 어딜 가는지, 누굴 만나는지 정도는 알고 와야 접수상담자와 관계를 수월하게 시작할 수 있다. 이 때문에 문의 시 접수상담에 대해 아동에게 알려줄 필요가 있다는 사실을 강조해야 한다.

상담 문의부터 신청에 이르는 과정을 구체적으로 알아보자.

1) 상담 문의 및 신청

많은 부모가 자녀상담을 위해서 문의와 신청 업무를 대신한다. 부모들은 현재 보이는 자녀의 행동이나 정서가 과연 상담이 필요한 정도인지, 가장 많이 질문한다. 상담에 대한 확신 때문이다. 상담신청은 대부분 필요성을 느끼면 상담문의와 동시에 이루어진다. 간혹, 상담비용의 부담이나 상담일 조정이 어려운 경우에 다시 연락을 해 결정한다.

상담 문의와 신청을 직접 내방해서 하는 경우가 있지만 대부분은 전화로 이루어진다. 문의자 대부분은 부모로, 어머니가 가장 많다. 가끔 아버지나 조부모, 이모와 같은 가까운 친척이 있으며, 드물게 담임교사가 대신해 주는 경우가 있다.

상담자는 부모에게 필요한 안내 후 상담신청은 가능한 한 원하는 시간으로 예약해 준다.

요즘에는 휴대 전화나 메신저를 이용하여 상담 문의와 신청을 하기도 한다. 부모도 접수상담에 대한 안내와 연락을 휴대 전화의 문자나 SNS(Social Network Service)를 이용하는 것에 익숙하다. 일부 부모는 기관의 홈페이지를 이용하여 상담 문의와 신청을 한다. 온라인 신청의 경우, 상담자나 직원이 전화로 다시 한 번 신청 사실을 확인하는 것이 좋다. 상담신청은 상담동기를 확인한 후 예약으로 하는 것이 바람직하다.

간혹 상담예약 후 취소하는 부모들이 있다. 여러 가지 이유가 있지만 빈번한 것 중 하나는 자녀가 상담에 오는 것을 싫어해 어쩔 수 없다고 알려 오는 경우다. 부모가 이런 연락을 해 오면 한 번 더 아동과 말해 보도록 하고, 여전히 강하게 상담을 거부하면 기다려 주라고 안내한다. 급한 내용이면 부모만이라도 먼저 접수상담을 해 보도록 권한다. 아동이 거부한다는 이유로 예약된 접수상담을 취소하는 부모의 속사정이 있을 수 있기 때문이다. 이 경우라도 나중에 상담이 필요하면 언제든지 다시 신청해도 좋다고 말한 뒤 예약을 취소해 준다.

상담에 대한 안내와 예약 업무까지 상담자가 직접 하는 곳이 있지만 별도의 직원이 전담하는 곳도 있다. 만약 상담자가 아닌 다른 직원이 부모에게 상담안내를 해야 한다면 관련 내용을 잘 전달하도록 미리 상담에 대한 기본적인 지식을 습득하도록 해야 한다. 병원이나 은행의 콜센터를 보면 특정한 서비스 업무를 숙지한 직원들이 필요한 안내만 전달한다. 상담은 특성상 단순한 안내만 할 수 없으므로 동일하게 처리할 수 없다. 상담 이유가 모두 다르기 때문이다. 상담문의부터 부모와 상담자가 관계를 형성하므로 가능하면 상담의 특성을 잘 이해하고 있는 사람이 안내하는 것이 바람직하다.

상담을 신청할 때 아동에 대한 기본적인 정보를 수집할 수 있다. 즉, 아동의 이름, 나이(혹은 생년월일, 학년), 성별, 상담 이유, 이전의 상담 경험과 같은 것이다. 초등학교 이전의 아동은 나이보단 생년월일을 알아두는 것이 더 좋다. 같은 나이라도 발달에 차이가 있고, 현재 발달 상태도 다르기 때문이다. 가령, 어린 아동이라면 생후 몇 개월인지 물어 발달 상태를 미리 짐작해 볼 수 있다. 연락처는 전화 받기 쉬운 사람의 것을 알아둔다. 간혹, 부모 대신 상담을 신청하는 지인들이 있다. 이때는 아동과 접수상담일에 함께 오는 사람이 누구인지 확인하고 그 사람의 연락처를 받아 둔다.

예약제를 이용하는 이유는 다른 서비스에 비해 긴 시간이 소요되기 때문이다. 불필요하게 내담자가 기다리는 것을 방지하기 위해서 예약으로 진행한다. 예약으로 했을 때 신청일로부터 실제 접수상담일까지 며칠에서부터 몇 주까지 시간차가 생길 수 있다. 이런 내담자에게 접수상담일 전날 한 번 더 예약한 내용을 확인시켜 준다. 가끔 접수상담일에 예약한 것을 잊어버리고 다른 업무를 보는 부모가 있기 때문이다. 따라서 가능한 한 상담의뢰과정은 부모와 상담자의 입장 모두를 고려하여 진행하는 것이 바람직하다.

부모가 상담문의를 할 때 상담자에게 가장 많이 하는 질문이 있다. 상담의 필요성, 상담자에 대한 정보, 상담시간과 상담비용에 대한 것이다. 기타 상담실의 위치, 시설, 이용방법과 같은 상담실 정보가 있다.

(1) 상담의 필요성

부모들은 아동이 상담을 해야 할 정도인지를 가장 궁금해한다. 이를 알기 위해 아동에 대한 여러 가지 정보와 상담 이유를 밝힌다. 부모의 상담동기를 알면 상담이 필요한지 이해할 수 있다. 부모가 아동의 현재 행동이나 정서 상태를 상담자에게 이야기하는 이유는 상담 여부에 대한 확신을 얻기 위해서다.

주로 부모는 최근 일어나고 있는 아동의 생활이나 행동에 대한 변화를 언급한다. 가끔씩 교사나 친척과 같은 주변인이 아동에 대해 평가한 내용으로 상담문의를 한다. 지인들이 상담을 권유한 경우, 부모의 공감 여부에 따라 반응에서 차이가 난다. 보통 부모들은 상담을 해야 할지, 말아야 할지를 상담자가 결정해 주길 은근히 기대한다. 하지만 상담에 대한 결정은 상담자의 몫이 아니다. 따라서 상담자는 관련 정보를 주고 부모가 최종 결정하도록 돕는다.

상담 문의와 신청에 대한 안내는 최대한 간결하게 한다. 자녀에 대한 상담 여부를 가늠할 정도로 설명은 짧게 하는 것이 좋다. 만약, 상담 여부를 결정하지 못한 부모라면 이야기를 계속 이어 가기보다 다음 기회에 한 번 더 문의하도록 한다. 장시간의 전화응대는 안내 업무 본연의 시간이 아니다. 구체적인 내용은 접수상담자와 이야기해야 한다. 상담을 망설이는 부모라면 상담이 필요한지 생각할 시간을 주는 것이 훨씬 낫다.

상담문의에 대한 내용을 사례를 통해 생각해 보자.

상담의 필요성을 느끼고 상담을 신청하는 일은 매우 주관적인 선택이다. 같은 행동을 보이더라도 부모가 문제를 어떻게 받아들이느냐에 따라 상담을 할 수도 하지 않을 수도 있다.

같은 학년의 아동 A와 B가 있다고 하자. A의 어머니는 상담의 필요성을 느끼지 못했다. 하지만 담임교사가 친구들과의 관계에서 보이는 A의 행동을 지적하며 상담을 권유했다. 평소 자기주장을 강하게 고집해 잦은 갈등이 있다고 어머니에게 전했다. 어머니는 A가 자기 생각이 분명하고 무엇이든 잘하고 이기고 싶어 하는 마음이 또래보다 조금 더 많을 뿐이라고 느꼈다. 또한 A의 성향이 오히려 앞으로 경쟁적인 사회에서 순한 아동보다 낫다고 여겼다. 그러나 교사는 어머니와 관점이 달랐다.

어머니와 교사 둘 다 A를 자기 생각이 분명하고 자기주장이 강하다고 보았다. 교사는 이 부분 때문에 또래갈등이 생겨 문제 행동으로 인식했다. A가 친구들과 의견대립 때마다 끝까지 고집을 부려 상담이 필요하다고 봤다. 교사가 보는 A는 친구들 사이에서 자기 맘대로 하는 아이였고, 싸움 후에도 먼저 사과하는 일이 없다. 게다가 다른 친구들끼리 생긴 다툼에 끼어들어 시시비비를 가려 상처받는 친구가 생겨 일부 학생은 함께 놀기를 꺼린다. A에게 이런 행동이 자주 관찰되어 어머니에게 전달한 것이다. 하지만 어머니는 A가 의사표현이 분명한 것이 왜 문제가 되는지, 옳고 그름을 가리는 것은 오히려 장점일 수 있다며 담임교사의 생각을 부정적으로 받아들였다. 만약 A의 어머니가 교사의 권유처럼 상담이 필요한지 당신에게 물어본다면 어떻게 대답할지 생각해 보라.

A와 비슷한 주 호소 내용을 가진 B가 있다. B의 어머니는 평소 B가 친구들 사이에서 시시비비를 가리는 행동을 많이 하고, 자기에게 유리한 쪽으로 이끌려 해 친구들과 갈등이 있어 늘 염려하는 편이었다. 하지만 담임교사는 어머니와 달리 B가 분명하고 구체적으로 자기표현을 하는 아동이라며 크게 걱정할 것이 없다고 하였다. 학급에서 친구들끼리 다툼이 생길 때가 종종 있는데 B는 누구의 편도 되지 않았다. 가끔 상황에 맞는 시시비비를 가리기도 해 친구들의 갈등을 중재하기도 한다. 자기표현을 못하는 친구들은 B의 성격을 부러워하기도 한다며 반에서 인기도 있다고 덧붙였다.

A와 B가 상담이 필요한지 정할 수 있을까? 만약 당신이 이들의 어머니라면 어떤 결정을 내릴 수 있을지 생각해 보자.

A와 B의 어머니가 담임교사의 의견을 받아들이면 상담결정은 반대가 될 수 있다. A의 어머니는 상담을 신청하고 B의 어머니는 신청하지 않는다.

A의 어머니는 교사의 말을 수용하고 싶지 않지만 자신이 모르는 아동의 학교 생활이 있다고 믿으면 상담할 수 있다. B의 어머니는 자신의 걱정과 달리 학교에서 B가 잘 생활하고 있다고 한 교사의 말을 신뢰하면 상담을 하지 않을 것이다.

A의 어머니가 자신과 다른 평가를 한 교사의 얘기를 신뢰하지 않기로 했다면 상담을 하지 않을 것이다. 하지만 신뢰하지 않더라도 교사와의 관계에서 불편을 겪을 수 있는 A를 위해 상담을 신청할 수도 있다. B의 어머니도 B에 대한 걱정이 많아지면 혼자라도 상담할 수 있다.

상담 여부는 A와 B의 사례처럼 문의하는 사람이 자녀의 성격, 행동, 심리를 어떻게 이해하는지와 주변 사람의 반응에 따라 결정될 수 있다. 만약 당신에게 이런 내용으로 상담이 필요한지 묻는다면 어떻게 할 것인가?

자녀가 특별한 문제는 없지만 잘 자라고 있는지 확인하고 싶어서 문의하는 경우가 있다. 아동이 또래 수준의 발달 상태에 있는지 알고자 한다. 즉, 정상적으로 성장하고 있는지, 만약 아니라면 왜 그런지, 어떻게 도와야 하는지를 알기 위해서다. 이런 상담을 원하는 부모에게는 아동발달과 양육에 대한 정보를 제공할 수 있다. 건강검진을 비유로 이해해 보자. 일반적으로 건강검진은 주기적으로 질병 유무와 상관없이 실시하는 것을 권장한다. 정기적인 검진을 통해 질병을 예방하는 것이 목적이다. 만약 검진을 통해 질병이 발견되면 치료를 시작하고, 아무런 이상이 없다면 지금처럼 건강을 유지하면 된다. 이와 같이 성장기에 있는 자녀가 잘 크고 있는지 궁금해하는 부모와의 상담은 문제 행동 중심이 아니라 아동의 현재 발달 정도나 정서 상태에 대한 것이 될 수 있다.

상담에 대한 선입견을 가진 부모 중에는 상담에 오는 아동은 문제가 있다고 느낀다. 이런 부모에겐 아동의 모습이 각기 다르듯이 상담하는 이유도 매우 다양함을 언급해 주자. 앞서 언급한 사례처럼, 비슷한 행동일지라도 관점에 따라 상담 유무가 달라진다. 건강검진처럼 부모역할을 잘 수행하기 위해 전문가의 조언을 참고하고 싶을 때에도 상담할 수 있다.

상담의 필요성은 아동의 행동이나 정서 상태를 누가 어떻게 인식하고, 무엇을 문제로 규정하느냐에 따라 달라질 수 있다. 이 때문에 상담자들은 부모의 상담동기를 먼저 파악하여 필요한 안내를 해 주어야 한다.

(2) 상담자 소개

상담자에 대해 궁금해하는 것은 너무나 당연하다. 상담자에 대한 소개는 주로 상담경력에 대한 것이다. 일반적으로 상담자의 학력과 전공을 묻는 경우가 많다. 상담경력을 포함해서 간략하게 소개하고 추가적인 질문에 응답한다. 홈페이지와 같이 기관을 소개하는 운영사이트가 있다면 이용 안내를 활용하도록 한다.

부모가 상담자에 대해 궁금해하는 이유는 전문성에 대한 검증 때문이다. 상담에 대한 전문성을 지닌 사람인지 확인하는 것이다. 부모들은 가능하면 경력이 많은 상담자를 선호한다. 일반적으로 접수상담자는 상담 기관의 대표자로 유경험자가 많아 전문성을 갖추고 있다.

상담자를 소개할 때 직함이 있다면 밝히고, 상담경력을 몇 년 정도라고 말해 주는 것도 좋다. 특별하게 소개할 만한 내용이 있으면 함께 안내한다. 예를 들어, "상담실 소장으로 아동심리치료를 전공하고 상담경력은 약 15년 정도입니다."와 같이 말해 준다. 또는 "대학에서 주로 아동상담을 강의하고 부모상담을 많이 합니다. 본 상담실에서만 10년 정도 아동놀이치료와 부모상담을 주로 하고 있습니다."처럼 말이다.

앞으로 상담자도 자신이 더 잘하는 주 호소 내용이나 내담자의 특성에 따라 세분화하여 전문성을 향상시키는 것이 필요해 보인다. 요즘 전문직 종사자들 중 자신의 전문 영역을 세분화시켜 소개하는 경우를 많이 본다. 예를 들면, 의사는 '호흡기 질환 전문의' '척추 전문의' '뇌 질환 전문의'와 같은 것이다. 변호사 역시 담당하는 주요 사건 영역을 나타내는 '형사전문 변호사' '민사전담 변호사'라고 소개한다. 최근에는 이혼전문 변호사나 교통사고전문 변호사라고 소개하는 경우도 있다.

아동상담의 경우에도 보다 전문적으로 상담영역을 세분화한다면 다른 상담자와의 차별성이 생겨 내담자에게 보다 전문적인 상담을 제공하고 신뢰받을 것이다. 예를 들어, '사회성문제 전문상담자' 또는 '학교생활적응 전문상담자'처럼 말이다. 만약 외국어능통자라면 다문화가정이 늘어나고 있으므로 영어 혹은 중국어 상담이 가능한 상담자로 소개하거나 '다문화가정 전문상담자'라고 말할 수 있다. 그 외 아동학대 전문상담, 학교폭력예방상담, 또래갈등 전문상담처럼 다양하게 자신에게 맞는 영역을 발굴할 수 있다.

부모의 상당수는 경험이 많은 상담자를 더 신뢰하기 이 때문에 상담자의 상담 경력이나 경험에 대해 질문하기도 한다. 자녀의 문제와 비슷한 아동을 상담해 보았는지 알고 싶어 한다. 혹은 자녀의 상담에 도움이 될 것이라고 생각한 내용을 묻기도 한다. 예전에 한 어머니는 접수상담을 신청하기 전에 전화로 상담자에게 아들이 있는지 물었다. 이유는 자신이 아들만 키우는데 딸만 키우는 엄마들과 이야기를 하다 보면 남자아이에 대한 이해를 못해서 대화가 잘 안된다고 느끼고 있었기 때문이다.

답답한 마음 때문에 상담자가 비슷한 육아 경험을 하면 더 좋겠다고 생각했던 것 같다. 그래서 기왕이면 아들을 키워 본 상담자이길 원했다. 아들을 키우면서 겪는 어려움을 상담자로부터 충분히 공감받고 싶었기 때문이다.

상담자 소개를 하는 과정에서 부모에게 자주 듣는 질문 중 또 하나는 상담자의 결혼 유무다. 일부 부모는 결혼과 육아를 해 본 상담자를 더 신뢰한다. 상담자의 결혼생활과 육아 경험이 상담에서도 긍정적으로 작용할 것이라고 믿기 때문일 것이다. 만약 여러분이 이런 질문을 받는다면 어떻게 할지 떠올려 보라.

부모로부터 "결혼하셨나요?" 혹은 "자녀가 있으세요?" "아들이 있으신가요?"와 같은 질문을 받는다면 어떻게 대답할지 생각해 보자.

결혼과 출산, 육아 경험은 분명 아동상담자에게 직간접적인 영향을 줄 수 있다. 하지만 부모가 상담자를 결정할 때 고려할 사항은 아니라고 생각한다. 그럼에도 미혼인 상담자는 부모로부터 이런 질문을 받으면 당황할 수 있다. 부모의 질문 이면에 있는 욕구는 상담자의 진심 어린 공감과 수용에 대한 기대일 것이다.

미혼인 상담자에게 부모가 결혼했냐는 질문을 하면 괜스레 위축된다는 말을 들은 적이 있다. 결혼생활과 육아 경험이 있다면 그렇지 않은 상담자보다 경험에서 오는 공감은 많을 것이다. 하지만 상담은 공감만으로 하는 것은 아니다. 아동상담자의 전문성은 결혼과 출산, 육아 경험의 유무에 달려 있다고 생각하지 말아야 한다. 다만, 부모와 마찬가지로 결혼생활과 육아를 하고 있다면 부모가 이야기하는 내용을 더 깊이 헤아릴 가능성은 있다.

부모들은 접수상담에 올 때 상담자에 대한 기대감이 크기 때문에 이런 질문도 한다. 질문의 본질을 이해한다면 상담자가 그런 경험이 없더라도 위축될 필요는 없다. 왜냐하면 직접적인 경험만으로 상담을 하는 것이 아니기 때문이다. 비유로 말하자면 좋은 의사란 환자에게 필요한 적절한 의료행위를 해 줄 수 있는 사람이지 환자와 비슷한 질병의 경험이 있어야 하는 것이 아니다. 병을 치료할 수 있는 의술·의학 지식과 임상경험이 많을수록 환자들이 신뢰할 것이다. 다만, 같은 질병이 있었다가 완치된 의사라면 환자가 자신도 의사처럼 건강을 되찾을 수 있다는 희망을 갖고 더 믿고 처방에 따를 것이다. 아동상담에 온 일부 어머니들의 마음은 이와 유사하다.

상담자의 결혼 유무나 육아 경험을 알고자 하는 것은 부모가 자신이 겪고 있는 결혼생활과 양육에서의 어려움을 상담자로부터 이해와 공감받기 위해서이다. 진짜 상담자가 결혼을 했는지, 딸이나 아들이 있는지 알고 싶은 것은 아니다. 따라서 이런 질문을 받더라도 유연한 태도로 잘 응대해야 한다.

(3) 상담시간과 상담비용

상담시간과 상담비용은 상담을 결정하는 중요한 요인이다. 상담비용은 대체적으로 시간에 비례한다. 시간이 길수록 상담비용은 높아진다.

상담비용은 내담자가 상담하는 시간에 대한 대가로 지불하는 금액이다(신경진, 2010). 개인의 수입이나 가치관에 따라 상담비의 적절성 여부를 생각한다. 상담비용이 목돈이라고 느끼면 지출하기에 부담이 된다. 상담비용은 가치와도 연관이 있다. 한 시간 상담에 8~10만 원 정도라도 상담에 대한 가치에 따라 어떤 부모는 비싸다고 느끼고, 또 다른 부모는 적당하다고 생각한다. 상담은 정해진 시간 동안 내담자에게만 서비스가 제공되기 때문에 가치로 생각할 때 충분히 지불할 수 있다고 본다.

종종 상담비용을 알고 나서 주저하는 부모들이 있다. 고민하는 것은 당연하다. 한 번 올 때마다 내는 비용이 비싸다고 느끼면 상담을 지속하기가 부담스럽다. 그래서 무료로 운영하는 상담실을 찾거나 보다 저렴한 곳을 알아본다. 상담비가 싸거나 비싸다고 해서 좋고 나쁨이 있는 것은 아니다. 단지, 너무 저렴한 상담비를 지불할 경우에는 아깝다는 생각이 많이 들지 않아 상담약속에 대한 강한 의지가 부족할 수 있다. 상담에 가지 않더라도 경제적으로 큰 부담이 되지 않아 종종 하지 않아도 된다고 느낄 수 있다. 무료상담의 경우에 상담의지가 약해질 수 있다. 상담에 가지 않거나 늦어도 내담자가 손해 보는 것은 없기 때문이다. 상담자와의 관계와 상담 유지에 대해 크게 신경 쓰지 않을 가능성이 있다. 필자가 있는 상담실에서는 EAP(Employee Assistance Program)라고 불리는 상담을 한다.

EAP란 근로자의 직무 만족이나 기업의 생산성에 나쁜 영향을 미칠 수 있는 요인에 대하여 상담을 통해 근로자 스스로 근본적인 문제를 해결할 수 있도록 도와주는 프로그램이다. 이런 서비스를 제공하는 기업은 상담비용을 대신 지불해 주고 직원과 그 가족이 상담서비스를 이용하도록 돕는다. 상담 문의와 예약 과정에서 EAP의 특성을 충분히 안내하고 이용방법을 알려 주었음에도 상담일에 오지 않는 경우가 있다. 연락 없이 상담이 취소되면 회사에서 정해 놓은 상담회기가 차감된다. 이런 사전 안내에도 불구하고 일부 이용자는 개인적 이유로 상담에 오지 않는다.

미리 상담일정을 조정하면 계약 기간 동안 정해진 상담회기를 다 사용할 수 있음에도 말이다. 어쩔 수 없는 이유도 있지만 자신이 상담비용을 직접 내지 않기 때문에 no show 처리를 한다. 자신이 상담비용을 지불하는 경우보다 상담동기가 낮기 때문이다.

반면, 상담비가 너무 비싸면 상담을 유지할 수 없다. 상담이 필요하더라도 경제적으로 부담이 되면 쉽게 상담을 결정하지 못한다. 상담을 지속했더라도 언제든지 중단되기 쉽다. 상담비용을 어느 정도로 책정해야 하는지는 상담시간과 상담실의 특성에 따를 수밖에 없다.

상담실의 특성과 상담시간에 따라 상담비가 차이가 나는 이유는 당연하지만 부모 입장에서는 의아할 수 있다. 그래서 필요하다면 부모에게 이유를 설명하는 것도 괜찮다. 상담실의 운영 주체와 상담자의 경력은 제각각이다. 저마다 다른 조건으로 상담실을 운영하고 있기 때문에 다른 비용을 받는 것이 일반적이다. 사설 상담실은 대부분 내담자에게 받은 상담비용으로 운영한다. 이에 반해 공공기관, 사회복지재단, 학교 등은 별도의 운영 주체가 있어 운영 자금을 지원받기 때문에 보다 비용이 저렴한 편이다. 내담자가 일정한 금액의 상담비용을 지불하는 것은 상담자와 상담계약을 유지시켜 주고 내담자로 하여금 상담동기를 조절하는 힘이 된다.

상담비용을 지불하는 방법에 대해서도 문의한다. 지불방법은 첫 상담 직후 상담자나 수납하는 직원에게 내면 된다. 상담비용 역시 다른 서비스처럼 신용카드나 현금으로 지불할 수 있다. 요즘엔 은행계좌를 이용한 송금을 선호하는 부모들이 많다. 필자도 부모가 원하면 계좌이체방법을 이용하도록 한다. 접수상담의 경우, 상담신청 후 취소하는 것을 예방하기 위해서 예약금 제도를 사용해도 된다. 예약금 제도란 전체 상담비용 중 일정 금액을 예약금으로 선납하도록 하여 상담동기를 확인하는 것이다. 나머지 금액은 첫 상담 직후 지불하게 한다. 서로가 납득할 수 있는 이유로 상담을 못 하게 될 경우에는 100% 환불이 가능하기 때문에 어려움은 크게 없다.

차기상담을 계속 하기로 했다면 내담자와 상담자의 편의를 위해 상담비용 지급방법을 상의하여 결정한다. 매 회기마다 지불해도 되고, 월 단위로 지불하는 것도 괜찮다. 예전엔 상담 후 현금을 봉투에 담아 내담자가 상담자에게 직접 지급했다. 하지만 최근에는 현금 사용 자체가 줄어들어 대부분 자신이 선호하는 카드 결제방법이나 은행계좌를 이용한 송금방법을 선호하는 추세다. 내담자가 상담비용을 통장으로 먼저 입금해 주면 상담자의 입장에서도 입금 여부로 바로 상담동기를 확인할 수 있어 편리하다. 상담비용에 대한 이야기를 별도로 하지 않아도 되니 바쁜 시간일 때에는 더 도움이 된다. 부모도 매번 현금을 들고 다니며 지불하는 번거로움이 없어 좋다. 바뀌어 가는 시대에 맞춰 상담비용 지불방법이 변하는 것은 당연한 일이다.

내담자가 매회 지급을 원하면 상담 전후로 자유롭게 지불하도록 한다. 월납을 하길 원한다면 후불보단 선불이 좋다. 사정이 생겨 상담일을 지키지 못하면 다음 회기로 상담비용은 이월해 주면 된다. 후불로 할 경우에 내담자의 사정이나 변심으로 일방적으로 상담이 중단되면 상담비용 지불에 대한 불편한 연락을 해야 할 수 있다. 가능한 한 상담비용은 밀리지 않도록 제 때 내거나 시작하기 전에 미리 내도록 알려 주어야 한다.

상담비용은 오롯이 내담자 한 사람만을 위해 비워 둔 상담시간에 대한 대가로 내담자가 이해할 수 있어야 한다. 상담비용 지불을 통해 내담자는 상담자가 제공하는 서비스를 정당하게 이용하고, 상담자는 그 비용에 준하는 전문적인 서비스를 제공할 의무를 지니게 된다. 아동상담에서는 아동 대신 상담비용 지불과 시간의 결정을 부모가 대신할 뿐이다.

(4) 상담실에 대한 정보

상담시간과 상담비용에 대한 안내까지 받았다면 대부분은 접수상담을 결정했다고 보기 쉽다. 이후 상담실을 방문하기 위해 상담실에 대한 정보를 알고자 할 것이다. 그 중 위치를 묻는 질문이 제일 많다. 요즘엔 위치를 알려 주는 여러 가지 서비스 어플이 휴대전화에 있어 상담실 주소 혹은 전화번호, 상호명만 알려 주면 쉽게 찾아온다.

상담실 위치 이외에 상담실의 전경이나 내부 공간의 모습을 궁금해하는 부모도 있다. 홈페이지나 블로그 등에 상담실 전경을 담은 사진이나 동영상이 있다면 함께 안내해 준다. 그 외 주차가 가능한지, 주차공간은 여유가 있는지, 주차요금은 무료인지 별도로 지불해야 하는지에 대해서 문의한다. 승용차를 이용하는 경우가 많아서다. 짧지 않은 상담시간 동안 머물러야 하기 때문에 무료주차와 안전하게 주차할 수 있는 공간이 확보되어 있기를 대부분 기대한다. 주차와 관련된 이용방법은 필수적인 안내 사항이 되었다.

아동상담의 경우, 놀이치료실 공간에 대해 궁금해하는 부모들이 있다. 이 역시 사진이나 동영상 자료를 이용할 수 있으면 미리 알려 준다. 그렇지 않다면 간단하게 어떻게 세팅이 되어 있는지 말해 주면 된다. 어린 아동과 오는 일부 부모들은 대기실 유무와 별도의 놀이공간이 있는지 묻기도 한다.

최근에는 소아과 병원처럼 밖에서 보이는 유리나 거울을 설치한 대기실이 있는 곳도 있다. 벽면에 TV가 있는 곳도 있지만 대부분의 상담실은 아동용 도서와 장난감이 구비되어 있다. 장난감이 너무 많으면 놀이치료실에 대한 매력이 반감될 수 있기 때문에 기다리는 아동의 연령을 고려하여 적당한 수량만큼 준비하는 것이 좋다. 또한 편안하게 기다리면서 자유롭게 움직일 수 있는 공간과 간단한 음료나 차를 준비해 둔다.

짧은 시간이라도 기다리는 것을 매우 힘들어하는 아동이 있다. 이때 지루함을 달래 줄 수 있는 미술도구, 여러 모양과 크기의 캐릭터 인형 등을 함께 마련해 두자. 그 외에 약간의 간식이 있는 것도 괜찮다. 간식은 보이는 곳에 두기보다 필요에 따라 상담자나 직원이 꺼내서 줄 수 있는 공간에 따로 보관하는 것이 좋다. 예를 들면, 작은 크기의 과자, 막대사탕, 초콜릿 정도다. 이런 간식은 부모상담이 길어지거나 오랜 시간 이루어지는 심리검사를 하는 아동에게 제공해 준다. 예상보다 상담이 길어지면 힘들어하는 아동이 있다. 그때 조금 덜 지루하게 기다리는데 도움이 된다. 단, 간식을 제공할 때 주의할 점이 있다.

부모에게 주어도 괜찮은지 물어보고 주는 것이다. 간혹 부모가 간식을 주는 것을 개인적인 이유로 거절하는 경우가 있기 때문이다. 일부 아동은 알레르기가 있어 간식 안에 있는 성분 때문에 먹지 못할 수가 있다. 부모의 동의가 반드시 필요한 경우다. 예컨대, 한 아동에게 과자를 주려고 하자 어머니가 "혹시 거기에 아몬드가 들어 있나요?"라고 물었다. 아동이 견과류 알레르기가 있다는 것을 말해 주었다. 또 다른 아이는 갑각류 알레르기가 있어 흔하게 먹는 새우과자를 전혀 먹지 못했다. 이런 것이 신경이 쓰인다면 간식은 따로 제공하지 않아도 무방하다.

그 밖에 아동이 기다릴 때 무료함을 달래거나 부모와의 분리에서 보다 안정감을 느끼도록 다른 활동을 하면서 기다리는 것도 도움이 된다. 예를 들면, 아동이 좋아하는 캐릭터 그림에 색칠을 하거나 종이접기를 하는 것이다. 아동이 좋아하는 만화 주인공의 그림을 제공해 주거나 여러 가지 일러스트 컬러링북을 이용한다. 여러 가지 도안이나 원하는 그림을 색칠하는 활동은 처음 와서 어색하고 지루해하는 아동에게 도움이 된다.

이런 활동은 가끔씩 처음 만난 아동들끼리 쉽게 어울리게 하고 함께 기다리게 한다. 아동의 무료한 시간을 보내도록 도와서 보다 수월하게 기다리도록 돕는다. 이 또한 낯선 환경에서 아동이 보다 편안하고 안정된 마음으로 상담과 상담실 환경에 익숙해지도록 돕기 위한 것이다.

상담실 환경에서 신경 써야 하는 것 중에 또 다른 것은 같은 시간대에 오는 내담자들의 관리다. 여러 명의 내담자가 오는 상황은 불가피하다. 상담자가 여러 명인 경우에 상담시간이 같으면 아동들이 만나는 것은 당연하다. 때때로 번잡할 수 있다. 아동의 특성에 따라 접수상담시간이나 상담시간 간격을 조정할 필요가 있다.

언젠가 분리불안으로 몹시 긴장하여 훌쩍거리며 주변을 경계하는 아동이 대기실에서 기다리고 있었다. 뒤이어 다른 상담자를 만나러 온 아동이 우는 아동을 보고는 "걔는 왜 울어?"라고 물었다. 이어 "난 안 우는데."라고 말했다. 먼저 온 아동은 불안하지만 엄마랑 겨우 떨어져 다른 상담자의 돌봄 속에서 기다리는 중이었다. 그 말에 더 크게 울기 시작했다. 예상하지 않은 상황에 주변 사람들이 당황했다. 아동의 불안이 더 높아진 때문이다.

또 다른 아동은 먼저 와서 기다리는 다른 상담자의 아동을 보고 겁을 먹었다. 기다리는 아동을 피해 앉았다. 먼저 온 아동의 어머니가 "무서운 오빠 아니야. 괜찮아. 여기 앉아도 돼."라고 말하기까지 하였다.

이처럼 상담실 환경은 상담자뿐 아니라 여러 내담자가 공유한다. 면담기술 이외에 상담자들은 쾌적하고 편안한 분위기를 줄 수 있는 상담실 환경을 마련해야 한다. 이를 위해 아동 중심의 상담실 환경은 보다 세심한 부분까지 신경 써서 준비할 필요가 있다.

2) 상담예약 안내

상담하기로 최종 결정을 하면 접수상담자와 만나는 날짜와 시간을 예약하여 신청을 확정해야 한다.

긴 시간 동안 이루어지는 상담 특성 때문에 불필요하게 기다리지 않도록 대부분 예약일을 알려 준다. 가능한 한 상담을 이용하는 부모와 아동의 사정을 고려하여 상담일과 상담시간을 조정해 준다.

상담예약을 할 때 아동에 대한 사전 정보를 간략하게 수집한다. 이는 제한된 접수상담시간을 효율적으로 이용하기 위해서다. 수집할 정보는 아동이름, 성별, 생년월일, 학년과 같은 인적사항과 주 호소 내용, 연락받을 사람과 연락처다. 함께 오는 사람이 부모가 아닌 경우에는 아동과의 관계를 확인한다.

모든 기록 사항은 내담아동을 중심으로 받는 것이 좋다. 접수상담에 올 때 자녀 없이 부모만 오는 경우가 있다. 이런 경우라도 아동에 대한 정보를 수집하고 예약자를 ○○○의 어머니나 아버지로 알려 준다. 아동과 함께 오지 않더라도 결국 자녀에 대한 내용으로 상담이 이루어지기 때문이다.

주 호소 내용은 현재 상담을 하고자 하는 이유이며, 부모가 문제라고 인식하는 것이다. 일부 부모는 상담하고 싶은 내용을 예약과정에서 자세히 말하려 한다. 가능한 한 전화로 하는 상담문의 및 신청업무는 간결하게 하는 것이 좋다. 따라서 상담자가 부모에게 들은 상담 이유만 요약하여 정리해 준다. 자세한 내용은 상담시간에 접수상담자에게 직접 말하도록 알려 준다. 예를 들면, 다음과 같은 방식으로 안내하는 것이 좋다.

어머니는 P군이 학교에서 친구 때문에 힘들어해 상담을 하고 싶군요. 그동안 친구들과 여러 가지 갈등이 있었고, 다툼도 잦아 걱정이 되셔서 전화를 하셨다는 말씀이시죠. 그럼 접수상담자에게 교우관계의 어려움으로 상담하고 싶다고 전하겠습니다. 더 자세한 내용은 첫 상담에 오셔서 상담자와 직접 이야기하면 됩니다. 오늘은 상담일을 예약하는 안내까지만 해 드리겠습니다.

전화번호는 접수상담일에 올 사람의 연락처다. 간혹 부모가 아닌 사람이 상담문의 및 신청을 하기 때문이다. 예를 들어, 상담문의는 할머니가 했지만 접수상담일에 어머니와 온다면 할머니와 어머니의 연락처를 모두 알아 두거나 쉽게 통화가 되는 사람의 번호를 받아 둔다. 이때 상담에 오게 될 부모나 보호자가 아동의 상담을 동의했는지 확인하는 것이 필요하다.

예컨대, 상담문의는 이모가 했는데 상담일에 부모가 아동과 올 것이라고 했을 때다. 이유는 아동이 다른 지역에 살고 있어 방학을 이용해 이모의 집에 올 때 상담하고 싶어 하기 때문이다. 가끔씩 국제학교에 다니는 학생들이 방학 때 국내에 와서 상담한다. 이런 경우, 부모 대신 친척이 상담문의와 접수상담에 동행하는 경우가 종종 있다. 아동을 데리고 오는 사람을 확인하고 부모의 동의 여부와 아동과의 관계를 물어보는 것이 좋다.

그 밖의 질문이 있다. 다른 형제를 데리고 와도 되는지에 대한 것이다. 가능하면 내담아동과 부모만 오도록 한다. 그 이유는 내담아동에게 상담자와 부모 모두가 집중하기 위해서이며, 상담실 환경을 보다 쾌적하게 사용하기 위함이다. 부득이 다른 형제를 데리고 와야 한다면 거절할 수는 없다. 하지만 여러 명의 자녀를 데리고 오면 상담을 하는 내내 부모가 내담아동의 상담에 집중하지 못할 수 있다. 다른 형제가 부모상담을 방해하지 않고 잘 기다릴 수 있는지 확인한 후 결정하는 것이 좋다. 만약 누군가의 돌봄이 필요한 아동이라면 부모 중 한 명이 돌볼 수 있을 때 상담을 하도록 한다. 분리불안이 있는 아동의 경우에는 부모나 별도의 보호자가 한 명 더 동행하여 아동과 같이 기다려 줄 것을 당부한다.

접수상담에 대한 어머니의 경험 연구(박현주, 2015)에서 보면, 대기실 상황에 따라 접수상담에 대한 만족도가 달라지는 것을 볼 수 있었다. 다음은 연구에 참여한 어머니들이 대기실에서 겪은 불편한 경험을 인터뷰에서 밝힌 내용이다.

> 대기실에서 어떤 아이들이 야구 방망이를 휘두르고 공을 던지고 난장판으로 말썽을 피우는데 (중략) 선생님은 컨트롤을 못하고 있으시더라고요.
>
> – 참여자 3 –

> 대기실 분위기에 따라 아이의 상담의 질이 달라질 수 있다고 생각해요. 대기실에서 긴장을 풀고 들어가면 아동이 부담감이나 두려움을 느끼지 않아서 좋겠지요.
>
> – 참여자 1 –

두 연구참여자는 첫 시간에 왔을 때 대기실의 분위기가 접수상담에 영향을 준다고 느낀다. 상담실의 특성상 여러 내담자가 함께 기다리는 대기실 상황은 이해가 된다. 하지만 어수선하게 아동들이 돌아다니는 모습을 처음 온 아동과 부모가 본다면 불쾌할 수 있다. 따라서 상담자들은 상담실 환경에 대해서 더욱 세심한 배려를 해야 한다.

효율적인 접수상담을 위해 예약 업무에서 한 가지 더 신경 써야 할 것이 있다. 앞에서도 여러 번 강조하였듯이, 아동에게 상담에 오는 것을 설명해 주는 것이다. 가능한 한 아동의 나이와 발달 수준을 고려하여 상담을 하고자 하는 이유를 솔직하게 이야기해 준다(강문희 외, 2008).

사전에 부모로부터 상담에 대해 듣고 오는 아동과 그렇지 않은 아동은 접수상담에 임하는 자세가 다르다. 아동들은 대부분 자발적인 상담동기가 없다. 그렇더라도 부모가 상담에 대해 이야기를 해 준다면 상담이나 상담자를 직접적으로 거부하는 태도를 보이는 경우는 거의 없다.

가끔씩 필자가 아동에게 안내하도록 부탁했음에도 부모가 그냥 온 경우가 있다. 혹은 부모의 설명을 듣고 왔지만 아동이 낯선 상황에서 좀처럼 긴장을 풀지 못하기도 한다. 이런 아동들은 더 배려하고 신경 써야 한다. 예를 들어, 어떤 한 아동은 사전에 상담에 대해 들었지만 엄마의 목을 양팔로 감싼 채 품에서 내려오지 않았다. 긴장을 매우 많이 하는 아동이었는데 새로운 환경에 적응하기 힘들어서 왔다.

아동은 성인과 달리 자신이 놓인 상황에 대한 인식이 늦고, 긴장이 높아지면 울음이나 소리를 지를 수 있다. 사전 정보가 있더라도 순간적으로 나타날 수 있는 모습이다. 따라서 부모가 상담에 오기 전 자녀에게 첫 상담에 대해 설명하는 방법을 꼭 알려 주는 것은 중요하다.

2. 대면과정

1) 첫 대면의 중요성

첫 대면은 인간관계에서 첫인상만큼이나 중요하다. 낯설고 어색한 상담환경에서 대부분의 아동들은 긴장한다. 내담자와 상담자의 첫 대면시간은 서로에게 중요한 순간이다. 부모는 상담자뿐 아니라 상담실에서 만나는 다른 사람들과 상담실 환경에서 첫인상을 가진다(박현주, 2015; 박현주 외, 2015; 이장호, 2005). 다음은 박현주(2015)의 연구에서 접수상담 경험의 참여자가 대기실에서 느낀 내용의 일부다.

일단 우리 쪽은 신경을 안 썼던 것 같아요. 주로 컴퓨터로 자기 일만 보고

– 참여자 2 –

상담 데스크에 있는 사람이 '아, 오셨어요? 오늘 날씨는 어떠네요. 비가 오는데 불편하진 않으셨어요?'라고 하는 그런 기본적인 멘트 같은 게 좀 부족했다는 생각이 들어요. 상담실에 갔을 때 편안하고 내 집같이 느낄 수 있게 해야 된다고 생각을 해요. 신뢰는 안 갔던 것 같아요. (중략) 이 계통의 전문가는 아니고 그냥 사무 도와주러 온 사람 같은 생각이 들었어요.

– 참여자 3 –

의외로 대기실에 애들이 많더라고요. 그런데 부모들은 휴대 전화 아니면 책을 봤지요. 애들이 어수선하게 마음대로 돌아다니는 상황을 신경 쓰지 않더라고요. 같은

장남감을 갖고 놀다 보니 싸움이 생기는데 부모들은 어떻게 할지 몰라 가지고…….

– 참여자 2 –

이와 같이 부모들은 상담자 이외의 직원과 대기실 분위기까지 파악하고, 그 느낌마저 접수상담의 경험으로 기억하고 있었다. 접수상담에 대한 첫인상은 접수상담자와의 전문적인 면담시간에서만 갖는 것이 아님을 알 수 있다. 접수상담 진행과정 전반에 대해서 전문성이 필요한 이유가 여기서도 드러난다.

첫 대면과정에서 내담자가 불편하지 않도록 환경을 준비하는 것은 접수상담자에게도 중요한 일이다. 내담자의 불편한 정서를 가능한 한 빨리 알아채고 해결해 주는 것이 필요하다. 상담에 오기까지 부모가 느꼈을 마음을 이해한다면 상담자를 기다리는 대기실에서 일어나는 작고 사소한 부분까지 신경써야 한다. 첫 대면에서 받은 상담실 분위기, 상담자 혹은 직원들에 대한 첫인상은 이후 면담에까지 영향을 준다. 편안하고 안정적인 대기실 분위기를 만들기 위해 어떤 노력을 할 수 있을지 생각해 보자.

대기실은 부모와 아동이 긴장과 불안을 낮추고 조금 더 편안한 마음으로 면담을 준비하는 장소다. 이들을 만나는 사람이 접수상담을 하든지 그렇지 않든지 간에 생소함에서 오는 내담자의 불안을 줄여 주도록 일상의 자연스러운 대화를 먼저 시작하는 것이 좋다. 예를 들면, '날씨나 교통편이 어떠했는지, 상담실에 올 때 어려움이 있었는지' 처럼 서로 가볍게 이야기할 수 있는 내용이다.

일부 아동은 여럿이 사용하는 대기실에서 지켜야 할 행동을 하지 못한다. 예컨대, 마구 뛰어다니며 놀거나 허락 없이 상담실로 들어가려고 한다. 다른 내담아동과 가족을 처음 봤음에도 불필요한 말을 하거나 불편하게 한다. 대기실에서 불편하면 기다리기가 힘들다. 이런 분위기조차 이해하는 부모와 아동이 있다. 하지만 첫 대면에서 만나는 아동에겐 대기실에서 해야 할 행동과 하지 말아야 할 행동을 미리 알려 주는 것이 좋다. 또한 불편할 때 어떻게 해야 하는지와 도움의 방법을 말해준다. 이를 위해 아동과 부모에게 전문상담자와의 면담 전까지 무엇을 하고, 어떻게 기다려야 하는지 안내해 준다.

부모와 아동이 방문하면 상담자는 제일 먼저 환영과 인사를 하는 것이 좋다. 만약 접수상담자 본인이 직접 맞이하는 상황이라면 인사와 함께 직접 자신을 소개한다. 이름과 직함 정도만 밝히면 된다. 이미 상담신청 및 예약 과정에서 소개했기 때문이다. 이어 접수상담 장소와 시간, 순서를 알려 준다.

아동상담에선 아동과 부모가 모두 내방하기도 하고, 아동과 부모 중 한 명만 올 수가 있다. 부모와 아동 이외의 조부모나 지인, 다른 형제가 오기도 한다. 한 아동의 상담에 다수의 사람이 내방하는 경우, 조금 복잡한 대기실 환경이 될 수 있다. 만약 공간이 협소하다면 내담아동과 보호자를 제외한 사람에게 끝나는 시간을 알려 주고 잠시 외출해도 된다고 하는 것이 무난하다. 좁은 환경에 많은 사람이 있는 상황이면 다른 내담자가 불편해할 수 있기 때문이다.

대기실 공간이 넓더라도 한 가족이 너무 많이 왔다면 다른 내담자를 배려해야 한다. 간혹 여러 형제가 와서 마치 집이나 놀이터처럼 자기들끼리 어울려 노는 상황이 생긴다. 이런 경우, 부모의 도움을 받아 주의하도록 부탁한다. 상담실 분위기에 적합한 행동을 미리 알려 주고 조용히 기다리도록 한다. 이를 위해 소음이 심하지 않은 적당한 놀이나 활동을 안내해 주는 것이 필요하다. 상담은 정서와 관련된 이야기를 나누는 경우가 많으므로 상담실에 처음 온 내담아동과 부모뿐 아니라 기존 내담자가 가능한 한 편안하게 이용하도록 돕는 것이 중요하기 때문이다.

대면 후 접수상담자와 면담하기 전까지 편안하게 기다릴 수 있도록 상담실 전체 분위기 조성에 여러 가지 배려를 해야 한다.

2) 면담을 위한 사전 준비

접수상담자와 내담자가 효율적인 상담을 할 수 있도록 면담 전에 준비할 것이 있다. 부모나 보호자에게 상담신청서를 작성하도록 하는 것이다. 상담신청서를 작성하기 전에 의무화된 개인정보 수집 및 이용 동의서를 받아야 한다. 서류 작성에 필요한 안내문을 제공하거나 구두로 기록방법에 대해 설명한다. 만약 다른 기관에서 심리검사나 상담을 하고 온 아동이라면 관련 자료를 미리 전달받는다. 접수상담자가 직접 첫 대면에서 안내와 인사를 나누었다면 자료를 바로 받아 검토한다. 별도의 직원이 첫 대면을 한 상황에선 자료를 접수상담자에게 면담 전에 건넨다.

일부 아동은 이전 기관에서 심리검사까지 하고 병원에서 약물치료 중인 경우가 있다. 관련된 자료를 가져왔다면 미리 검토한다. 타 기관에서 온 자료의 형태는 상담의뢰서, 종결보고서, 심리평가보고서, 진단서, 의무기록사본, 처방전 등이다.

부모나 보호자가 동의하면 복사하거나 파일로 저장해 별도로 자료를 보관하여 관리하는 게 편리하다.

이상과 같이 대면과정은 방문부터 접수상담자와 면담하기 전까지의 시간이다. 이 시간 동안 접수상담자는 무엇을 어떻게 해야 하는지 정확히 알아야 하고, 기다리는 부모와 아동에게 안내할 내용도 구체적으로 숙지할 필요가 있다. 지금까지 설명한 대면과정의 중요한 내용을 다시 한 번 정리해 보자.

면담 전에는 가능한 한 편안하고 쾌적한 분위기를 만드는 데 신경 쓴다. 첫 방문한 아동과 부모를 환영하고 인사한다. 이어 상담자를 소개하고, 다른 기관에서 가져온 자료가 있으면 건네받는다. 개인정보 수집 및 이용 동의서와 상담신청서를 안내하고 작성하도록 한다. 면담을 위한 사전 준비에서 해야 할 일을 확인하고 대면상담에 필요한 모든 준비가 끝나면 접수상담자는 아동과 부모와 주 호소 내용 중심의 면담을 시작한다.

3. 면담과정

1) 면담의 의미

면담은 접수상담자가 내담자와 상담을 목적으로 대화하는 공식적인 시간이다. 첫 상담에서 상담자와 내담자는 많은 이야기를 한다. 내담자는 상담에 온 이유를 말하고 상담목적을 충족해 간다.

아동상담의 경우, 부모나 보호자가 접수상담자와 이야기를 더 많이 나눌 수 있다. 자녀의 문제로 상담에 왔기 때문이다.

접수상담자는 부모의 상담욕구를 이해하고 만족도를 높이기 위해서 심층적인 대화를 해야 한다. 제일 먼저 부모가 상담에 온 이유를 확인한다. 아동에 대한 주 호소 내용이 문제인지를 가리고 상담의 지속 여부를 결정한다. 면담은 상담자와 부모 모두에게 중요한 시간이다.

3. 면담과정

상담 분야의 면담은 일반적인 인간관계에서의 질의응답과 다르다. 상담 자체가 특별한 목적을 가지고 이루어지는 만남이므로 상담자와 내담자의 면담은 중요한 의미를 가진다.

면담에서는 주로 부모가 정한 주제를 중심으로 이야기한다. 대부분 아동이 보이는 행동이나 정서, 부모 및 주변인의 반응에 대한 것이다.

아동의 문제 행동이 발생한 시기, 그동안의 진행 경과, 부모가 생각하는 문제의 원인, 부모가 그동안 대처해 온 방법을 포함해서 보다 심층적인 이야기를 나눈다. 면담에서 부모는 자녀에 대한 이해를 높여 부모가 대처할 수 있는 일을 찾고 싶어 한다. 이전까지 아동의 문제를 스스로 해결해 보려고 노력해 봤지만 도저히 참아 낼 수 없는 지경에 이르러 상담하기도 한다. 이런 부모는 지푸라기라도 잡는 심정으로 상담자와의 시간을 기다린다(박현주, 2015). 어머니들의 경험을 통해 보다 자세하게 접수상담의 간절함을 느껴 보자.

원치 않았는데 이혼을 하고 나서 아이들이 받을 상처가 걱정이 되었던 것 같아요. 아이의 문제점도 있었지만 아이의 상처를 조금이라도 줄여 주고 싶었어요. (중략) 아무튼 잘 살고 싶었던 것 같아요. 지푸라기라도 잡는 심정으로 상담하러 갔고, 상담에 의지하고 싶었던 것 같아요.

– 참여자 2 –

상담을 통해서라도 아이의 모든 고민거리가 깨끗하게 해결되었으면 좋겠다는 간절한 마음이 대개 많았어요.

– 참여자 5 –

엄마인 저도 '힘에 붙인다' '너무 힘들다.'라고만 느꼈는데 …… 상담을 갔던 건 일단은 내 아이이니까 놔 버릴 수는 없잖아요? 그렇기 때문에 빨리 아이도 행복하고 나도 행복한 것을 찾아 뭔가 해야겠다.

– 참여자 6 –

접수상담에 오는 어머니들의 마음은 앞의 참여자들처럼 매우 절박하다. 상담을 통해서라도 아동의 행복을 바라는 부모의 마음이 느껴진다. 이런 심정이 면담을 통해 접수상담자와 나누어지는 것이다. 상담시간을 통해 지금까지의 고통에서 조금이라도 벗어나고 자녀의 아픔을 줄여 줄 수 있는 방법을 찾으려고 상담자를 만나러 온 것이다. 상담과 상담자에 대한 기대감은 이런 간절함의 결과로 더 높아질 수밖에 없다. 상담에 의지해서라도 자녀의 긍정적인 변화를 기대하는 것을 알 수 있었다.

'내 아이한테 무슨 이상이 있어서 가는 건가?'라는 생각 때문에……. 가기로 결정하고서도 상담받은 아이에게 뭔가 하나의 선이 그어질까 봐 염려했던 것 같아요.

– 참여자 5 –

아직 상담이라는 것을 어떤 정신적인 문제가 있기 때문에 한다고 생각하잖아요. (중략) 비밀리에 하고 싶었거든요. 몸이 아프면 병원에 가는 건 크게 문제 삼지 않으면서 여전히 정신적인 것에만……. 그런데 누구나 마음의 병이 생길 수 있잖아요?

– 참여자 1 –

상담이 아니면 다른 길은 없을 거라고 생각을 했으니까요. 그곳에서 나에게 동아줄 같은 게 주어지지 않으면 안 된다는 심정으로 갔던 것 같아요. TV에서 전문가들이 애들 행동을 바뀌게 하는 것을 보고 신기했어요. (중략) 의지하고 싶었던 것 같아요. '신(神)같이. 저 사람이 나를 구해 줄 사람이다.' 그런 생각이 들었어요.

– 참여자 2 –

부모의 간절함과 절박함은 상담자에 대한 강한 신뢰감을 갖게 할 수 있다. 간혹 상담에 대한 선입견이 있다는 사실을 알면서도 말이다. 접수상담자는 이런 부모의 마음을 최대한 공감하여 의존보다 아동의 문제를 해결할 수 있는 힘을 가지도록 지지와 격려를 해야 한다. 상담 본연의 의미처럼 함께 가는 여정이기 때문이다.

면담은 부모가 호소하는 내용이 진짜 아동의 문제인가를 구분하는 것에 초점을 맞추어야 한다. 이를 위해 면담에서 언급해야 할 내용에 대해 알아보자.

첫째, 주 호소 내용에 대한 전문적인 이야기를 나눠야 한다. 부모들은 자녀의 행동이나 심리 상태에 대한 전문가의 견해를 참고하고 싶어 한다. 그래서 아동의 행동이 문제라고 느끼면 그 원인은 무엇이고, 어떻게 해결해야 하는지에 대해서 상담자와 이야기하고자 한다. 이런 부모의 욕구를 안다면 상담자는 주 호소 내용에 대한 객관적인 기준과 전문적인 견해를 밝힐 수 있어야 한다. 부모가 호소하는 아동의 문제를 어떻게 접근하는 것이 좋은지, 차기상담이 꼭 필요한지, 향후 아동에 대한 양육은 어떤 방향으로 가야 하는지 부모가 이해하도록 전문적인 관점에서 이야기해야 한다.

둘째, 상담 전 과정에 대한 이해를 도와야 한다. 첫 상담만으로 주 호소 문제에 대한 이해나 해결이 되는 것은 아니다. 부모 역시 이런 부분을 이해한다. 그래서 필요하면 차기상담에 동의한다. 상담의 시작인 접수상담을 통해 상담의 전 과정이 어떻게 이루어지는지 내담자에게 설명한다. 다음 시간부터 본 상담으로 이어지고, 어느 정도의 상담시간이 필요한지, 누가 상담을 할지, 어떤 방법으로 상담이 이루어지는지에 대해 알려 준다.

가끔 부모들은 상담을 통해 아동의 문제 행동이나 정서 변화가 진짜로 일어나는지 의문을 가진다. 그동안 가정에서 여러 가지 노력을 해 보았지만 해결하지 못하여 상담하기로 결정한 경우가 많기 때문이다. 따라서 접수상담자는 상담 전 과정에 대해 부모가 이해하도록 하여 신뢰감을 주어야 한다.

접수상담자는 내담자와의 효과적인 면담을 위해 각 사례마다 적용할 수 있는 면담의 노하우를 각자 계발하고 능숙해져야 한다.

2) 면담 전 안내

면담 전에 내담자에게 면담 순서, 장소, 시간을 알려 준다. 특히, 아동은 상담에 대한 이해를 성인보다 충분하게 하지 못할 수 있고, 낯선 상황에 더 느리게 적응하는 특성이 있기 때문이다. 부모가 상담자와 먼저 면담하게 될 때 분리되어 기다리도록 필요한 안내를 해 주어도 아동은 새로운 사람과 익숙해지지 않은 대기실에서 기다리는 것이 때때로 힘들 수 있다. 접수상담자와 처음 들어가는 상담실에 대한 두려움도 가질 수 있다. 이런 이유 때문에 면담 전에 아동과 부모에게 각각 알맞은 안내를 해 주는 것이 필요하다.

면담 순서는 아동과 부모 중 누구와 먼저 이야기를 할 것인지 결정하는 것이다. 따로 정해진 순서는 없지만 아동의 주 호소 내용에 따라 달리할 수는 있다. 일반적으로 아동이 부모와 분리만 된다면 상담자는 부모를 먼저 면담하는 것이 좋다. 부모로부터 상담의 동기와 목적, 주 호소 내용에 대한 구체적인 상황을 듣는 것이 아동을 이해하는 데 도움이 되기 때문이다.

대부분 아동상담의 경우, 부모가 상담하고 싶은 이유와 관련된 내용을 중심으로 면담을 시작한다. 부모자녀관계나 또래관계의 불편함 때문에 온 아동이라면 아동을 먼저 만나도 된다. 부모에게 사전에 너무 많은 정보를 듣고 아동과 면담하면 선이해로 영향을 받기 때문이다. 어차피 부모가 작성한 상담신청서를 확인한 후 아동과의 면담도 이루어지기 때문에 아동에 대한 선이해가 전혀 없을 수는 없다. 그렇더라도 내담아동의 솔직한 마음을 편견 없이 듣고 이해하는 것은 상담자에게 매우 중요하다. 따라서 부모와의 관계에서 어려움을 호소하는 아동은 부모보다 먼저 상담자와 이야기하는 것이 좋다.

어린 아동들의 경우, 부모와 함께 놀이하면서 면담할 수 있다. 놀이를 관찰하거나 평가하는 방법이다. 놀이를 통해 아동의 발달을 이해하는 것이 가능하기 때문이다. 놀이 속 표현은 아동의 내외적 생활을 보여 주고 영역별 발달 상태를 짐작하게 한다(백용매 외, 2003). 부모와 아동 간의 놀이내용을 통해 평상시 부모자녀관계를 추론해 볼 수도 있다. 즉, 가족 내 상호작용의 질과 부모자녀 간의 유대감이 어떤지 확인해 볼 수 있다.

아동상담에서 부모와의 관계를 중요하게 여기는 이유는 아동의 삶에 부모가 의미 있는 역할을 하기 때문이다(유미숙 외, 2006). 이를 위해 접수상담자는 아동상담 및 놀이치료, 부모상담에 대한 전반적인 지식과 관련 평가기술을 갖추고 있어야 한다.

면담장소는 부모와 아동이 같은 곳에서 할 수 있고 각각 다른 곳이 될 수도 있다. 특히 불안의 문제로 온 아동은 작은 변화에도 쉽게 긴장이 높아지므로 부모와 분리하기 전에 안내한다. 이런 아동은 부모가 상담자와 면담하게 될 장소까지 먼저 알려 준다. 원한다면 상담자와 부모가 면담장소까지 아동을 데리고 가 본 후 대기실로 다시 나오는 것이 좋다. 이후 대기실에서 아동이 기다릴 수 있다면 적절한 안내를 통해 분리한다. 기다릴 때 아동이 부모를 보고 싶어 할 수 있으므로 어떻게 해야 하는지 사전에 알려 주어 안심시키고 지켜야 될 일도 미리 전달한다.

면담시간은 접수상담 전체 시간과 부모와 아동이 각각 나누어 사용할 시간을 대략적으로 말해 준다. 첫 시간을 여유 있게 조정했더라도 가능하면 정해진 접수상담시간을 초과하지 않는 것이 좋다. 그러므로 정해진 시간을 안배해서 부모와 아동을 면담해야 한다.

면담 순서, 장소, 시간에 대한 안내를 모두 마쳤다면 내담자와 구체적으로 대화의 시간을 가진다. 구체적인 대화내용을 살펴보자.

3) 면담의 내용

면담내용을 예시와 사례를 통해 자세히 살펴보자.

(1) 면담의 시작

부모와의 면담의 시작은 보통 주 호소 내용에 대한 이야기부터 이루어진다. 부모들 중 일부는 면담이 시작되었어도 긴장 때문에 상담자에게 쉽게 말을 꺼내지 못한다. 최대한 상담자가 편안한 분위기를 만들어야 하는 이유다. 이런 부모에겐 면담 전에 작성한 상담신청서를 활용한다. 처음으로 상담하는 부모라면 상담에 대한 의미를 간단하게 말해 주면서 시작하는 것이 좋다. 상담동기를 직접 물어보면서 말문을 열어도 된다. 구체적인 예를 들어 보자.

예시 1 상담이 처음이시군요. 처음이라 저와 이야기하는 것이 어색할 수 있습니다. 상담은 이렇게 마주보면서 자녀에 대해 하고 싶은 이야기를 하는 것입니다. 상담신청서에 작성하신 내용을 중심으로 이야기를 해도 좋겠습니다. 여기 주 호소 내용에 집중력 부족이라고 쓰셨는데 어떤 뜻인지 이야기해 주시겠습니까?

예시 2 첫 시간이라 어색하시죠? 그럴 수 있습니다. 천천히 하고 싶은 이야기를 시작하시면 됩니다. 상담시간이 정해져 있으므로 오늘은 부모님이 상담신청서에 적으신 내용에 대해 이야기하면 어떨까요? 상담내용은 비밀이 보장되며, 전체 상담시간은 지금부터 한 시간입니다.

예시 3 상담신청서에 자녀가 의욕이 없다고 적으셨는데, 이 부분에 대해 구체적으로 말씀해 주시겠습니까?

예시 4 상담신청서를 보니 친구를 사귀는 것에 관심이 없는 것 같다고 하셨는데, 관심이 없다는 것은 어떤 것인지 어머니의 생각을 들어 보고 싶습니다. 구체적인 예를 들어 말씀해 주셔도 됩니다.

접수상담자는 첫 시간에 가급적 부모가 스스로 말하지 않는 내용을 먼저 질문하지 않는 것이 좋다. 특히, 아동의 삶이 가족과 연결되어 있지만 자신에 대한 이야기나 가족에 대한 것을 사생활 탐색으로 여겨 불편해할 수 있다. 그런 부모는 상담자의 질문에 보다 예민할 수 있다. 최대한 부모의 입장을 고려하여 이야기를 시작한다.

아동이나 부모에 대한 민감한 정보라고 생각하는 부분은 부모가 직접 자연스러운 상황에서 이야기할 수 있도록 기다려 주는 것이 바람직하다. 그러나 생각보다 상담자에게 어려울 수 있다. 부모 스스로 말할 수 있도록 하는 힘은 신뢰다. 상담자가 믿을 만한 사람이라고 생각하면 부모는 자신의 생각과 감정을 보다 빠르게 이야기할 것이다. 예를 들면, 가족을 적는 란에 부모 중 어느 한 명만 기재한 경우가 있다고 하자. 짐작이 가지만 먼저 질문하지 말아야 한다. 자연스럽게 별거나 이혼 후 아동을 혼자 키우고 있는 사실을 이야기할 수 있도록 편안하게 해 주면 된다.

첫 시간이라 상담자는 내담자에 대한 정보를 많이 얻으면 좋을 것이다. 정보가 많아야 상담을 더 잘할 수 있다고 느낄 수 있다. 정해진 시간 안에 전문가로서 소견까지 밝히려면 가능한 한 많은 정보를 내담자에게 얻고 싶어진다. 이런 생각이 들면 상담자는 급하게 질문할 수 있다.

적절한 질문은 면담에 도움이 된다. 하지만 내담자의 이야기의 흐름을 방해하는 질문은 조심해야 한다. 질문은 주 호소 내용 파악이 필요할 때 적절하게 사용한다.

가능한 한 부모가 자신의 이야기를 먼저 꺼내도록 기다려 주는 자세가 중요하다. 힘들고 조심스러운 주제라면 부모에게는 떠올리는 것만으로도 상처가 될 수 있으니 더욱 신중하게 말해야 한다. 개방형으로 말문을 열어 부모가 이야기를 시작하도록 한다. 이런 질문을 통해 부모가 상담 동기 · 목적 · 이유에 대해 자발적으로 말하도록 돕는다. 다음과 같은 질문이 그 예다.

예시 5 오늘 상담을 통해 원하시는 것은 무엇입니까?

예시 6 자녀에 대해 어떤 이야기부터 시작하고 싶으신지요?

예시 7 어머니가 하고 싶은 이야기부터 말씀하시면 됩니다.

최대한 면담의 시작은 편안한 분위기에서 이루어지는 게 중요하다. 쉽게 꺼내기 힘든 주 호소 내용이라도 상담자를 신뢰하면 마음에 있는 이야기를 조금씩 할 수 있다. 혹시라도 자녀의 문제가 자신 때문에 생긴 것이라고 느끼는 부모라면 더욱 신중한 태도를 보여야 한다. 고민하고 상담에 왔겠지만 여전히 힘든 정서가 있기 때문이다.

말문을 쉽게 열지 못하고 눈물부터 흘리는 어머니와 종종 면담할 때가 있다. 이후 자신의 감정을 스스로 추스르고 이야기하면 다행인데 한동안 울기만 할 수가 있다. 이런 경우에는 말없이 기다리는 것이 질문이나 말을 건네는 것보다 낫다. 또 다른 경우에는 자녀를 둘러싸고 있는 문제를 이야기하다 주변인들의 반응이나 상황 때문에 감정이 격해질 때가 있다. 예컨대, 한 어머니는 학교폭력의 피해자로 아들이 가해학생에게 괴롭힘을 당한 상황을 교사에게 들었던 일을 이야기하면서 몸을 부르르 떨며 분노와 억울함을 표현하였다. 어떤 아버지는 이혼하기 전에 아동을 두고 나가 버린 아내를 향한 배신감과 증오의 감정에 대해 이야기하며 언성을 높였다.

가정폭력의 피해자인 한 어머니가 자녀 둘을 데리고 무작정 상담에 온 적이 있다. 예약 후 상담해야 한다고 안내했음에도 집에 있을 수 없어 나왔고 걷다 보니 상담실 간판이 보여 들어왔다며 당일 상담을 무조건 하고 싶다고 하였다. 할 수 없이 적절한 상담 안내를 하기 위해 상담실로 들어오도록 했다. 어머니는 목이 멜 정도로 많이 울며 자신의 억울함과 피해 사실을 말하기 시작했다. 눈물을 흘린 자국 그대로 두 자녀가 기다리는 대기실로 퇴실하라고 할 수가 없었다. 어머니 역시 자녀에게 운 모습을 보이고 싶어 하지 않았다.

상담 안내를 위한 시간이었지만 어머니가 진정이 될 때까지 상담실에 머물도록 해야 했다. 다른 상담이 있어 먼저 나오긴 했지만 난처한 상황이었다. 가정폭력상담을 할 수 있는 상담실에 대한 정보를 제공해 주었다. 두 자녀에겐 엄마가 잠시 상담실에서 해야 할 일이 있어 조금 뒤에 나올 것이라고 알려 주었다. 이후 어머니와 아동은 가정폭력상담이 가능한 기관으로 갔다.

이처럼 상담을 해야 하는 이유와 상황이 다양하듯이, 면담 상황도 각기 다르다. 접수상담자는 부모와 아동이 처한 여러 가지 상황에 맞도록 면담하는 기술을 사용할 수 있어야 한다.

① 첫 상담시간에 대한 이해

면담을 하다 보면 생각보다 시간이 부족한 경우가 종종 있다. 이런 상황은 자녀에 대해 많은 것을 알고 싶은 부모의 욕구와 상담자가 적극적인 역할을 하는 과정에서 생긴다. 상담자와 대면하면 부모들은 주 호소 내용과 관련된 여러 가지 에피소드, 상담을 결정하게 된 동기, 주변인의 반응 이외에 많은 정보를 전달하고 상담자의 견해를 들으려 한다.

상담자 역시 부모에게 필요한 것을 바로 해 주어야 하기 때문에 전문 지식을 설명하거나 부모가 이해하도록 상당한 시간을 쓴다. 상담자의 역할은 부모가 호소하는 문제를 직접 해결해 주거나 설명만 하는 것은 아니다. 부모가 말하는 것에 대해 상담자가 민감하게 반응하고 부모와 같은 위치에서 그 문제를 바라보려는 태도를 취하는 것이 중요하다(유미숙 외, 2006).

첫 시간에 대한 이해를 할 수 있도록 상담자는 부모에게 여러가지를 안내한다. 면담시간은 제한되어 있고, 주 호소 내용을 중심으로 이야기를 한다고 말하는 것이 가장 일반적이다. 부모와 함께할 상담시간을 알려 주고, 상담신청서에 적은 내용을 확인한다. 부모와의 면담 후 아동과도 면담이 이루어짐을 알린다. 부모와 아동의 면담을 통해 아동의 현재 심리 상태, 문제 행동의 원인을 파악한다. 차기상담의 진행 여부, 심리검사 여부, 다른 기관으로의 연계성 여부를 결정해야 한다면 부모와 협의할 것임을 알려 준다.

② 주 호소 내용으로 문제 확정하기

상담자와 내담자의 첫 면담에서 가장 중요한 것은 내담자가 호소하는 문제에 대한 규정과 해결책에 대해 이야기하는 것이다. 아동상담의 경우에는 부모가 자녀 대신 주 호소 내용을 정하고 상담에 온다. 부모가 아동의 문제를 자의적으로 해석하고 인식할 수가 있다. 혹은 현재 아동이 보이는 문제가 상담을 해야 할 정도인지 판단이 서지 않아 왔을 수 있다. 첫 면담에서는 주 호소 내용이 상담을 할 정도의 문제인지 상담자와의 시간을 통해 알고 싶어 할 것이다. 만약 주 호소 내용이 문제라면 그 문제를 어떻게 해결해 나갈지 내담자가 스스로 방법을 찾아가도록 이해를 높혀야 한다(이장호 외, 2005).

주 호소 내용을 문제로 어떻게 규정하는지 사례를 통해 이해해 보자.

수면문제로 상담에 온 아동 A와 B가 있다. 둘은 동갑으로 비슷한 시기에 상담자를 찾아왔다. 이들의 주 호소 내용은 각각 다르다. 구체적인 면담을 통해 두 아동의 주 호소 내용을 문제 행동으로 확인하는 과정을 알아보자.

사례 A 부모의 이혼으로 잠 못 자는 초등학교 1학년 남아

아동 A(남, 초등학교 1학년)는 고모, 친조모와 함께 내방하였다. 고모가 상담신청서를 작성하였다. 고모와 아동 순으로 접수면담을 했다. 고모가 보는 A의 문제는 밤에 자다가 자주 소리를 지르거나 울면서 깨고, 가끔씩 뛰어다니기도 하여 주변에서 몽유병이 아니냐고 말해 걱정이 되어 상담을 신청했다. A는 고모를 잘 따랐고 고모도 A를 친아들처럼 아끼는 모습이 관찰되었다. 상담자는 부모 대신 고모와 접수면담을 하게 된 이유를 파악하고 이야기를 나누었다.

다음은 고모와의 면담 내용의 일부다.

고모1: 밤에 자다가 깨서 소리를 지르거나 웁니다. 깨고 나면 머리가 많이 아프다고 해요.

상담자1: 언제부터 그런 모습이 나타났는지 구체적으로 이야기해 주시겠습니까?

고모2: 작년 말부터이니까 세 달 정도 되어 갑니다.

상담자2: 그때 처음으로 나타났다는 것인지요? 이전에 생활은 어땠나요?

고모3: 네. 처음엔 겨울이라 열성감기인 줄 알았는데 감기가 나은 후에도 계속 그랬습니다. 잠이 깨면 소리를 지르고 어떤 날은 막 뛰어다니며 안절부절못합니다. 주변 어른들이 몽유병인 것 같다고 했어요.

상담자3: 그렇군요. 연말 정도에 아동의 생활에서 특별한 변화가 있었나요? 예를 들면, 이사나 질병과 같은…….

고모4: 작년은 아니고, 2년 전 남동생 부부가 이혼해서 친정 부모님이 A를 데리고 있어요. 남동생은 일찍 출근하고 늦게 오기 때문에 주말엔 주로 친정 부모님이 챙겨 주시고, 방과 후엔 제가 조카를 데리고 우리 애들과 생활합니다. 지금은 방학이라 저희 집에 더 많이 있어요. 할아버지랑 할머니는 공부 같은 것은 지도하기 어렵기도 하고, 주로 우리 아이들과 같이 놀다가 할아버지나 아빠가 와서 데려가요.

(중략)

상담자4: 부모가 이혼한 후 A가 친가에서 생활하고, 가까이 사는 고모가 자주 봐주고 있군요.

고모5: 네.

상담자5: A가 잠을 못 자는 이유에 대해 생각한 게 있을까요?

고모6: 글쎄요. 아마도 엄마가 없으니까 그런 게 아닐까요? 전에는 엄마랑 생활했으니까.

상담자6: 엄마인 올케랑 지낼 때 A가 어땠는지 혹시 아는 게 있으신가요?

고모7: 잘은 몰라요. 그때는 동생이 다른 지역에 살았고, 이혼 후 부모님 곁으로 왔으니까요. 엄마랑 살 때에도 맞벌이라 A는 친정어머니가 평일에 자주 가서 돌봐 주셨어요.

상담자7: 그랬군요. 혹시 남동생 부부가 헤어진 이유를 아시면 말씀해 주실 수 있을까요? 불편하시면 이야기를 안 해 주셔도 됩니다만 A가 잠을 못 자는 이유를 엄마와 관련해서 이야기를 하셔서요.

고모8: 아무래도 엄마를 계속 못 보니까 그렇겠죠.

상담자8: A가 지금 엄마를 못 보고 있나요?

고모9: 만나기도 하는데 워낙 자기 일에 바쁜 사람이라……. (말을 흐림)

상담자9: A의 어머니는 바쁘게 일을 하셨나 봅니다.

고모10: 자기가 좋아서 하는 거죠. 사실 별로 A를 신경 써서 키우진 않았어요.

상담자10: 신경 써서 키우지 않았다는 것은 무슨 뜻인가요?

고모11: 낳긴 했지만 거의 육아에는 관심이 없는 것 같았어요. 그 때문에 부부싸움을 자주 한 거 같고. 툭하면 남동생이랑 이혼한다는 소리가 나오더니 결국 헤어졌네요.

고모와 면담 후 A와도 면담을 하였다. 다음 내용은 A와 나눈 이야기의 일부다.

상담자1: 여기 왜 왔는지 혹시 들은 이야기가 있어요?

아동1: 네. 잘 때 꿈에서 머리가 많이 아파서요. 소리도 지르게 돼요. 막~ (길게 늘려서) 그냥~ 소리를 막 질러요. 나도 모르게…….

상담자2: 잘 때 소리를 지르고 머리도 아프고 해서 온 거구나. 그럴 때 어떻게 해요?

아동2: 아빠한테 도움 받아요.

상담자3: 어떤 도움?

아동3: 아빠가 세수도 시켜 주고 차가운 데에서 돌봐 줘요.

(중략)

상담자4: 잘 때 누구랑 자요?

아동4: 아빠나 할머니.

상담자5: 잘 때 혹시 꿈을 꾸면 생각이 나요?

아동5: 네.

상담자6: 무슨 꿈이었는지 생각나는 거 있으면 이야기해 줄래요.

아동6: 그건 모르겠어요. 무서운 꿈이에요.

상담자7: 꿈 내용은 모르지만 무서운 꿈이었다고 느끼는구나. 무서운 꿈인 건 어떻게 알 수 있을까요?

아동7: 내가 계속 울어서 알게 되었어요.

상담자8: 아, 무서우면 울게 되는구나. 어떤 게 무서운 건가요?

아동8: 뭐, 끔찍한 거.

상담자9: 끔찍한 건 뭘까?

(중략)

상담자10: 전에도 그런 적이 있었어요?

아동9: 아니, 엄마랑 잘 때에는 안 그랬어요.

상담자11: 엄마랑 잘 때에는 안 그랬는데 지금은 무서운 꿈을 꾸고 자다가 깨서 소리도 지르고…….

(이하 생략)

A의 보호자로 온 고모와 A와의 면담내용 일부를 소개하였다. 다음은 고모와 함께 온 친조모와 추가면담에서 얻은 아동과 가족에 대한 이야기다.

A는 2년 전 부모의 이혼으로 친조부모 집으로 와 생활하기 시작했다. 근처에 사는 고모가 방과 후에 주로 돌본다. 평일에는 고모네 집에서 저녁 식사까지 한 후 친조부의 집으로 가는 날이 많다. 부는 회사일이 바빠서 A의 양육에 신경을 거의 쓰지 못한다. 부모와 누나의 도움으로 A를 키우고 있다.

친조부는 집안에서 영향력이 가장 큰 편으로 엄격하고 빈틈이 없다. A에게 자주 명령조로 지시한다. 고모인 딸에게 A가 정확하고 빠르게 학습하도록 지도할 것을 강조한다. 가끔씩 주말에 A의 숙제를 봐 줄 때 친조부는 글씨를 똑바로 쓰라고 한다. 비뚤어진 글씨가 보이면 지우개로 지우고 다시 쓰도록 할 때가 많다. A는 친조부와 공부하는 것을 싫어한다. 친조부는 가정 밖에선 법

없이 살 사람이라는 칭찬을 들을 정도로 엘리트 이미지를 준다. 주변에서 잉꼬부부라고 부르는 사람이 있을 정도여서 부러움을 사기도 한다. 하지만 아내인 친조모가 남편에게 젊을 때부터 거의 맞추며 살아왔다.

A의 모는 자유롭고 간섭을 싫어하는 성향이다. A의 아빠와 연애시절부터 친조부가 결혼은 안 된다고 반대하였지만 혼전 임신으로 결혼하였다. 결혼 이후 시부의 엄격함을 억압으로 느끼고 잔소리가 많다거나 잦은 간섭을 한다고 남편과 부부싸움을 자주하여 갈등이 있었다. A의 임신으로 결혼한 때문에 시부가 더 인정하지 않는 며느리였다.

친조부는 A가 엄마의 성격을 많이 닮았다며 가끔씩 A에게 싫은 내색을 한다. 이혼한 아들을 못마땅하게 여기지만 A가 아직 어리고 아들이 혼자 키울 수 없어 싫지만 데리고 와서 돌봐 주고 있다. 친조부는 며느리가 이혼 전에도 어린 A를 직장생활을 이유로 시어머니인 아내에게 맡기고 출근한 사실을 못마땅해하였다. 당시 아내에게 A를 봐 주지 말아야 며느리가 직장을 그만두고 A를 직접 키운다고 하였다. 아들 내외는 육아문제로 갈등이 더 심해졌다. 결국, 아들 부부가 이혼하였는데 그 책임의 일부는 아내인 친조모 때문이라고 생각한다. 하지만 다른 가족은 친조부의 지나친 간섭과 일방적 대화가 아들 부부의 불화로 작용했다고 보고 있다. 현재까지 친조부만 인정하지 않는다.

친조부는 A가 마음에 안들 때면 손자의 행동, 학습 태도에 대해 잔소리를 한다. 딸인 A의 고모에게도 비슷한 말을 자주 하여 고모는 A가 듣는 곳에서는 하지 말라고 부탁했다. 하지만 변화가 거의 없다. 고모 역시 어릴 때부터 독선적인 아버지의 뜻을 거스르면 더 큰 갈등이 생긴다고 인식해 친조모처럼 웬만하면 들어 주는 편이다. 현재 고모는 조카인 A와 남동생이 부모와 같이 사는 것이 안타깝지만 친정어머니가 힘들까 봐 A를 돌봐 주고 있다.

최근 A가 친조부의 집에 있는 것이 불편한지 고모 집에 더 자주 와서 사촌 형제들과 놀 때가 많다. 할아버지가 데리러 온다고 하면 안 가고 싶다고 고모에게 말할 때가 있다. 그래도 가야 된다고 하면 종종 삐치기도 한다. 가끔씩 고모 집에서 사촌들과 잠을 잘 때가 있는데 고모와 같이 자는 것을 좋아한다. 고모와 잘 때에는 자주 깨지 않는 편이다. A가 고모부의 눈치를 보기도 해 마음이 짠할 때가 있다. 고모는 A보다 나이 많은 세 자녀를 키우고 있기 때문에 가끔씩 A에게 손길이 못 미쳐 미안해한다.

고모와 친조모, A와의 접수면담으로 얻은 자료를 토대로 아동의 주 호소 문제와 그 원인을 정리해 보자.

A는 부모보다 친조모의 양육을 더 많이 받고 자란 것으로 보인다. 부모의 이혼 후에 친조부의 집과 고모 집에서 생활하면서 친조모와 고모가 주 양육자다. 2년 전부터 변화된 생활에서 오는 심리적 스트레스가 있었고, 최근 수면 문제를 보이고 있다. 특히, 친조부의 완벽주의적 성향과 엄마를 닮았다며 A에게 부정적으로 표현하는 말 때문에 A는 마음이 불편하다.

A가 친조부에게 부정적으로 인식되면서 친조부와 함께 있는 저녁 시간에 불안이 더 많이 유발되는 것으로 보인다. 낮 동안에는 고모 집에서 생활하여 밝은 정서도 나타내지만 할아버지 집에 오면 쉽게 잠들지 못하고, 잠결에도 불안을 느끼는 것으로 생각된다. 힘들었던 생활과 부정적인 정서가 밤에 꿈으로 재연되거나 잠결에 부정적인 감정이 울음과 소리 지르기로 나타나는 것으로 보인다. 자다가 깨거나 일어나는 행동을 보이고 있어 주변인들이 몽유병을 의심하고 있다.

사례 A의 문제는 부모의 이혼으로 야기된 정서적 불안이다. 고모와 다음과 같이 아동의 불안을 낮추기 위해 협의하였다.

아동이 부모의 이혼 이후 변화된 환경에 적응하기 어려워하면서 정서적 불안이 가중된 것으로 보인다. A의 부와 상의하여 부모의 이혼을 현실적으로 조금씩 이해하도록 도와주도록 권했다. 우선 A가 부의 돌봄을 더 받도록 환경을 조성하도록 했다. 현재 수면 상태에서 나타나는 문제는 소아정신건강의학과 진료가 필요해 보여 빠른 시일 내에 가 보도록 하였다. 몽유병 유무에 대한 전문의의 확인이 필요하다. 아동의 정서 상태를 이해하기 위해 종합심리검사와 상담이 도움이 될 것으로 보여 권유하였다. 친조부가 상담에 참여하여 아동의 생활에 대한 개선을 돕는 것이 효과적이다.

고모가 A의 심리적 어머니 역할을 하고 있어 친조부의 집에 가는 상황이 되면 고모와 헤어져 정서적으로 힘들어하는 것으로 보인다. 친모에 대한 그리움이 크고, 부도 애정을 충분히 줄 수 없는 상황이므로 친조부가 A에 대해 부정적인 표현만이라도 자제할 것을 부탁하였다.

접수상담 이후 고모로부터 연락이 와서 차기상담 계획은 이렇게 이루어졌다.

일주일 후, 고모는 친조부가 자신은 상담에 가지 않겠다고 한 사실을 알려왔다. 그러나 A에 대한 심리검사는 동의하였다. 동네 병원보다는 대학병원에서 해야 정확하다고 주장하여 친조부가 원하는 병원에 고모가 예약을 하기로 했다. A의 부는 현재 회사 일로 바빠서 고모에게 A의 심리검사와 상담을 진행하도록 부탁하였고, 비용은 부담하겠다고 하였다.

접수상담에 대한 내용과 상담자 소견이 필요하면 연락을 줄 것을 당부하였지만 이후 연락이 오지 않았다.

사례 B 동생 출생 이후 집과 밖에서 행동이 달라지는 초등학교 1학년 남아

아동 B(남, 초등학교 1학년)는 동생 출생 이후 묻는 말에 대답을 잘하지 않고 가끔씩 욕은 아니지만 죽음이나 폭력적인 내용의 말을 자주 사용한다. 집 밖에만 나가면 유난히 산만하게 행동한다. B와 어머니 순으로 면담을 하였다.

다음은 B와 면담한 내용의 일부다.

상담자1: 엄마한테 "상담하러 갈 거야?"라고 물어봤다던데 여기 왜 왔는지 혹시 알아요?

아동1: (고개를 끄덕이며) 내가 잠도 못 자고 스트레스 받는 게 있어서.

상담자2: 스트레스란 말도 알아요. (웃으며) 스트레스가 뭐라고 생각하는데?

아동2: 정신건강도 해치고 그런 거.

상담자3: (다시 웃으며) 정신건강을 해치는 거? 그럼 B가 지금 스트레스 받는 게 있어요?

아동3: (바로 고개를 끄덕이며) 많은 이유가 있죠. 두 가지요. 하나는 잔소리해서 그렇고. 또 하나는 밖에 나가면 겨울이니까 춥고 짜증나서요.

상담자4: 마음대로 안 되는 게 있어서 스트레스 받는다고 하는 것 같네. 잔소리는 누가 누구한테 한다는 거야?

아동4: 엄마.

상담자5: 엄마가 어떤 잔소리를 하는데?

아동5: 추우니까 밖에 나가면 안 된다. 내가 뭐 하면 동생 때문에 안 된다고 하지 말래요.

(중략)

상담자6: 동생이 있구나.

아동6: 네. 동생. 한 살. 아니 이제 두 살이요.

상담자7: 동생이 있는 건 어때?

아동7: 좋아요.

상담자8: 어떤 점이 좋아요?

아동8: 같이 놀 수 있어서. 아니 시끄러워요. 걔 때문에 잠 못 자요. 제 방은 빛이 유리 통 안으로 들어와요.

상담자9: 빛 때문에 잠을 못 잔다는 거야? 동생 때문에 잠을 못 잔다는 거야?

아동9: 빛 때문에. 근데 오늘도 못 잤어요.

상담자10: 아, 오늘도 잠을 못 잤다고. 방이 너무 환해서?

아동10: 네.

상담자11: 방에 커튼이 있으면 좋을 텐데……. B 방에 커튼은 있어요?

아동11: 네. 그래도 들어와요.

상담자12: 커튼을 쳐도 빛이 많이 들어오나 보네. 빛이 들어와서 잠잘 때 힘든가 보구나. 잘 때 빛이 들어오면 매일 어떻게 자요?

아동12: 30분. 아니 한 시간 정도 자요. 오늘은 안 잤어요.

상담자13: 그렇게 못 자면 졸리지 않을까?

아동13: 네.

상담자14: 그럼 동생은 어디서 자요?

아동14: 어쩔 땐 안방에서 자고, 어떨 땐 내 방에서 자고.

(중략)

상담자15: 이사 왔으면 전학도 왔겠구나.

아동15: 네.

상담자16: 전학 온 학교는 어때?

아동16: 둘 다 좋아요. 여긴 애들이 많아서 좋아요. 한 명만 빼고.

상담자17: 한 명만 빼고? 한 명만 뺀 이유가 있어?

아동17: 걘 틱 걸렸어요. 아니 막 욕도 하고 그래요. 이상한 것도 하고. 아앙. 으음~~. (음성틱 소리를 흉내 냄)

상담자18: 그 아이 때문에 불편한 게 있나 보네. 그럼 그럴 때 B는 어떻게 해?

아동18: 어떤 애는 도와주고, 어떤 애는 놀아주고…….

상담자19: 넌?

아동19: 도와줘.

(중략)

상담자20: 잠 못 자는 이유가 빛 말고 또 있을까?

아동20: 멜라토닉이 분비되지 않아서.

상담자21: (웃으며) 멜라토닉이란 말도 아네. 멜라토닉 분비 때문에… 혹시 누가 그렇게 말해 줬어요?

아동21: 책에서 봤어요. 근데 침대에 올라가면 다 사라져요. 피곤함이.

상담자22: 어떤 침댄데 피곤함이 사라질까?

아동22: 1층도 있고 2층도 있고, 옷장도 있고… 이불도 차가워요.

상담자23: 침대가 마음에 드나 보네. 혹시 침대를 새로 샀어요?

아동23: (웃으며) 네.

(이하 생략)

다음은 어머니와 면담한 내용의 일부다.

상담자1: 엄마는 B가 말을 잘 안 한다고 했는데 상담할 땐 말을 안 하진 않네요. 어려운 단어도 쓰고요. 어머니가 말한 폭력적인 내용의 말이 어떤 것인지 구체적으로 이야기해 주시겠어요?

어머니1: 말하다가 "왜 나한테만 그래? 죽어 버려야 돼. 울려야 해."라고 해요.

상담자2: 누구한테 하는 말인가요?

어머니2: 주로 외할머니가 야단칠 때랑 어른들이 동생을 보러 오면.

상담자3: 동생한테 하는 말인가요? 어른한테 하는 말인가요?

어머니3: 주로 동생을 향해 하는 것 같아요. 어른들이 있는데도.

상담자4: 동생 때문에 화가 날 때가 있어 보이네요. 동생한테 평소 어떻게 대하나요?

어머니4: 아직 동생이 어려서 뭘 잘 모르는데 질투하는 것 같아요. 어른들이 집에 오면 동생이 아기니까 주로 아기 이름을 부르고 안아 보고 관심을 표현하잖아요. 그러면 괜히 심술을 부리고 못된 말처럼 해요.

상담자5: 다른 사람들이 B보다 동생에 대해 관심을 보이고 더 사랑한다고 느끼나 보군요. 어머닌 그럴 때 B에게 어떻게 하세요?

어머니5: 애기라고 하죠. 동생은 애기니까 그런 거라고.

상담자6: 동생은 아기니까 이해해 줘야 한다는 의미처럼 들리네요.

어머니6: 그렇죠.

상담자7: B의 입장에서 보면 아기는 맞지만 동생이 태어나고 난 뒤 관심이 동생에게 쏠리니까 자신은 뒷전인 것 같다고 느끼나 봅니다. 동생인 건 아는데 예쁘게만 보이지 않을 수도 있겠네요. 그래서 가끔씩 어른들 볼 때 미운 말을 쓰기도 하고…….

(중략)

상담자8: B는 잠을 잘 못 잔다고 하던데……. 어떻게 생각하세요?

어머니7: 이사 온 집에 햇빛이 엄청 잘 들어와요. 특히 B방은 더 많이……. 그래서 낮에도 커튼을 치기도 해요. 그래도 빛이 들어오죠. 잘 때에는 같이 잘 때도 있지만 가끔 동생이 보챌 때가 있어서 B를 못 챙길 때가 있어요. 아빠는 늦게 오고. 그러다 보면 혼자 놀다가 자기 방에서 잠들 때가 있어요. 잠을 못 자는 것 같진 않았는데…….

상담자9: B는 잠을 못 자서 여기 온 줄 알고 있어서요. 동생 태어나기 전에 아동은 엄마랑 어땠나요?

어머니8: 아무래도 그땐 애 혼자니까 제가 거의 돌보고 잠도 같이 잤죠. 동생 낳고 어쩔 수 없이 외할머니가 와서 돌봐 주고 계세요. 겨울방학을 시작하고 이사를 왔는데 날씨가 너무 추워져서 요즘 좀 못 나가게 해요. 나가려면 동생도 있어서 쉽지 않아요. 거의 집에만 있는 편이죠.

B와 어머니의 면담으로 얻은 정보로 상담내용을 요약해 보았다.

겨울방학 직후 이사온 B는 자기 방이 생기고, 새로운 침대와 가구까지 들여 마음이 좋았다. 햇볕이 잘 들어오는 자기 방에서 낮 동안 동생과 모와 함께 놀 때가 많다. 이사 온 후 여러 가지 이유로 잠을 늦게 자기 시작했다. 이사 오기 전엔 10시 전후로 취침하는 편이었다. 이사 온 환경이 겨울이고, 전학을 온 탓에 아직 동네가 익숙하지 않아 친구를 사귀지 못하고 있다. 어린 동생 때문에 모가 외출하기 번거로워 B에게 가급적 외출을 삼가고 있어 답답해한다. 주말에 아빠와 있을 때를 제외하면 별다른 외부 활동을 하지 않고 집에서만 지낸다.

B의 부는 회사원으로 자랄 때 공부를 잘한 편이고 명문대 졸업 후 바로 취업하였

다. 성취동기가 높고 B의 학습에 대한 관심이 모 보다 높다. B를 자신의 어린 시절과 비교하며 또래보다 조리 있게 말을 못하고 산만하다고 느낀다. 특히, 부는 예의 없는 행동에 대해선 면전에서라도 바로 잘못을 지적하고 혼을 내는 편이다. 이로 인해 아내와 갈등이 있다.

B의 모는 남편과 달리 B가 또래보다 언어 및 인지 발달이 늦다고 생각하진 않는다. 다만, 동생이 태어나고 난 뒤 자신의 돌봄이 줄어 들자 가끔씩 동생을 괴롭힐 때가 있을 뿐 큰 어려움은 없다고 느낀다. 부와 달리 야단칠 일이 생기면 주로 부드러운 말로 그러지 말라고 타이르는 편이다. B는 그런 엄마의 말도 가끔씩 꾸중을 한다고 느끼는지 최근에는 자주 삐친다.

B는 아기 때부터 순한 편이었고 소수가 다니는 놀이 활동 중심의 유치원에 다녔다. 교사들에게 특별히 지적받은 적은 없었다. 단지 활동량이 많아 에너지가 넘친다는 이야기를 듣긴 하였다. 유치원 교사는 부의 생각과 달리 또래보다 말을 잘한다며 리더 역할을 하고 잘 노는 편이라고 했다.

상담자가 본 B의 주 호소 문제와 그 원인에 대해 이렇게 정리해 보았다.

B는 또래 수준 이상의 언어 및 인지 발달 상태로 보였다. 이는 면담 중 아동이 사용한 어휘나 표현방법, 상황에 대해 자세히 묘사하는 것으로 짐작할 수 있다. 동생 출생 후에 생긴 질투심으로 동생을 향해 공격적으로 대한다. 이로 인해 어른들에게 꾸중을 들을 때가 있다. 태어나 계속 살았던 곳에서 최근 이사를 하고 바뀐 환경에 일부 적응하지 못하고 있다. 특히 아동이 낮 동안 자기 방에서 엄마와 보내면서 늦은 시간까지 놀다가 잠을 자야 할 때면 동생 때문에 엄마와 떨어져 혼자 자고 있다. 빛 때문에 못 자고 있는 것처럼 말하지만 엄마와의 애정 문제 때문으로 보인다.

활동량이 많은 B는 추운 겨울에 이사하고, 어린 동생과 생활하면서 이전보다 외출이 줄어들자 지루해졌다. 최근 밖의 공기가 탁해 외출을 삼가고 실내에서만 지내는 시간이 늘어나자 잦은 짜증과 화를 동생에게 내는 것으로 보인다. 주말에는 부와 같이 외출을 하지만 자신의 마음에 들지 않으면 바로 지적을 하는 부의 성격 때문에 B는 부와의 시간이 가끔씩 불편하다.

동생 때문에 부모와 떨어져 자는 날이 많아졌고 엄마가 동생만 더 챙기는 것 같아 속상하다. 동생에 비해 부모에게 야단을 많이 맞는다고 느껴서 서운하다.

최근 이사로 바뀐 환경에 적응하기, 동생과의 관계에서 오는 어려움 증가, 제한적인 외출까지 더해지면서 B가 힘들어하고 있다. 평소 활동량이 많은 B가 충분히 활동을 통해 발산하지 못하자 화풀이를 동생에게 하고, 자신보다 동생에게 관심을 보이는 어른들이 오면 보란 듯이 거친 말을 하고 있다. 모는 B의 거친 말에만 초점을 두고 마음을 알아 주지 못하고 있어 B가 더 화를 낸다.

양육환경의 변화로 나타나는 B의 행동이기 때문에 집에서 모가 해 볼 수 있는 방법에 대해 생각해 보았다.

첫째, B의 방이 햇볕이 많이 들어와 잠잘 때조차 빛에 대해 예민하다면 일반 커튼 대신 암막커튼으로 교체한다.

둘째, 지인이나 어른들의 방문 시 동생에 대한 관심보다 B에게 관심을 먼저 표현해 줄 것을 모가 부탁한다.

셋째, 외조모가 있을 때 모가 B와만 외출하여 유대감을 형성한다.

넷째, 동생에 대한 좋은 감정이 생기도록 간단한 심부름을 B에게 시킨다. 심부름의 예는 동생의 젖병이나 기저귀 가져오기, 동생에게 장난감이나 그림

책 보여 주기, 엄마 대신 동생이 울면 외조모에게 알려 주기 등이다.

다섯째, 동생에게 공격적인 언어 대신 화난 감정을 말로 표현하도록 연습시킨다. 예를 들면, "엄마가 동생만 예뻐해서 싫어. 나도 엄마랑 같이 자고 싶어."처럼 솔직하게 표현하면 B의 마음을 받아 준다.

여섯째, 부부가 상의하여 아동과 번갈아 잠을 잔다. B와 잘 때에는 가능한 한 안방보단 아동의 방에서 자고 쉽게 잠들지 못해도 부모가 잠들 때까진 꼭 같이 있기로 약속한다.

사례 A와 B는 접수상담 후 둘 다 추가로 상담을 하진 않았다. A는 대학병원에 진료와 심리검사를 예약하였고, B는 양육환경을 바꾸고 지켜보기로 하였다. 변화가 없으면 다시 상담하기로 하였다. 둘 다 차기상담이 도움이 될 것으로 여겨 권유는 했지만 다른 이유로 동의하지 않았다.

이렇게 접수상담 후 차기상담이 필요해도 부모가 다른 결정을 하면 한 번의 상담만으로 마무리된다. 다행히 접수상담 후 둘 다 상담자에게 변화를 전화로 전달해 주었다. A는 대학병원 소아정신과에 예약을 했고, B는 상담으로 알게 된 것을 실천하고 있으며 도움이 필요하면 다시 방문하겠다고 알려 왔다.

두 아동처럼 접수상담 후 연이어 상담이 필요하더라도 일회성 상담으로 끝날 수 있다. A처럼 다른 기관으로 갈 수 있고, B처럼 접수상담만으로 긍정적인 변화를 기대할 수 있다.

A와 B의 주 호소 내용에 대해 생각해 보자. 겉으로 드러나는 문제는 둘 다 수면문제가 가장 심각해 보였다. 각각 다른 양육환경의 변화로 생긴 문제였다. 이로 인해 수면이 힘들어졌다.

부모나 보호자가 언급한 것과 상담자가 본 주 호소 내용이 다를 수 있다.

상담자가 본 문제의 관점이 부모, 보호자와 많이 다르다면 그 이유를 밝히는 것이 좋다.

A처럼 접수상담 후 심리검사가 도움이 된다면 왜 그런지, 심리검사를 통해서 얻을 수 있는 내용은 무엇인지 알려 주는 것이 좋다. 간혹, 상담이 절실히 요구되어도 시간과 비용이 부담되거나 나머지 부모나 가족의 반대로 차기상담을 못하거나 다른 기관을 선택할 때도 있다. 일회성 접수상담으로 마무리되었다고 상담에 대한 만족이 없거나 상담을 성공적으로 하지 못한 것은 아니다.

부모들은 접수상담에서 복합적인 감정을 느낀다. 힘든 상황까지 이르러서야 상담에 오는 경우가 많기 때문이다. 따라서 주 호소 내용에 대해 상담자와 이야기를 나눈 뒤 부모가 어떤 선택을 하든지 존중할 필요가 있다. 접수상담만으로 만족을 표현하는 부모가 있으므로 상담자는 자신의 역할을 잘 수행해야 한다(박현주, 2015).

사례 C와 D는 주 호소 문제의 유형은 비슷하지만 그 원인이 다른 예다. 아동 C와 D는 학교에서 도벽문제가 있다는 담임교사의 연락 후 상담을 의뢰하였다.

사례 C 친구들의 소소한 학용품을 몰래 가져오는 초등학교 2학년 여아

아동 C(여, 초등학교 2학년)는 친구들의 소소한 학용품을 몰래 가방 속에 숨기고 모르는 척하다가 잃어버린 학생이 담임교사에게 말하면서 C의 부모까지 알게 되었다.

C는 모와 함께 내방하였고 부끄러워하며 상담자와의 면담을 불편해하였다. 이야기를 하지 않으려 해 면담을 할 수 없었다. 이에 모와만 면담하였다. 아마도 상담에 오는 이유를 자신의 도벽 행동 때문이라고 모가 직접적으로 표현을 한 때문으로 파악된다.

어머니와의 면담내용을 요약하면 다음과 같다.

C가 남의 물건을 가져오리라곤 상상하지 못했다. 담임교사의 말을 듣고 심장이 뛰어 그 날은 밥도 못 먹고 잠도 자지 못했다. 남편에겐 말조차 꺼내지 않았다. 몰래 가져온 물건을 친구에게 돌려주라고 하자 C가 울면서 싫다고 해서 모는 더 당황했다. 물건 대부분은 학교 앞 문구점에서 파는 연필, 지우개, 반지와 같은 값싼 학용품이나 액세서리였다. 집에도 많이 있는 연필과 지우개를 가져온 이유를 도대체 모르겠다. 왜 가져왔냐고 다그쳐 물었더니 '예뻐서 그냥 갖고 싶었다'라고만 하더라. 그런 게 필요하면 엄마한테 사 달라고 하지 왜 훔쳤냐고 이어 물으니 엄마가 안 사 줄까 봐 그랬다고 해서 또 한 번 놀랐다. 평소 용돈을 주는 것은 아니지만 필요한 것이 있으면 잘 사 주는 편이라고 생각했는데 어이가 없었다. 값비싼 물건도 아니고 시시한 문구용품을 한 번도 아니고 여러 차례 훔쳤다는 사실 자체가 믿기지 않았다. 무엇 때문인지 모르

겠다. 고민하다가 상담을 해 볼까 망설였다. 이젠 C를 보면 의심이 먼저 든다. 새로운 물건이 있는지 가방을 몰래 보기도 했다. 오늘도 앞으로 그러지 말라고 당부를 했지만 또 그럴까 봐 겁이 난다. 어떻게 해야 할지 모르겠다.

어머니에게 먼저 놀란 마음과 속상한 마음을 공감해 주고 아동기에 도벽 문제로 상담에 오는 경우가 종종 있다고 안심시켜 주었다. 도벽은 하면 안 되는 행동이지만 적지 않은 아동들이 비슷한 경험이 있다. 반드시 도벽에 대한 사회적 의미를 가르쳐 주고 원인에 따라 적절한 대처를 해야 됨을 강조했다. 아동기 도벽의 일반적인 원인으로 생각해 볼 수 있는 내용을 설명하였다.

C는 스스로 도벽의 원인을 예쁜 것을 갖고 싶어서라고 표현했다. 자신의 욕구를 충족하기 위해 도벽을 한 것으로 보인다. 부모는 평소 C에게 필요한 것은 제때에 공급해 준다. 절약하는 습관이 있는 엄마였지만 C에게 부족하게 해 주지 않은 터라 충격에 가까울 만큼 실망이 컸다. 불필요한 것은 가격이 저렴하거나 소소한 것이라도 구매하지 않는 편으로 자칭 합리적인 소비를 한다고 말했다. 그렇다고 자녀에게 인색할 정도는 아니라고 생각해 왔다. C가 가져온 물건은 당장 필요한 것이 아니었지만 친구들 사이에서 유행하는 것으로, 주로 새로 나온 액세서리와 여러 모양의 지우개와 색깔이 특이한 연필이었다.

C의 엄마는 지우개는 이미 집에도 많이 있는데 아동이 새로운 모양이라며 너무 예뻐 갖고 싶다고 한 말이 이해되지 않았다. 하지만 면담을 통해서 엄마는 아동의 도벽 행동은 문제이지만 C의 욕구에 대해 몰랐던 부분이 있다는 것을 깨달았다. 이후 일정 금액의 용돈을 지급하고 모아서 살 수 있도록 해도 되는지 상담자에게 물었다. 돈이 모일 때까지 사고 싶거나 갖고 싶은 것을 생각만 하고 참아 보는 것은 도움이 될 수 있다고 해 주었다.

엄마가 가능하면 함께 문구점에 가서 C가 평소 갖고 싶어 하는 것이 어떤 것인지, 요즘 딸의 친구들이 다니는 학교 앞 문구점은 어떤 모습인지, 비슷한 또래들 사이에서 유행하는 물건들은 어떤 것인지 살펴보라고 하였다.

C의 경우, 도벽으로 접수상담에 오기 전부터 부끄러움을 느끼고 있었다. 모가 C에게 오기 전 다그쳐 물은 것 때문인 것 같다고 말했다. 앞으로 적절한 욕구 충족을 위해 충동적으로 행동하기보다 정당한 방법으로 얻는 것이 중요하다는 것을 교육하기로 하였다. 차기상담이 필요하지만 C가 수치심을 느끼고 억지로 접수상담에 와서 상담을 약속하지 않았다.

사례 D 친구의 물건을 가져오고도 부끄러움을 느끼지 않는 초등학교 6학년 남아

아동 D(남, 초등학교 6학년)는 학교에서 친구의 물건을 가져오고도 죄책감이나 부끄러움이 없는 것 같다며 교사가 부모에게 연락했다. 친구의 집 거실에 있는 돈을 가져오는 일이 또 생겨 부모가 심각성을 느끼고 상담을 신청했다.

C와 다른 면이 있는 D의 도벽 사례에 대한 상담을 이해해 보자.

D는 평소 낯가림이 심하고 소심한 편으로 자기표현을 잘하지 않는다. 부모는 아직까진 초등학생이라서 특별하게 필요한 것이 많지 않을 것 같아 용돈은 적게 준다. 필요한 게 생기면 부모가 사 주는 편이라 도벽을 할 이유가 없다고 생각했다. 평소 부는 D가 요구하는 것이면 대체적으로 다 사 주는 편이다.

반면, 모는 가치를 따져 보고 사 준다. D가 돈 쓰는 것에 대해 개념이 없는 것 같아 엄마가 걱정을 한 적이 있다. 명절 때 어른들이 용돈을 주면 얼마 지나지 않아 대부분 군것질로 다 써 버린다. 그래서 초등학교 3학년부터 모가 약간의 돈만 주고 대부분 통장에 입금하고 있다. D가 가끔 불만을 표현하지만 함부로 쓰면 안 될 것 같아 대학 갈 때 등록금으로 할 거라고 말해 주고 저축 중이다.

D는 자신의 문제를 분명히 인식하고 왔지만 도벽의 사회적인 의미는 모르는 듯 보였다. 다음은 D와 나눈 면담내용의 일부다.

상담 온 이유를 묻자 바로 남의 물건을 좀 만졌다고 표현했다. 좀 만졌다는 것이 무엇인지 물었지만 얼버무렸다. 모가 허락 없이 친구의 물건을 가져 온 것으로 말했다고 하자 아동은 그저 친구의 게임기를 만졌고 빌려 달란 말만 안 했다며 나중에 돌려줬다고 하였다. D는 친구가 아무 말을 하지 않았는데 엄마가 괜히 일을 크게 만들었다며 오히려 엄마 때문이라고 느꼈다. 다른 사람의 물건을 허락 없이 만지는 것은 오해의 소지가 있다고 말해 주자 대수롭지 않게 여겼다.

평상시 받는 용돈에 대해 묻자 주기적으로 받는 것은 없고 재활용품 분리수거를 도우면 일주일 단위로 조금씩 받는다고 하였다. 볼펜이나 샤프펜슬 같은 필기구 중 새로 나온 게 있으면 갖고 싶어 친구들과 가끔씩 바꾸는데 엄마는 그런 일도 하지 말라고 해서 불만이다. 오늘 기분은 별로 안 좋고 엄마가 용돈을 올려 줬으면 좋겠다고 하였다. 통장에 자기 돈이 많은데 절대 못 쓰게 한다며 커서 대학생이 되면 입학금으로 쓸 거라고 못 건드리게 하는 엄마에 대한 불만을 그대로 표현하였다. "어차피 내가 받은 돈인데 왜 안 주는지 모르겠어."라며 몹시 기분이 나쁘다고 하였다.

D는 평소 용돈을 잘 주지 않고, 주어도 재활용품을 버리는 대가로만 지급하는 어머니 때문에 기분이 좋지 않았다. 반면, 아버지에 대해서는 좋게 말했다. 부는 웬만하면 다 사 주기 때문에 말만 잘하면 된다고 느끼고 있었다. 이번 일도 도벽 자체의 문제보다 모가 알게 된 사실에만 신경을 쓰고 있었다. 게임기와 학용품도 친구가 안 쓸 때 가져온 것뿐이고, 한 번만 써 보고 되돌려 주려고 한 것이지 절대 훔친 것은 아니라고 하였다.

C나 D 같은 아동이 있을 수 있다. D와 같은 일이 있으면 물건의 주인은 잃어버렸다고 생각하고, 가져간 사람은 주인이 없거나 누군가 버려서 가져왔다고 하는 경우가 있다. C와 D는 모두 욕구 조절에 어려움이 있어 보인다. C는 자신의 도벽 행동에 대해 수치심을 느꼈다. 하지만 D는 도벽 자체에 대해 부모가 말하니까 인정하는 척했지만 문제로 받아들이지 못하였다. 이런 아동을 상담해야 한다면 당신은 어떻게 접근하겠는가? 부모와 어떤 식으로 상담하는 것이 도움이 될 수 있을까?

D에게 주인이 없는 물건이 있을까란 질문을 던져 보았다. 분리수거 통이나 쓰레기통처럼 확실히 버린 것이 아니라면 대부분 주인이 있다. 설령, 주인이 없어 보인다고 해도 내 물건이 아니면 가져오지 않는 것이 상식이다. 이런 일반적인 사고를 하지 않은 D는 이후 종합심리검사를 하였다. 지능은 보통 수준이었지만 충동적이고 성급함이 있었다. 차기상담을 하기로 합의하였다.

성인은 스스로 문제를 인식하고 해결하는 방법을 찾아 적용하겠지만 아동은 혼자 힘만으로 문제를 해결하는 것은 어려운 일이다. 특히, C와 D의 어머니처럼 도벽문제가 즉시 없어지길 바라는 것과 달리 아동은 부모가 느끼는 심각성에 비해 상담의 필요성을 덜 느낄 수 있다. 이 때문에 이런 주 호소 문제로 오는 아동은 차기상담을 해야 하는 상황에서도 좀처럼 오지 않으려 해 중단되는 경우가 있다.

사례에서 보면 C는 자신의 행동이 부끄럽고 부모에게 미안하다. 상담에 오기 싫어했고 면담시간에도 이야기를 하지 않았다. 수치심으로 비협조적인 아동의 태도와 입장은 이해된다. D도 상담을 하고 싶어 하지 않았지만 C와는 이유가 달랐다. 도벽에 대한 인식을 제대로 하지 않았다. 자기 합리화를 하는 것이 가장 큰 문제였다. 다행히 심리검사를 통해 아동의 특성을 이해하도록 도움을 주었다.

D의 어머니는 심리검사 이후 상담하기로 했지만 D의 거부로 오지 않았다. C의 어머니는 한 달 후 아동이 상담을 거부한다며 혼자 한 번 더 상담했다. C의 어머니에 따르면, 접수상담 이후 아동과 함께 문구점에 들러 원하는 반지를 같이 고르고 사 주었다. 일주일에 한 번씩 용돈을 지급하고 있었다. 그 뒤 친구의 물건을 가져오지 않고 있다. 이전에 가져온 물건도 사용하지 않은 것은 되돌려 주었고, 사용한 것은 가능한 한 똑같은 것으로 사서 친구에게 보냈다. 친구 중 한 아동은 C에게 그냥 가지라고 했지만 다시 한번 사과하고 돌려받지 않게 했다고 하였다.

〈표 2-1〉 도벽 행동으로 오는 아동에 대한 상담

도벽이란 습관적으로 물건을 훔치는 버릇이 있는 증상이다. 하지만 아동기에 다른 사람의 물건을 가져오는 경우에는 대체적으로 습관적으로 훔치는 경우는 드물다. 그렇더라도 해서는 안 되는 행동이므로 적절한 대처를 부모가 할 수 있어야 한다.

먼저 이런 내용으로 상담을 고민하고 있는 부모가 상담 문의 및 신청을 하면 성장기에 종종 나타날 수 있지만 잘 교육해야 됨을 알려 준다.

부모들은 자녀의 도벽 사실을 알게 되면 처음에는 대부분 당황스러워한다. 그래서 남들이 알게 될까 봐 염려한 나머지 과민하게 대처하기도 한다. 예컨대, 경찰서 앞까지 데리고 가서 아동 혼자 신고하고 오라고 하는 경우, 심하게 체벌하고 반성문을 쓰게 하는 경우, 벌을 세우고 내일 당장 돌려주고 오라며 겁을 주며 훈육하는 경우다. 반대로 작고 사소한 물건이어서 대수롭지 않게 여기고 그냥 넘어가는 경우도 있다.

한 아동의 어머니는 그렇게 하다 보면 커서 도둑이 돼서 감옥에 간다며 겁을 주었다. 또 다른 부모는 그렇게 안 가르쳤는데 왜 나쁜 짓을 했냐며 심하게 윽박질렀다. 아동의 훔치는 행동에 대한 부모들의 대처방법은 여러 가지다. 분명히 남의 물건을 훔치는 행동은 문제다. 그 원인에 따라 부모는 지혜롭게 처리해야 한다. 그러기 위해서 종종 상담을 신청할 것이다. 아동기에 나타나는 이런 행동의 원인에 따라 접근하자. 원인이 욕구 결핍 때문이거나 스스로 행동을 조절하지 못하는 충동성의 문제이든, 주변의 이목을 집중하기 위해서 부정적인 관심을 끌려는 것이든 도벽으로 원하는 것을 충족하는 것은 바람직한 선택이 아니다.

도벽 행동을 이해할 때 소유의 개념과 도덕성 발달에 대한 접근이 바람직하다.

첫째, 소유의 개념은 모든 물건에는 주인이 있으므로 잃어버린 주인의 마음을 자신의 마음과 기분으로 가정하여 알도록 한다. 예컨대, '만약 너의 물건이 없어지면 어떤 마음일까?'와 같은 것이다. 정당한 방법으로 소유하도록 도와야 한다.

둘째, 도덕성에 의해 행동하도록 한다. 양심에 어긋나는 행동이라면 누가 보든지 보지 않든지 하지 말아야 한다고 알게 한다.

셋째, 충동성이 높아서라면 자신의 욕구를 조절하는 훈련이 더 중요하다는 것을 알게 한다. 즉각적인 만족을 위해 성급하게 판단하고 행동했을 때 일어날 수 있는 일들을 행동하기 전에 예측해 보고 심사숙고하는 연습을 한다.

상담자는 부모가 놀라고 당황했을 마음을 먼저 충분히 공감해야 한다. 부모가 아동을 위협하고, 두려움에 떨게 하는 것은 또 다른 심리적 문제를 부를 수 있다. 또한 아동기에 훔치는 문제를 간과하는 것은 더 큰 정서 문제를 야기할 수 있다. 따라서 매우 신중하게 접근하되 절대 간과해서는 안 된다는 사실을 부모와 아동이 깨닫도록 상담해야 한다.

주 호소 내용에 대해 상담자가 충분히 이해하는 것은 접수면담에서 필수적이다. 주 호소 내용을 중심으로 면담을 시작했다면 끝맺음은 차기상담 계획이나 상담내용에 대한 요약과 전문가 소견으로 마무리하는 것이 바람직하다. 면담의 끝맺음에 대해 살펴보자.

(2) 면담의 끝맺음

면담을 자연스럽게 시작한 것처럼, 끝맺음도 가능한 한 차기상담 여부와 상관없이 내담자와 편안하고 자연스럽게 하는 것이 좋다.

① 상담내용 요약 및 상담자의 소견 밝히기

면담을 끝내야 하는 시간이 다가오면 미리 내담자에게 남은 시간을 알려준다. 약 10분 정도 남았을 때 부모로 하여금 정리할 시간을 갖게 한다. 상담의 마무리는 일반적으로 상담내용을 요약하고 내담자가 상담을 통해 도움이 되었는지 확인하는 것으로 이루어진다(이장호, 1995).

부모와의 면담을 끝낼 때 자녀의 주 호소 내용에 대한 이해와 이후 대처방법을 찾는 데 도움이 되었는지 확인하는 것이 바람직하다. 면담이 끝나기 전에 내담자와 상담내용을 요약해 보고 상담자의 소견을 밝히는 것이 필요하다.

앞에서 언급한 사례로 상담내용을 요약하는 방법에 대해 생각해 보자. 만약 A의 고모와 마무리해야 한다면 이렇게 말해 볼 수 있다.

A가 잠을 잘 못 자는 이유는 부모의 이혼 이후 바뀐 환경에서 온 불안 때문인 것 같습니다. 아직은 엄마에 대한 그리움이 있을 텐데 할아버지가 워낙 엄마를 싫어해서 말도 못하고, 할아버지가 무서워 고모와 있을 때보다 더 긴장하는 것 같네요. 자신도 모르게 악몽을 꾸거나 깊은 잠을 방해하는 행동 때문에 자주 깨고 소리를 지르는 것으로 보입니다. A의 심리 상태를 이해하기 위해 먼저 종합심리검사를 실시하는 것이 도움이 될 것입니다.

아동 B와 C에 대한 면담마무리 상황을 떠올려 보자.

B는 최근 이사로 바뀐 환경에 아직 적응하지 못하고 있네요. 이전과 달리 외출을 자주 하지 못하고 동생에 대한 주변 사람들의 관심이 높아지자 질투심을 더 많이 표출하고 있어요. 겨울방학이라 주로 집 안에서만 활동하니 에너지가 많은 B의 입장에선 쉽게 지루하고 답답할 것으로 보입니다. 더욱이 아직 친구를 사귈 기회가 없고, 어머니가 동생만 데리고 자는 상황이 화가 나나 봅니다. 그래서 괜스레 동생에게 거친 말을 하는 것으로 생각됩니다. 자기 방에서 낮 시간 동안 엄마와 보내는 것은 좋은데 밤이 되면 떨어지는 상황이 싫고, 빛이 많이 들어오는 이유는 핑계 같고 가장 큰 원인은 동생 때문인 것 같습니다. 부모와 함께 있는 시간이 줄고 잠도 혼자 자야 해서 싫었던 것 같습니다.

C의 행동은 분명히 문제가 됩니다. 최근 또래 사이에 유행하는 작은 액세서리와 문구에 대한 관심이 높아졌지만 부모에게 사 달라는 말을 하지 못해 친구의 것을 몰래 가져왔지만 수치심이 들어서 숨겨둔 것으로 보입니다. 순간적으로 욕구를 충족

했지만 후회했을 것이고, 도벽은 안 되는 행동이니 힘들어도 참고 조절해야 하는 것을 가르쳐야 합니다. C가 스스로 부끄러운 생각을 하고 있으니 정당한 방법으로 욕구를 충족하고 물건을 얻는 방법을 이해하도록 돕는 것이 필요해 보입니다.

D는 자신의 행동이 문제라고 생각하지 않고 있습니다. 친구의 물건을 허락 없이 만지긴 하였지만 곧 돌려주려 했기 때문에 심각하다고 느끼지 않고 있어 상담에 온 것도 매우 불쾌해하고 있는 것으로 보입니다. 설령, 친구가 D의 행동을 문제 삼지 않았다고 해도 주인이 있는 물건을 허락 없이 만지거나 가져오는 행동은 분명히 안 되는 것으로 주의가 필요합니다.

아동의 문제 행동이 차기상담이나 심리검사가 필요하다면 분명하게 이유를 전달하고 부모가 이해했는지 확인해야 한다.

상담자는 부모의 성격이나 이해 수준을 고려하여 면담내용을 부모가 어떻게 이해했는지 간략하게 말해 보도록 하는 것도 좋다. 부득이 상담시간이 종료되어 부모가 이야기를 다 하지 못해 아쉬워한다면 마지막 질문을 통해 부모에게 말할 기회를 주고 면담을 마무리한다. 예를 들면, 다음과 같은 것이다.

예시 8 오늘은 아쉽지만 약속한 시간이 다 되었군요. 끝으로 더 하고 싶은 이야기가 있으시면 말해 주세요.

예시 9 정해진 시간이 다 되어서 오늘 상담은 여기서 마쳐야 할 것 같습니다. 다음 상담 약속을 하고 가셔도 좋습니다.

예시 10 더 이야기를 나누고 싶지만 시간이 정해져 있어서요. 마지막으로 질문이나 하고 싶은 이야기가 있으신가요?

면담을 마치기 직전 부모가 차기상담에 대한 기대를 가지고 있다면 이후 계획을 협의하고 다음 상담일정까지 조정한 후에 끝낸다.

② 차기상담에 대해 이야기하기

부모가 지속적으로 상담하기로 결정했다면 차기상담에 대한 계획을 세운다. 만약 차기상담 전에 종합심리검사를 해야 한다면 관련 안내를 해 준다. 즉, 언제, 누가, 어떻게 검사를 할 것인지에 대해 자세히 알려 준다.

종합심리검사의 의미를 설명하고, 심리검사를 통해 아동의 어떤 부분을 이해할 수 있는지 말해 준다. 보통 심리검사는 검사 실시, 채점, 보고서 작성시간이 필요하다. 이러한 수고에 따른 비용이 포함되어 1회기 상담비용보다 많다. 일부 부모는 심리검사 비용을 부담스럽게 느낄 수 있다. 따라서 심리검사는 꼭 필요한 경우에만 그 필요성을 설명하고, 합의된 후에 실시한다.

심리검사는 보통 임상심리사나 임상심리전문가가 실시한다. 예상 소요시간을 미리 알려 주어 부모가 여유를 가지고 기다리도록 한다. 종합심리검사의 경우, 약 2시간에서 3시간 정도 걸리고 더 빨리, 혹은 더 늦게까지 한다. 검사시간 절약을 위해서 사전에 배부하여 집에서 작성해 오는 검사도 있다. SCT, MMPI와 같은 것으로 배부 전에 작성방법을 자세히 설명해 준다. 불안이 높은 아동이라면 심리검사 전에 검사자를 미리 소개하는 것이 바람직하다. 차기상담이나 심리검사에 대한 안내는 다음과 같이 할 수 있다.

예시 11 어머니, 다음부터는 매주 수요일 오후 4시에 상담하기로 하셨죠? 그날도 오늘처럼 아동과 함께 오시면 됩니다.

예시 12 종합심리검사는 다음 주 화요일 오후 3시에 이소영 임상심리전문가가 실시합니다. 전체 소요시간은 약 2시간 반에서 3시간 정도입니다. 예상보다 조금 더 빨리 끝날 수도 있고 늦게 끝날 수도 있습니다. 일찍 끝나고 늦게 끝나는 것에 따라 아동의 능력이 좋고 나쁨이 있는 것은 아니니까 염려하지 마세요. 미리 해 오는 검사지가 있으니 안내에 따라 작성해 오시면 됩니다.

상담이나 심리검사 안내를 하는 별도의 직원이 있다면 그 부분에 대한 것만 언급해 주면 된다.

예시 13 밖에 나가면 심리검사 일정을 예약할 수 있도록 데스크에 있는 직원이 안내해 줄 겁니다. 심리검사 항목이나 내용에 대해 궁금한 사항이 있으면 물어보셔도 됩니다. 다음 심리검사 날짜에 뵙겠습니다.

차기상담에 대해 구체적으로 알고자 한다면 관련 내용을 설명해 준다. 이때 인쇄된 자료를 활용해도 좋다. 부모가 궁금해하는 내용을 중심으로 놀이치료와 심리검사를 예로 들어 설명해 보자.

Q1 왜 놀이치료를 해야 하죠?

A1 놀이치료는 놀이 활동을 통해 자기 생각과 감정을 표현하는 것을 돕는 상담기법입니다. 특히, 언어발달이 느리거나 정서적인 문제로 자기표현을 힘들어하는 아동에게 효과적인 것으로 알려져 있습니다.

지금 보이는 아동의 문제를 해결하는 데 도움이 되므로 권유한 것입니다. 아동이 선호하는 놀이를 활용하는 놀이치료는 아동들에게 거부감이 적어 상담효과가 높은 편입니다. 아동의 주 호소 문제를 개선하는 데 도움을 주기 때문에 아동상담에서 많이 사용됩니다.

Q2 다른 아동들도 놀이치료를 하나요?

A2 그럼요. 여러 가지 발달이나 심리적 문제가 있는 아동에게 놀이치료를 권하는 경우가 보다 많습니다. 아동마다 상담을 하는 이유가 다양하듯이 놀이치료를 하는 아동들도 다양합니다. 여기 적힌 내용을 참고하시면 도움이 될 것입니다(인쇄물을 제공해 준다).

다음은 놀이치료가 도움이 되는 아동의 주 호소 내용이다.

〈표 2-2〉 놀이치료가 도움이 되는 아동의 주 호소 문제들

- 또래보다 발달이 늦는 것 같아요.
- 부모와 떨어지면 심하게 울고 힘들어해요.
- 적응기간이 지났음에도 학교(어린이집, 유치원, 학원 등)에 가기 싫어해요.
- 떼쓰는 게 점점 심해져서 대화로 달래기가 어려워요.
- 친구나 형제에게 관심이 없어요.
- 또래들과 놀지 못하고 혼자만 겉돌아요.
- 동생이 태어난 뒤 갑자기 아기처럼 행동해요.
- 대소변을 잘 가렸는데 갑자기 실수를 해요.
- 화장실을 너무 자주 가요.
- 감정기복이 심해서 대하기가 힘들어요.
- 남의 물건을 허락 없이 가져와요.
- 거짓말을 아무렇지도 않게 해요.

- 공격적인 말이나 행동이 점점 많아져요.
- 욕과 반항하는 말투를 빈번하게 사용해요.
- 착석을 어려워하고 집중을 못해요.
- 주변에서 ADHD인 것 같다고 해요.
- 갑자기 틱(눈 깜박임, 코 씰룩거림, 안면 근육의 움직임 등) 증상을 보여요.
- 자위행위를 자주 합니다.
- 게임시간을 조절하지 못해요.
- 충격적인 사건(또는 사고) 이후 불안해해요.

Q3 놀이치료를 어떻게 하는데 좋아지나요?

A3 놀이치료는 아동이 가장 선호하는 놀이 활동이 가능한 상담실에서 상담자와 이루어집니다. 연령에 맞는 다양한 장난감과 여러 가지 심상을 표현하는 상징물이 있는 특별한 공간입니다. 놀이치료에 대한 전문성을 가진 상담자가 아동의 문제에 따라 접근하기 때문에 좋아지는 것입니다. 준비된 장난감이나 상징물이 더 중요한 것은 아닙니다.

아동의 발달적 특성이나 심리와 관련된 전문 지식을 알고 상담 기술의 전문성을 갖춘 상담자와 함께하는 시간입니다. 겉으로 보면 상담자와 아동이 단순하게 장난감을 갖고 노는 것처럼 보일 수도 있지만 일반적인 놀이 상황과는 다릅니다. 아동마다 자신의 심리 상태가 다르므로 같은 장난감을 선택하더라도 다른 놀이로 표현할 수 있습니다. 아동의 놀이와 표현방법에 대한 전문적인 식견이 있는 상담자와 함께하기 때문에 주 호소 문제가 개선되도록 하는 것입니다. 아동의 발달과 성장에 도움을 주는 활동이라고 이해하면 됩니다.

Q4 어느 정도 하면 될까요?

A4 상담기간을 지금 단정할 수는 없지만 보통의 아동들은 주 1회씩 6개월에서 1년 정도 상담하는 경우가 많습니다. 그보다 더 짧거나 길어질 수도 있습니다. 아동마다 상담하는 목적이나 이유가 다르기 때문이지요. 아동의 주 호소 문제가 해결되면 언제든 상담은 종결됩니다. 상담의 시작처럼 종결도 부모와 협의를 통해서 결정하므로 나중에 상의하게 될 것입니다.

다음은 종합심리검사에 대한 것이다.

Q5 종합심리검사가 무엇입니까?

A5 개인의 전반적인 인지 및 사고 능력, 현재의 정서 상태, 성격이나 인성 등에 대해 심리학적 관점에서 평가하는 것입니다.

Q6 누가 검사를 받습니까?

A6 보통 만 5세 이상의 아동부터 성인을 대상으로 합니다. 나이와 검사목적에 따라 심리검사 항목이나 도구가 약간씩 다를 수 있습니다. 검사는 주로 현재 주 호소 문제의 원인과 이후 해결방법을 찾기 위해서 이루어집니다

Q7 어떻게 하는 검사입니까?

A7 종합심리검사는 개인의 심리 상태를 중심으로 파악합니다. 보통은 인지 및 사고 능력, 정서 상태, 기질이나 성격, 인성에 대한 것을 파악합니다. 쉽게 말하면 아동의 지능검사와 정서검사, 부모 및 아동의 인성

검사가 포함됩니다. 구체적인 검사항목은 이런 것들이 있습니다(인쇄물을 제공해 준다).

〈표 2-3〉 심리검사항목들

- 발달검사: 베일리 영유아 발달검사(Bayley scales of infant development)
- 그림검사: BGT(Bender Gestalt Test), HTP(House Tree Person), KFD(Kinetic Family Drawing)
- 지능검사: K-WIPPSI, K-WISC, K-ABC(Kaufman Assessment Battery for Children)
- 인성 및 정서 검사: Rorschach-Test, MMPI(Minnesota Multiphasic Personality),
- 문장완성검사: SCT(Sentence Completion Test)
- 부모 및 가족 면담(Psychological interview)

Q8 검사시간은 어느 정도 걸립니까?

A8 개인에 따라 조금씩 다르지만 약 2~3시간 정도 걸립니다.

③ 배웅하기

면담을 완전히 끝냈다면 귀가 전에 다음 약속을 재확인하고 배웅하면 모든 접수상담의 진행과정이 마무리된다. 배웅할 때에는 통상적인 인사를 나누면 된다.

예시 14 어머니, 다음 상담일에 뵙겠습니다.

예시 15 유진아, 다음에 또 만나자.

다음 약속이 심리검사일이라면 검사 당일 사전 배부된 검사지를 꼭 챙겨

올 것을 당부한다. 검사일과 시간을 다시 한 번 확인해 주고 마무리한다.

예시 16 일주일 후에 하는 심리검사는 조금 전 소개한 이소영 선생님과 합니다. 약속하신 7일 오후 3시에 오면 됩니다. 올 때 오늘 받은 검사지를 챙겨서 오시고, 유진이와 같이 뵙겠습니다.

어린 아동을 배웅할 때에는 눈높이를 맞추고 다시 만날 것에 대한 기대감을 표현해 준다.

예시 17 다음주에 유진이랑 또 만나기로 약속했어. 전날 엄마가 다시 알려 줄 거야. 잘 가고 또 보자.

예시 18 엄마랑 다음에 선생님 만나러 오세요. 기다릴게요.

만약 차기상담이 필요하지만 일정을 정하지 못하고 마무리한다면, 충분히 생각한 후에 연락해도 된다고 말해 준다. 첫 상담에서 바로 결정하지 못하는 여러 가지 이유가 있기 때문이다. 가능한 한 편안한 상태로 귀가하도록 돕는다.

예시 19 어머니, 집에 가서 충분히 생각해 보고 결과는 나중에 전화로 알려 주면 됩니다.

예시 20 엄마가 다음에 오는 날을 아직 정하지 않으셨어. 정하면 유진이에게 꼭 알려 준다고 했으니까 기다려 봐.

예시 21 오늘은 집에 가도 돼. 즐거웠어. 다음에 약속하면 또 만나고 잘 가.

가끔 부모 중 한 사람만 접수상담에 와서 배우자와 차기상담을 상의한 후 결정하고자 한다. 이때도 나중에 연락해 주도록 부탁하고 배웅한다.

예시 22 남편(혹은 아내)과 상의한 후 전화로 다시 예약하면 됩니다.

그 외 다른 곳에서 상담이나 치료를 해야 하는 내담자가 있다. 가능한 한 소개할 기관의 연락처와 상담자에 대한 정보를 직접 제공하는 것이 바람직하다. 명함이나 기관 자료가 있다면 함께 알려 준다. 새로운 상담자와 다시 주호소 문제를 이야기하는 것은 부모에게 불편할 수 있다. 그렇기 때문에 자료를 공유하길 동의하면 전달하겠다고 말해 준다.

예시 23 명함에 적힌 상담자를 찾아가면 됩니다. 예약을 하면 저희 쪽으로도 알려 주세요. 저도 해당 상담자에게 따로 연락을 해 놓겠습니다.

예시 24 이건 가셔야 되는 기관에 대한 정보입니다. 어머니와 유진이가 찾아갈 것이라고 미리 말해 놓겠습니다.

모든 상담자의 역할이 중요하지만 첫 상담의 중요성 때문에 접수상담자의 역할은 더욱 강조된다. 접수상담 이론과 실습 내용을 체계적으로 교육하고 훈련할 수 있는 기회가 생겼으면 좋겠다. 다른 상담에 비해 짧은 시간 동안 이루어지지만 전문적인 지식과 기술이 요구되므로 가능한 한 능숙해지도록 자신만의 노하우를 익혀야 한다. 앞으로 아동상담에서 접수상담이 전문화된 영역으로 자리 잡아 '접수상담 전문상담자'라는 수식어를 붙여도 어색하지 않길 기대한다.

제3장

접수상담에서의 기록

1. 기록의 중요성

2. 기록의 내용

접수상담 시간에 내담자에 대한 정보를 수집하고 상담내용을 기록하는 것은 중요하다. 내담자에 대한 정보는 기본적인 인적사항과 주 호소 내용과 관련된 배경에 대한 것이다. 상담 첫 시간에 내담자의 정보를 가능한 한 많이 얻으면 좋겠지만 그렇지 못할 수도 있다. 내담자는 필요 이상의 정보를 상담자가 수집하고 있다고 느끼면 오히려 불쾌해한다. 접수상담은 상담자와 내담자의 관계가 형성되는 첫 만남으로, 상담자가 정보를 얻기 위해 과도한 질문을 하면 내담자와의 기본적인 신뢰관계에 도움이 되지 않는다. 할 수만 있다면 내담자의 자발적인 보고나 자연스러운 대화 속에서 관련 정보를 얻는 것이 가장 바람직하다.

요즘에는 반대로 상담자와의 상담내용을 휴대 전화로 녹음하려는 내담자가 있어 상담자가 불쾌할 수도 있다. 필자의 경우에도 탁자 위에서 휴대 전화를 작동하는 부모가 있어 물어보면 녹음을 하고 싶다고 한다. 이유는 다양하다. 부모 한쪽만 온 경우에 배우자에게 전달해 주고 싶다거나 상담자와의 이야기를 집에서 다시 들으면 아동을 더 잘 도와줄 것 같다는 것이다. 정보를 수집하고 관리하는 일은 중요하지만 당사자들 간의 충분한 이해가 없다면 불쾌감을 유발하는 것은 분명하다. 따라서 접수상담자는 내담자에 대한 정보 수집과 상담내용 기록 시 전문적인 기술이 필요하다.

아동에 대한 정보를 상담자에게 제공하는 것 역시 부모나 보호자가 대신한다. 상담의뢰과정에서 수집했던 내담자의 기본 인적사항 외의 내용은 대부분 부모와의 첫 대면에서 얻는 것이 일반적이다.

•

접수상담자는 내담자에게 상담신청서를 작성하도록 하여 추가적인 정보를 얻는다. 이를 토대로 상담자와 내담자 간에 이야기가 시작된다. 그외 더 많은 정보는 내담자와의 개별면담에서 수집된다. 이 과정에서 얻게 되는 필요한 정보는 가능한 한 잘 기록해야 한다.

상담신청서는 내담자가 상담에 필요한 자신의 정보를 기록하는 서류다(부록2 참조). 아동상담의 경우, 부모가 상담신청서를 대신 작성한다. 자녀에 대한 발달 정보가 필요하면 추가적인 서류나 상담자에게 구두로 전달하도록 한다(부록4 참조). 상담자는 면담 전에 내담자가 작성한 상담신청서를 미리 확인해 보는 것이 좋다. 상담신청서는 내담자에 대한 인적사항과 접수상담을 하는 이유를 중심으로 간략한 내용을 적는 것이 일반적이다. 하지만 상담자에 따라서 얻고자 하는 자료에 차이가 있으며, 획일적인 양식이나 정해진 내용은 없다. 다만, 내담자가 상담자와의 신뢰관계를 형성하기 이전인 만큼 서류 작성에 대한 불편을 느끼지 않도록 간단한 형태가 좋다. 내용 역시 부담없이 작성하도록 적절한 분량을 제공해야 한다. 더 많은 정보는 상담자가 내담자와의 면담을 통해 시간을 두고 얻어야 한다.

아동상담에서 부모가 작성하는 상담신청서의 분량은 차이가 있을 수 있다. 필자의 연구에 따르면, A4용지 기준으로 최소 3장에서 최대 10장까지 다양했다. 일부 부모는 상담신청서 작성 자체에 대한 불만과 많은 양의 기록을 불편해하였다. 제한된 접수상담시간에 모두 다룰 수 없는 내용까지 정보로 수집하는 것은 무리가 있으며, 부모가 불쾌하게 느낄 수 있어 주의가 필요하다.

기록 내용에 대한 불만사항을 살펴보면, 아동의 이전 단계의 발달 정보나 전 영역의 발달 정보를 구체적으로 적게 하는 것이다. 일부 신청서 내용은 아동에 대한 양육사, 발달사, 교육사 등 영역별 내용을 모두 요구하고 있었다.

부모들은 이미 지난 일이라 기억나지 않아 적기 어려웠고, 굳이 왜 이런 내용까지 첫 시간에 기록하라고 하는지 의도를 모르겠다고 말하였다. 불필요한 서류라고 느끼기까지 하였다(박현주, 2015).

상담신청서 작성에 대한 적절한 기준이 있는 것은 아니지만 내담자의 입장을 충분히 고려할 필요는 있다. 특히, 아동상담의 경우 작성자인 부모의 입장이 배제되면 오히려 편안한 첫 상담 분위기 조성에 방해가 될 수 있어 주의해야 한다.

접수상담을 하기 위해 내담자 정보가 필요한 것은 맞다. 하지만 어느 정도의 자료가 첫 시간에 필요한지 기준은 없다. 접수상담자의 요구로 부모도 적긴 하지만 자주 불편해하는 것을 본다. 최근에는 개인적인 정보를 수집하기 위해서는 정보 제공 동의서를 받는 것이 의무사항이다. 상담에서는 보다 많은 내담자의 사적인 정보들이 수집된다. 이 때문에 상담자들은 관련법에 의거하여 내담자에게 정보 수집에 대한 목적, 사용에 필요한 안내와 설명을 반드시 해야 한다.

상담자의 입장에서는 당연한 요구일 수 있겠지만 부모들은 여러 가지 이유로 상담신청서 작성의 어려움을 이야기한다. 주로 내용의 적절성과 분량, 기록으로 남겨야 할 이유가 있는지에 대한 의문이다. 일부 부모는 사전 안내에도 불구하고 상담신청서 작성에 비협조적이다. 억지로 적을 수는 없기에 이런 부모는 생략한다. 대신 면담을 통해 얻은 자료 중 상담자가 필요한 내용은 따로 기록해 두어야 한다.

아동에 대한 정보를 대신 적는 부모의 입장을 최대한 고려하여 선별적으로 정보를 얻는 방법을 생각해야 한다. 가능한 한 주 호소 내용과 관련된 이야기를 중심으로 간략하게 작성하는 것이 바람직하다. 필자의 경우, 현재 A4용지 한 장으로 구성된 상담신청서를 사용하고 있다. 뒷면에는 개인정보 수집과 이용에 대한 동의서 내용을 넣고 상담신청서 작성에 대한 안내문을 게시하거나 구두로 설명해 준다(부록1, 부록2, 부록3 참조). 만약 아동발달에 대한 정보가 필요하면 따로 부모상담시간을 통해 얻거나 별도의 기록지를 이용하여 꼭 필요한 내용만 적도록 한다.

접수상담에서 무엇보다 중요한 것은 내담자가 편안한 상담분위기를 느끼고 상담자와 촉진적인 상담관계를 잘 형성하는 것이라고 여러 번 강조하였다. 그러므로 상담에 대한 첫인상에 영향을 줄 수 있는 서류는 최대한 부모의 입장을 고려한 방법과 내용으로 작성하도록 한다. 이를 위한 적절한 기준 마련이 필요하고 기록과 관련된 충분한 교육이 상담자에게 도움이 될 것이다.

1. 기록의 중요성

접수상담자는 내담자에 대한 이해와 차기상담에 대한 계획을 세우기 위해서 내담자의 이야기 전반에 귀 기울여야 한다. 이를 위해 상담신청서 내용을 토대로 내담자의 이야기 중 의미 있는 것은 상담자가 따로 기록하는 것이 필요하다. 상담자가 상담내용을 별도로 기록하는 것은 여러 가지 이유로 중요하다(이장호, 1995). 그 이유는 내담자에 대한 상담을 구조화하고, 차기상담에 대한 계획을 수립하는 자료로 활용하며, 상담자의 전문적인 소견을 작성하는 근거로 사용하기 위해서다.

일반적으로 접수상담자는 내담자의 이야기를 들으면서 기록을 해야 하는데 가끔은 어려운 점이 있다.

첫째, 기록하는 순간 내담자가 하는 이야기의 흐름을 놓칠 수 있다. 내담자는 상담자가 적느라고 시선이 이동되면 이야기를 멈출 수 있다. 자연스럽게 대화하는 것에 걸림돌이 되므로 주의가 필요하다.

둘째, 상담자의 기록을 내담자가 불편하다고 직접 제기할 수 있다. 또한 사적인 내용에 대한 기록과 보관으로 이해할 수 있다. 일부 아동은 상담자에게 직접적으로 무엇을 적는지 물어보기도 한다.

셋째, 기록에 신경 쓰다가 내담자의 표정이나 몸짓, 특별한 행동과 같은 비언어적인 표현으로 포착할 수 있는 단서를 알아채지 못할 수 있다. 따라서 접수상담자는 내담자의 이야기를 경청하는 것에 우선을 두어야 한다. 필요한 내용은 적어야 하므로 기록에 대한 전문적인 기술이 요구된다.

어떻게 하면 접수상담 장면에서 상담자가 효율적으로 기록할 수 있을 것인지 생각해 보자.

필자 역시 부모상담은 물론 아동의 놀이관찰이나 면담내용을 평소 기록한다. 접수상담의 경우에는 보다 많은 내용을 기억하고 기록한다. 가끔씩 일부 아동은 상담자가 기록하는 것을 궁금해한다. 상담자가 무엇을 기록하는지 직접적으로 묻기도 한다. 한 번은 잠시 기록하고 있는데 맞은편에 앉은 아동이 책상 위로 빠르게 상체를 숙여 상담자의 기록내용을 보려했다. 이어 상담자에게 "뭐라고 쓰는 거예요?"라고 물었다. 비슷한 상황에서 또 다른 아동은 "왜 자꾸 뭐라고 써요?"라고 말했다. 딱히 불편해서라기보다 상담자가 자신과의 상호작용 이외의 활동을 하고 있기 때문이다. 아주 어린 아동들은 오히려 이런 것에 크게 신경 쓰지 않는 편이다. 기록하는 것을 잠시 바라볼 뿐이다. 아동이 필자를 부르면 대부분은 즉시 멈추었기 때문에 별다른 어려움을 보이지 않았다.

아동이 조금이라도 불편해하면 기록을 중단해야 한다. 기록은 내담자에 대한 이해를 돕기 위한 부수적인 일이므로 아동과의 면담을 더 중요하게 여겨야 한다. 꼭 기록해야 될 사항이라면 별도의 시간을 할애하여 따로 기록한다.

접수상담자의 입장에서 보면 상담 후 따로 적는 일은 번거롭다. 하지만 내담자와의 관계 형성과 존중하는 태도가 먼저이므로 감수해야 한다. 만약 상담이 연이어 있거나 할 일이 많은 상담자라면 상담시간 외에 기록하는 것은 때때로 부담이 된다. 추가적인 시간을 내서 기록하는 것은 불편하고 시간 경과로 기억에 대한 한계가 생겨 정확한 기록이 어려울 수 있다. 상담 직후가 아니면 상담내용이 잘 떠오르지 않을 수 있다. 그래서 가능한 한 접수상담 직후에 빨리 기록하는 것이 좋다. 하지만 급한 일이 있다면 미룰 수밖에 없다. 너무 미루면 다른 내담자의 상황과 내용으로 혼돈될 수 있어 기록의 오류가 생긴다. 그러므로 자신만의 기록에 대한 좋은 방법들을 생각해야 한다.

상담신청서에 비해 접수상담자가 기록하는 내용은 더 주관적인 형식이 많다. 정해진 방법이 따로 있는 것은 아니다. 상담실 양식으로 기록지가 따로 있을 수 있지만 대부분은 자유로운 형식으로 상담내용을 기록한다. 상담자는 내담자에 대한 내용을 각자 기억하기 편한 방법으로 기록하는 게 일반적이다. 필자는 상담 중에 메모 형태로 간결하게 적을 때가 있고 전혀 적지 못할 때도 있다. 아동이나 부모와의 면담 상황과 분위기에 따라서 달라진다. 기록할 땐 가능한 한 내담자의 표현을 그대로 적어 놓는 편이다. 부모와 아동이 사용한 표현을 기록해 두면 대상을 이해하는 데 도움이 되기 때문이다. 그 외 상담자의 느낌도 함께 기록해 둔다.

전문적인 상담활동으로 기록하는 일이 중요하지만 주의해야 할 것이 있다. 최근에는 사생활 보호에 대한 법이 엄격해져 개인정보 수집과 이용에 대한 제한이 많아졌다. 그래서 상담활동에서도 내담자의 사적인 내용에 대한 기록을 남기는 것은 주의가 필요하다. 내담자가 동의하지 않으면 관련 정보를 수집할 수 없다. 상담자는 내담자에 대한 정보를 수집하고 기록하는 것에 대한 동의서를 서면으로 미리 받아 두는 것이 필요하다. 이와 관련된 일은 상담이 아닌 다른 영역에서도 일반화되었다.

내담자가 말한 내용을 기록으로 남겼을 때 문제가 될 수 있다면 듣기만 하고 남기지 않아야 된다. 병원의 경우, 환자가 원하면 의무기록사본을 청구할 수 있다. 의료행위에 대한 기록을 법적으로 관리하고 있기 때문이다. 상담자의 기록에 대한 명확한 기준이나 관리, 법적 요건 등이 어떻게 이루어져 있는지 상담자 교육이 이루어졌으면 좋겠다. 현재 상담기록에 대한 중요성에 비해 관련 양식의 구비, 수집 내용의 범위, 기록방법에 대한 훈련이 충분하지 않다. 이로 인해 제각각 기록하는 실정이다.

요즘에는 상담에 대한 내용을 데이터 베이스(Date Base: DB)로 관리하는 상담실도 적지 않다. 보안 관리만 잘되면 시대의 변화로 가능해진 것이니 이용해도 괜찮을 것이다. 단지, 상담자는 의사처럼 환자를 대할 때 컴퓨터 앞에서 진료하고 바로 입력할 수 없어 상담 이후 데이터 베이스에 맞게 입력하는 번거로움이 있다. 상담 후 바로 입력할 수 없는 상황이라면 여전히 별도의 기록이나 기억을 통해 데이터 베이스 작업을 해야 하니 한 번 더 기록하는 셈이다. 필자의 경우에도 EAP같은 경우에는 해당 업체의 데이터 베이스에 접속하여 관련 양식에 상담내용을 기록한다.

데이터 베이스 입력에 대한 여러 가지 주의사항이 있으므로 신경을 더 써야 한다. 예를 들면, 내담자에 대한 상담일지는 상담일로부터 정해진 시간 안에 작성해야만 한다. 그렇게 하지 않으면 컴퓨터상 입력이 불가능한 경우가 있어 더 주의를 기울여야 한다. 번거롭지만 익숙해지면 크게 어렵진 않다. 최근에는 거의 대부분의 문서 작업이 전산화되었기 때문에 처음 해 보는 상담자라도 곧 익숙해지기 마련이다.

상담에서 기록과 보관을 해야 하는 이유는 무엇일까? 이장호(1995)에 따르면, 기록의 보관 목적은 상담의 촉진, 훈련 및 연구의 목적, 선배 전문가와의 협의 및 검토 자료로 활용, 행정 및 법률적 이유 때문이라고 한다.

상담자가 기록을 통해 내담자의 이야기를 떠올리고 다음 반응이나 다음 회기에 언급해 주면 내담자는 자신의 말에 경청하고 관심을 기울인다고 느낄 수 있어 상담관계를 촉진할 수 있다. 상담자들은 슈퍼비전(supervision) 활동을 위하여 상담내용을 기록하고 보관한다. 슈퍼비전은 후배 상담자가 상담 업무를 수행하는 데 필요한 지식과 기능을 최대로 활용하고 그 능력을 향상시켜 내담자에 대한 상담효과를 높이기 위하여 선배 상담자로부터 받는 전문적 · 기술적인 활동이다. 상담자가 자신의 전문성을 갖추기 위해 필요한 활동 중 하나다.

행정 및 법률적인 서류로 내담자와의 상담에서 얻은 자료를 바탕으로 상담 보고서나 소견서를 작성하기도 한다. 필자도 부모의 요청으로 상담자의 소견서 및 상담확인서를 작성할 때가 있다. 이런 서류를 작성하려면 그동안의 상담내용에 대한 기록을 참고해야 한다. 예를 들어, 상담확인서를 학교 제출용으로 발행한다면 학교생활의 어려움으로 상담하고 있다는 사실을 확인해 주는 서류가 된다. 상담소견서나 의견서의 형태로 내담자에 대한 상담자의 전문적인 견해가 담긴 내용을 작성할 수도 있다. 필자는 부모가 요청하여 학교나 법원에 제출하기 위해서 작성한 적이 있다. 다른 기관에서 상담이나 치료가 필요할 때 그동안의 상담내용을 요약하여 보고서를 작성해 줄 수도 있다. 그 밖에 아동상담이나 부모상담 내용을 근거로 평가보고서, 상담보고서를 작성할 수 있다. 심리검사를 실시한 아동은 심리평가보고서를 작성하여 상담확인서와 함께 발행해 주기도 한다(부록6, 부록7 참조).

처음 필자가 부모에게 이런 요청을 받았을 때 자료의 형식과 내용을 몰라서 당황했다. 지금은 여러 기관의 보고서와 부모의 요구사항을 참고하여 용도에 맞게 보고서나 관련 서류 양식을 만들어 사용하고 있다. 상담자들은 상담에 대한 기록과 보관방법을 숙지해야 하지만 내담자의 요청에 따라 각종 서류를 만들고 소견을 작성하는 능력도 필요하다. 내담자의 기본 정보와 상담내용을 토대로 각종 보고서 작성에 대한 이해와 기술이 필요하다. 이와 관련된 교육과 훈련이 마련되면 좋겠다.

2. 기록의 내용

1) 상담신청서 작성

상담신청서는 내담자로부터 주 호소 내용과 관련된 정보를 용이하게 얻도록 구성된 서류로, 대부분 상담 직전에 작성한다. 상담신청서 양식은 상담기관마다 약간의 차이가 있다. 대부분 상담 이유를 중심으로 질문 형태에 포괄적인 답을 하도록 만들어졌다. 일반적으로 상담신청서의 내용은 아동의 인적사항을 제외하면 주 호소 내용에 대해 자유롭게 기술하는 형식이 많다. 내담자가 가능한 한 자신의 언어로 자연스럽게 표현하는 것이 좋다(김계현 외, 2005; 신경진, 2010). 아동상담에서도 부모나 보호자가 질문에 자신의 생각을 직접 기술하도록 하고 있다. 부모가 같은 질문에 각기 다르게 답한 형식을 보면 부모를 이해하는 데 도움이 된다.

작성된 상담신청서를 보면 부모가 해당 질문을 이해한 정도를 알 수 있다. 부모가 사용한 어휘와 문장을 통해 개인적인 성향이나 가치관, 자녀에 대한 양육방법까지 짐작해 볼 수 있다. 또한 부모가 자녀를 어떻게 느끼고 있는지, 자녀의 문제를 어떻게 해결하고자 하는지, 어떤 마음으로 접수상담에 왔는지, 상담에서 무엇을 기대하는지 알 수 있다. 그 외 부모의 필체나 문장력을 통해서 교육 수준, 언어 표현 능력, 정서 상태, 성격, 부모자녀관계, 가족 분위기를 추론해 볼 수 있다. 정확한 내용은 면담을 통해 알 수 있지만 부모와 아동을 이해하는 기초자료로 상담신청서를 활용할 수 있다.

상담신청서는 기록하는 내담자의 편의를 위해 가능한 한 간결하고 간단한 형식이 좋다(김형태, 2003). 가급적 상담 관련 전문 용어는 피하고 부모가 자유롭게 기술할 수 있도록 이해하기 쉬운 표현으로 질문한다. 질문은 짧은 개방형이 좋은데, 빠르게 읽고 답할 수 있도록 하기 위해서다. 앞에서 언급한 바와 같이, 상담신청서는 내담자를 빠른 시간 안에 효과적으로 이해하는 데 도움이 되는 양식이 분명하다. 하지만 개인적인 정보가 많아 일부 내담자는 작성 자체에 대한 불쾌감을 표현한다. 그래서 사전 안내로 작성 목적에 대한 설명이 필요하다. 기록으로 내담자가 부정적인 정서를 먼저 경험하게 되면 상담에 대한 신뢰가 떨어져 상담자와의 관계를 형성하는 데 방해가 될 수 있다. 이런 일이 없도록 상담신청서의 내용과 작성에 대한 기준 마련이 필요하고 관련 교육내용도 생각해 봐야 한다.

상담신청서는 면담 직전에 작성하기 때문에 분량을 최대한 줄여서 부모가 부담을 느끼지 않도록 해야 한다. 필자가 생각할 때 대략 10분 정도로 작성이 가능한 내용과 분량이면 좋겠다. 아무리 길어도 15분을 넘기지 않는 것이 적당해 보인다. 이는 어린 자녀를 동반한 경우 15분 이상 기다리게 하면 아동이 지루해하고 힘들어 하기 때문이다. 부모가 상담신청서 작성에 몰입하면 자동적으로 자녀를 신경 쓰지 못한다.

아동은 성인에 비해 주의 집중 시간이 짧다. 쉽게 무료해하고 힘들어지면 기다리는 것이 어렵다. 이런 상황이 되면 아동은 짜증을 내거나 부모의 기록을 방해할 수 있다. 그러면 부모가 기록하는 시간은 더 길어지거나 대충 작성한다. 따라서 기록은 신속히 끝내야 한다. 상담신청을 직접 하러 온 부모라면 미리 작성하고 가도록 한다. 그러면 상담일에 바로 면담을 시작할 수 있어 좋다.

부모가 기록하는 것을 보고 아동들은 종종 관심을 보인다. 한 아동은 기록에 열중하는 어머니에게 "왜 자꾸 뭐라고 써?"라고 물었다. 또 다른 아동은 어머니가 쓴 내용을 옆에서 읽으면서 "내 이름을 왜 썼어?"라고 묻거나 "누가 산만하다고 쓴 거야?"라고 궁금해하였다. 일부 어린 아동은 자신도 쓰겠다며 펜으로 상담신청서에 낙서까지 한다. 부모들의 반응도 다양하다. 당황해하며 아동을 나무라는 경우가 있고, 손바닥으로 가리고 쓰거나 아동에게 "저쪽에 가 있어."라고 지시하기도 한다. 혹은 "넌 몰라도 돼."라고 하거나 "그냥 엄마 숙제(혹은 공부)하는 거야."라고 말한다. 아동이 물어 보기 전에 상담자는 부모의 상담신청서 작성에 대한 안내를 아동에게 간단하게 하는 것이 필요하다.

많은 아동은 상담실 환경이 새롭고 어색하여 궁금해한다. 그래서 일부 아동은 허락 없이 혼자서 궁금한 장소로 돌아다니거나 안내할 때 방해한다. 상담신청서를 작성할 때 아동에게 충분한 안내가 이루어지지 못하면 부모가 편안한 마음으로 작성을 할 수 없다. 그래서 필자는 상담신청서 작성에 대한 안내를 하면서 먼저 아동에게 기다릴 때 지킬 일을 알려 준다. 기다리는 시간을 대략 알려 주고 기다리는 동안 아동이 무엇을 하면 좋은지 상의한다. 혼자 기다리는 것을 힘들어하는 아동이라면 함께 놀이를 하거나 책을 읽어 주면서 곁에 있어 준다. 만약 못 견디고 계속 불편해하는 아동이라면 상담신청서 작성 없이 면담을 바로 시작한다. 면담을 통해서 정보를 얻을 수 있기 때문이다.

상담신청서를 통해서 얻는 주요 정보에 대해 살펴보자.

〈표 3-1〉 상담신청서의 주요 내용

- 내담자 정보: 이름, 나이(생년월일), 성별, 학교, 학년, 주소, 연락처 등
- 주 호소 내용과 관련된 정보: 주 호소 내용, 발생 시기, 정도, 심각성, 부모의 대처방법, 현재 상태, 주변인의 반응, 이전 상담 경험 등
- 가족 정보: 가족사항(함께 사는 가족의 이름, 나이, 성격, 자녀와의 관계 등)
- 사회 정보: 내담자의 스트레스 요인, 스트레스 유형, 스트레스 대처방법, 학교생활, 친구관계 등

(1) 내담자 정보

내담자에 대한 정보는 인적사항에 대한 것이다. 내담자의 이름, 나이(혹은 생년월일), 성별, 학교, 학년, 주소, 연락처 등이 포함된다. 부모 중 자녀의 이름이나 학교에 대한 정보를 적지 않는 경우가 있다. 간혹 자녀의 이름과 학교를 적었다가 까맣게 덧칠해 지우고자 한 흔적을 남기기도 한다. 다른 문항에 답하느라 빠뜨리는 내용이 있거나 기록이 남는 것을 불편하게 여기고 빈칸으로 두는 부모도 있다. 신청서 작성은 부모의 특성을 이해하는 데 도움이 된다. 예컨대, 적는 란을 놓쳤다면 성급하고 부주의한 특성이 있을 수 있고, 일부러 적지 않았다면 경계와 의심이 있는지 살펴봐야 한다.

상담신청서 작성을 원하지 않을 권리가 당연히 부모에게도 있다. 이런 부

모는 면담에서 직접 말하게 한다. 공란의 내용에 따라 부모의 행동 특성을 이해할 수 있으므로 적지 않은 이유를 한 번 쯤은 물어본다. 기록을 지나치게 예민하게 보는 부모라면 신뢰감에 더 신경을 쓰는 것이 좋다.

(2) 주 호소 내용과 관련된 정보

주 호소 내용은 내담자의 문제에 대한 기술이다. 성인은 스스로 주 호소 내용을 적지만 아동상담에선 부모가 알고자 하는 자녀의 행동이나 심리 상태에 관한 것이 대부분이다.

주 호소 내용과 관련된 정보는 나타난 시기, 정도, 심각성, 현재 상태, 주변인의 반응, 상담 이전의 부모의 대처방법, 이전에 상담한 경험이 있는지 등에 대한 내용이 포함된다.

부모나 보호자들은 구체적으로 주 호소 내용을 적기도 하고 매우 간결하게 기록하기도 한다. 비슷한 증상일지라도 표현에는 차이가 있다. 간결한 내용으로 중심 단어나 어휘만 적기도 한다. 너무 간결해서 주 호소 내용이 명확하지 않을 때가 있다. 면담시간에 내용을 구체적으로 이야기할 수 있도록 질문한다. 부모가 작성한 주 호소 내용은 각양각색이다. 유사한 주 호소 내용도 표현이 다르므로 주의 깊게 살펴봐야 한다. 〈표 3-2〉는 단어나 짧은 어휘로 기록한 주 호소 내용이다. 구체적인 주 호소 내용을 적지 않았지만 간결하게 적은 단어로 어떤 이유로 왔는지 알 수 있다. 구체적인 상황이나 심리 상태는 면담을 통해 탐색한다. 〈표 3-3〉은 〈표 3-2〉의 내용보단 조금 더 길게 적었지만 내용이 너무 광범위해서 이해하기에 모호하다.

〈표 3-3〉에서 보면 심리 상태, 언어, 발달, 사회성이란 표현은 영역이 너무 넓어 부모로부터 세부적인 내용을 들어 보아야 한다. 대충 짐작할 수 있는 내용이 아니다. 〈표 3-2〉보다 주 호소 내용이 무엇인지 이해하기 어렵다. 이

〈표 3-2〉 단어나 어휘로 적은 주 호소 내용

- 자폐 여부(3세, 남), 반향어(4세, 여), 발달지연(2세 6개월, 남)
- 거짓말(초4, 남)
- 도벽(초2, 남), 도둑질(초4, 여), 도벽과 물건에 집착(초3, 여)
- 친구 물건을 훔침(초1, 여), 친구의 물건을 가져옴(5개 7개월, 여)
- 산만함(초1, 남), 통제의 어려움(5세, 남), 집중을 못함(4세, 여)
- 감정 조절이 안 됨(초2, 여)
- 손가락 빨기(4세 2개월, 남), 손톱 뜯기(초2, 남), 손발톱을 물어뜯음(초3, 남)
- 이불에 집착(2세 4개월, 여), 엄마에게 집착(초4, 여), 분리불안(5세, 여)
- 어린이집 부적응(5세, 여), 유치원 등원 거부(4세 2개월, 남)
- 친구 사귀기가 힘듦(초5, 남), 친구관계 문제(초5, 여), 또래관계의 어려움(초4, 여)
- 사회성 부족(초4, 여), 공감능력이 없음(초6, 남)
- 고집이 셈(4세, 남), 자기 맘대로 행동(7세, 남), 심하게 떼쓰기(6세, 여)
- 낯가림이 심함(3세, 여), 수줍어 얼음이 됨(초1, 남)
- 전학 고민(초6, 여)

〈표 3-3〉 광범위한 의미가 담긴 주 호소 내용

- 현재의 심리 상태(초3, 여)
- 현재 언어(6세, 남)
- 아이의 발달에 대해 궁금해서(2세, 여)
- 아이의 사회성을 알고 싶어서(5세, 남)
- 잘 자라는지 상담을 받아 보고 싶어서(초5, 여)

와 달리 너무 길게 기술하여 해당란의 지면이 부족한 경우도 있다. 〈표 3-4〉는 주로 문장으로 서술하여 앞의 〈표 3-2〉와 〈표 3-3〉보단 주 호소 내용을 쉽게 이해할 수 있다.

〈표 3-4〉 문장 형태의 주 호소 내용

- 아침이면 여러 가지 이유를 대면서 등교하기 싫어해요(초2, 여)
- 불러도 반응이 없고 혼자서만 놉니다(2세 3개월, 남)
- 설명을 해 주어도 무조건 싫다고 억지를 부리며 떼를 씁니다(5세 2개월, 남)
- 화나면 구석에서 혼잣말을 하고 화를 많이 냅니다(초 2, 남)
- 밥을 잘 안 먹고 유치원에 가는 것을 거부합니다(5세, 여)
- 어린이집에 가는 것을 거부하고 엄마랑 떨어지지 않으려고 합니다(2세 7개월, 여)
- 소변 조절이 어려워서 병원에 갔는데 스트레스 때문에 생긴 것 같다고 상담을 받아 보라고 합니다(5세 4개월, 남)
- 부모의 이혼으로 혼란이 있는 것 같아요. 아빠가 이혼을 부정적으로 인식하게 해서 엄마에 대한 거부감을 표현합니다(5세 9개월, 여)

〈표 3-4〉에서 보면 어떤 내용으로 아동상담을 신청했는지 더 쉽게 알 수 있다. 부모가 주 호소 내용을 어떻게 적었느냐에 따라 이야기를 꺼내는 방법에 대해 생각해 볼 수 있다. 구체적으로 작성한 주 호소 내용 중에는 서로 다른 문제를 나열한 경우와 같은 문제에 대한 설명이나 부연한 것도 있다.

〈표 3-5〉 나열식으로 작성한 주 호소 내용

- 자다 일어나서 계속 운다(7세, 여)
- 평소에 짜증이 많고 소변을 자주 지린다(초2, 남)
- 고집이 세고 돌발 행동을 자주 한다(초3, 남)
- 소리를 자주 지르고 성격이 까칠하다(4세, 여)
- 짜증이 많고 잠투정도 심하며 자주 깬다(5세, 여)
- 화가 많고 짜증도 많아서 양육하기가 어렵다(4세, 남)
- 손가락을 자주 빨고 아랫입술을 깨물며 침도 많이 흘린다(3세, 남)
- 자주 큰 소리로 수업을 방해하고 돌아다녀 지적을 받는다(초2, 남)
- 사소한 일에 흥분을 잘하고 감정기복이 심하다(초1, 남)
- 마음에 안 들면 친구를 자주 때리고 교사에게 반항하는 태도를 보인다(초3, 남)

- 떼를 쓰고 끝까지 고집을 부리는 행동이 너무 심해서 힘들다(3세 7개월, 남)
- 엄마에게 자주 대들고 화가 나면 물건을 던진다. 동생을 괴롭힌다. 거친 말을 자주 한다(초3, 남)
- 쉽게 흥분하고 자제력 없이 먹을 때가 많다(초6, 여)
- 유치원에 안 가고 배변을 오래 참는다(5세, 남)
- 친구를 괴롭히고 때리기도 한다(7세, 남)
- 표현력이 부족하고 또래보다 행동이 느리다(초2, 남)
- 스스로 하는 일이 거의 없고 다른 사람이 시켜야 억지로 겨우 한다(3세 8개월, 남)
- 말을 할 때 긴장을 하고 긴장을 하면 첫 단어를 더듬는다(초1, 남)
- 집단 따돌림 피해 후 계속 힘들어하고, 학교에 가기 싫어한다(초4, 여)
- 학교에서 친구들의 작은 행동에도 크게 반응한다. 누가 살짝 건드려도 되갚아 주려 하고, 친구와 자주 마찰을 빚어서 싸움이 된다(초1, 남)
- 짜증이 많고 화가 나면 진정이 안 된다. 최근 들어 학교에 안 가겠다고 떼를 쓰는 일이 잦아졌다(초2, 여)

〈표 3-5〉에서 보면 아동의 주 호소 내용과 관련된 여러 가지 행동을 묘사한 것이 있고, 지금 드러나는 여러 가지 문제 행동이나 정서를 나열한 것도 있다. 사례를 통해 부모가 상담에 온 이유와 아동의 주 호소 내용과의 연관성을 이해해 보자.

사례 E 짜증이 많아진 초등학교 2학년 남아

E(남, 초등학교 2학년)의 어머니는 주 호소 내용 란에 다음과 같이 적었다.

'최근 들어 짜증이 많아져 엄마랑 자주 다툰다. 다투면 울면서 엄마가 자기 마음을 모른다고 하고, 작은 일에도 화를 낸다. 바닥을 치고 소리를 지르기도 한다.'

어머니와의 면담을 통해 구체적인 내용을 얻었다.

E는 접수상담에 오기 3~4개월 전부터 사소한 일에 짜증이 부쩍 늘었고, 화가 나면 소리를 지르고 있었다(현재 증상, 시작 시기). 이에 부모는 E의 마음을 이해해 주려고 화를 참으려 노력하였고, 가능한 한 부드러운 말로 타일렀지만 소용이 없다. 점점 짜증과 화를 내는 시간이 길어지자 어머니도 참기 힘들었다(부모의 대처와 반응). 주변 사람들은 동생에 대한 질투심 때문에 그런 것이라고 하였으나 학교에서는 그런 행동을 전혀 보이지 않는다(주변인의 반응). E가 동생에게 짜증을 낼 때 어머니가 나무라면 "왜 엄마는 나한테만 그래?"하며 따지듯이 말하고 다시 화를 낸다. E는 더 큰 소리로 "엄마는 동생한테는 예쁘게 말하고 내 마음은 왜 몰라?"라고 소리를 지르고 울기도 한다(아동의 반응과 심각성).

어머니로부터 수집한 상담신청서 내용과 면담시간을 통해 상담자가 본 E의 특성과 소견은 다음과 같다.

E는 평소 호기심이 많고 궁금한 것은 바로 질문하는 편이었다. 남아이지만 평소 활동량이 많지 않은 대신 주로 말로 하는 놀이를 좋아하여 여자 친구들과 어울리는 것을 더 선호하였다(아동의 특성).

아동의 부는 자상한 성격으로 아동의 질문에 대답을 잘해 준다. 부는 자랄 때 똑똑하고 공부를 잘한다는 말을 많이 들었으며, E가 자신을 닮았다고 느낀다. 반면, 모는 스스로 다혈질적 성격이라고 표현하는 등 성미가 급한 편이다. E가 짜증을 내거나 울면 참기도 하지만 이내 "징징거리지 마. 울지 말고 말로 해."라고 화난 목소리로 말한다. 그때마다 E는 야단맞는다고 느낀다. 징징거리는 E의 말투가 모는 몹시 불편하다. E 역시 엄마가 불편한 마음을 받아 주기보다 혼만 내는 것 같아 마음에 안 든다. 엄마의 행동이 맘에 안 들면 E는 물고 늘어지듯 계속 질문을 한다. 모는 변명처럼 들려서 더 피곤하다. E는 엄마에게만 유난히 짜증을 많이 내는데, 아빠를 좋아하지만 E와 함께 지내는 시간이 짧은 편이라 늘 엄마와 비교가 된다(부모자녀관계).

E는 모랑만 있을 때 문제 행동을 더 많이 보인다. 화가 나거나 마음이 불편하면 E는 주로 모에게 신경질적으로 말하고 따지듯이 해 모와의 관계가 안 좋다. 화를 낼 때 어린 동생을 대하는 모의 태도를 언급하며 편애한다고 느낀다. 동생이 태어난 후 가족의 관심이 동생에게 집중되면서 E가 질투심을 느끼는 것으로 보인다. 겉으로는 아닌 것처럼 행동하지만 화가 날 때마다 질투의 속마음을 드러내고 형제간 라이벌 관계에서 생기는 불편을 엄마에게 자주 표현하고 있다. 아직은 E가 감정 표현에 미숙하여 불편을 주로 화, 짜증, 울음으로 모에게 집중적으로 드러낸다. 모가 어린 동생을 더 사랑한다고 느끼면서 모에 대한 관심과 애정을 부정적인 정서와 행동으로 표출하고 있다(상담자가 본 아동의 문제).

접수상담을 통해 어머니가 E에 대해 이해한 내용이다.

E의 어머니는 최근 달라진 E의 행동을 동생과 연관 지어 생각하지 않았다. 남편과 다른 자신의 성격이 E에게 영향을 많이 줄 것이라고도 인식하지 못했다. 면담을 통해 동생에 대한 질투심과 동생 양육으로 바빠진 모에 대한 섭섭함이 아동의 문제 행동을 유발하고 있다고 생각하기 시작했다. 동생이 많이 어리기에 당연히 더 돌보는 것이라 E가 이해할 줄 알았다. E와 동생은 터울이 많아서 동생에게 질투를 느끼고 엄마가 자신을 덜 사랑해서 짜증과 투정을 부리고 말꼬리까지 잡는다고 생각하지 않았다.

어머니는 동생 출산 이후 E를 큰 아이로 취급했던 것을 면담 중에 알아챘다. 앞으로 E를 동생의 육아에 참여시켜 자연스럽게 동생의 존재를 라이벌로 보기보다 부모의 사랑을 나누는 형제로 여기고 형제애가 생기도록 해 질투심을 줄여 보기로 했다.

예를 들면, 분유타기, 기저귀 가져오기, 동생 달래기 등과 같은 것으로 엄마에게 E가 인정과 애정 욕구를 채우는 방법을 써 보기로 했다.

동생이 울면 엄마가 부드럽게 달래지만 E가 울면 화를 내는 것으로 느끼는 E의 마음을 헤아려 어머니가 E에게 부드럽게 대하기로 했다. 앞으로 화가 나서 울거나 징징거리는 E에게 속상한 마음과 어떤 도움을 기대하는지 직접 묻고, 말할 기회를 주고 더 인내하기로 했다. E의 마음을 잘 알아 주는 아빠와의 시간을 늘리거나 아빠가 둘째 양육을 도와 E가 오롯이 엄마와 있는 시간을 갖기로 했다.

E의 어머니는 접수상담에 대한 만족감을 표현하고 귀가하였다.

또 다른 아동의 사례를 살펴보자.

사례 F 또래보다 말이 늦고 상호작용이 안 되는 35개월 남아

F(남, 35개월)에 대한 주 호소 내용을 어머니는 다음과 같이 기록했다.

'또래보다 말이 늦고, 낯가림도 심하다. 예민하고 까다로운 성격으로 어린이집에서 주로 혼자 있고 상호작용이 잘 안 된다.'

어머니와의 면담을 통해 평상시 F에 대한 구체적인 정보를 얻었다.

F가 다니는 어린이집 교사가 주 호소 내용으로 적은 정보를 어머니에게 알려와 상담을 신청했다. 어린이집 교사는 F가 또래에 대한 관심이 적은 것이 관찰되었고, 친구

들과 함께하는 놀이를 거의 하지 않는다고 말했다(현재 상태).

F가 집에서는 어떤지 교사가 궁금해하였다. 부모도 F가 20개월이 지나면서 또래와의 놀이에 관심이 적다고 느끼고 있었다. 최대한 배려를 하여 친구들과 같이 어울리는 자리를 마련해 주고 노는 방법을 반복해서 알려 주고 있었다(부모의 반응 및 대처).

하지만 아직까지 말은 옹알거리는 수준이고, 기저귀를 떼는 연습을 시도하고 있으나 변기에 전혀 앉지 않으려 한다. 여러 가지로 생활지도를 하는 데 어려움이 있다(심각성).

또래보다 첫 말을 늦게 시작했고, 현재는 몇몇 사물의 이름을 나타내는 단어 정도만 말한다. 의사표현은 물론 또래보다 언어발달이 현저히 느리다. 입맛도 까다로워 어린이집에서 주는 것은 거의 먹지 않는다. 또래와의 놀이에 관심이 적어 상호작용이 거의 되지 않는다. 이로 인해 대화가 부족하고 적절한 대화 기술을 익히지 못해 의사소통이 원활하지 않다. 부모의 맞벌이로 일찍부터 어린이집에서 긴 시간 생활해 왔고 양육에 대한 정보는 어린이집에서 제공하는 것에 따랐다(부모가 보는 원인).

어머니와의 면담과 아동의 놀이관찰을 통해 상담자가 본 F의 특성과 소견이다.

F의 부모는 발달에 필요한 자극과 양육환경을 적절히 제공하고 촉진하는 것에 미흡했다. F는 더 어릴 때부터 발달지연 상태를 보였던 것으로 생각된다. 부모와의 분리가 준비되기 전부터 어린이집에 어쩔 수 없이 등원했고, 양육의 조력자가 없어 어린 나이부터 장시간 보육 기관에만 의존했다. 예민한 기질로 섬세한 보살핌이 필요했지만 부족했고, 이 때문에 더딘 적응과 발달지연을 야기한 것으로 보인다(상담자가 본 문제).

일찍 출근하고 늦게 퇴근하는 부모의 직장생활로 F는 아침 일찍 일어나 충분한 수면을 하지 못했고 입맛이 까다로워 잘 먹지 않았다. 충분한 수면과 휴식, 적절한 섭식을 위한 환경이 주어지지 못했다. 이로 인해 주말을 제외하면 빨리 먹을 수 있는 유동식 위주로 식사가 이루어졌다. 어린이집에서 식사에 관심이 거의 적어 불편했던 것으로 생각된다. 첫 등원부터 분리불안이 나타났지만 모는 출근을 이유로 불안한 F의 정서를 살펴보지 못했고 어린이집 교사가 맡기고 서둘러 가라고 한 지시를 따랐다.

부모가 아동과의 정서적 교류에 신경 쓰지 못했다(원인). 이후 어린이집 등원이 지속되자 울지는 않았지만 다른 사람에 대한 관심이 적었고, 주로 혼자 구석 같은 곳에서 말없이 있었다. 또래에 비해 손이 많이 가지 않아 어린이집에서도 자극이 부족했던 것 같다. 아동의 발달연령을 고려할 때 지금은 또래와 어울려야 함에도 혼자 있으려 하자 홀로 있는 F를 교사가 따로 돌봐야 하는 상황이 자주 생겨 어머니에게 전달한 것으로 보인다.

F의 어머니는 남편도 어릴 때 발달이 조금 느린 편이었다며 F의 늦은 발달의 심각성을 잘 인지하지 못했다. 현재 보이는 행동은 발달장애 아동들이 보이는 특성과 유사하기 때문에 보다 세심한 관찰이 필요하고, 발달을 촉진시킬 수 있는 자극과 반응을 해 주어야 하는 이유를 설명하였다. 또래와 어울리지 못하고 계속해서 자신의 의사표현을 하지 못한다면 점점 더 언어발달이 늦고 사회성도 부족하게 됨을 전달하였다. 그러자 F가 또래와 발달의 차이가 많이 벌어지게 되면 또래와 어울리는 기회가 자연스럽게 더 줄어들 것임을 인식하였다.

아동들은 자신과 비슷한 연령의 친구랑 어울리고 싶어 하므로 동생 같은 F를 친구들이 선호하지 않을 것이며, 자기표현을 못하면 아무리 함께하고 싶더라도 F의 마음을 이해하지 못할 것이다. 또래 놀이에 참여하는 기회가 점점 줄어들지 않도록 먼저 부모와 집에서 놀이하고 함께 보내는 시간을 늘려야 되는 이유를 알게 되었다. 어린이집 교사의 도움을 받아 또래와 적극적으로 어울릴 수 있는 기회를 갖도록 부탁하기로 하였다. F의 어머니는 면담시간을 통해

F의 현재 발달 상태와 발달의 중요성을 구체적으로 이해하게 되었다.

내담자에 대한 많은 정보 중 가장 비중 있게 다루어야 하는 것은 주 호소 내용이다. 다른 정보들은 주 호소 내용을 보다 잘 이해하기 위한 배경지식에 가깝다. 성인상담은 스스로 자신의 문제와 심리 상태를 표현할 수 있고 상담하고자 하는 이유와 해결책도 명확하게 알고 있다. 다만 그렇게 하기가 어렵기 때문에 상담에 오는 경우가 많다. 하지만 아동상담에선 부모들의 고민이 주 호소 내용이 되기 쉽다.

부모들이 기술한 주 호소 내용은 부모가 느끼는 불편이나 알고자 하는 내용이 대부분이다. 이 때문에 주 호소 내용만 보고 아동을 만났을때 의외로 부모의 진술과 다른 모습을 발견할 때가 있다.

상담자가 본 모습과 부모가 표현한 것에 차이가 크다면 부모는 그 내용이 왜 불편한지, 평소 자녀의 행동에 어떻게 대처해 왔는지를 잘 파악해야 한다. 아동의 실제 모습과 부모의 진술상 차이가 클수록 그 원인을 찾는 것은 전문적이어야 한다. 자녀의 행동을 과장하거나 축소했을 수 있다. 또한 부모와 관련된 문제가 드러나게 될까 봐 다르게 표현했을 가능성도 있다. 주 호소 내용을 파악할 때 부모의 상담동기를 이해하고 부모와 아동의 개별적인 면담으로 관련 정보를 구체적으로 얻는 것이 필요하다.

(3) 최근 심리 상태

주 호소 내용과 관련하여 내담자의 최근 심리 상태를 파악하는 것은 중요하다. 성인들은 자신의 심리 상태를 아동과 달리 언어로 보다 잘 표현한다. 아동은 자신의 감정을 말보다 행동으로 드러내기 쉽다. 예를 들면, 공격적인 행동을 하면서도 스스로 이유를 찾지 못한다. 하지만 성인은 어떤 감정 때문에 공격적인 행동이 유발되는지 인식할 수 있고 말로 표현할 수 있다.

아동과 부모의 심리 상태를 이해하면 주 호소 내용의 심각성이나 정도를 서로가 어떻게 느끼는지 알 수 있다.

앞에서 살펴본 사례 E와 F의 심리 상태를 파악해 보자.

E는 동생에 대한 강한 질투심을 보이고 있었다. 부모의 사랑을 독차지해 오던 E가 동생 출생 이후 달라진 어머니에 대한 섭섭함이 커지면서 화를 내고 있었다. 자신에게 집중되었던 부모의 애정이 줄어들자 강한 질투의 감정을 느꼈다. 예상하지 못한 동생의 출생 후 달라진 환경을 쉽게 받아들이지 못했다. 특히, 갑자기 부모에게 큰 아이 취급을 받는 것이 부담되었다. 이로 인해 주로 어머니에게 짜증, 화, 울음과 같은 행동을 보이고 있다. 동생이 태어났다고 E가 저절로 양보와 참을성을 가진 형이 되는 것은 아니다. 질투를 느낄수록 E는 엄마가 동생에게만 친절하고 자신에게는 화만 낸다고 생각했다. 화를 내는 엄마가 동생보다 자신을 덜 사랑한다고 확신했다. 계속해서 질투심이 생겼다.

E와 같이 형제간 라이벌로 온 아동들은 겉으로 보이는 행동 이면의 심리 상태와 강하게 표현되는 정서에 초점을 맞추어 상담하는 자세가 필요하다.

F의 심리 상태는 어떤지 생각해 보자.

F의 주요 심리 상태는 불안이다. 부모와 애착 형성이 잘 이루어지지 못해 어릴 때부터 불안정했다. 충분한 돌봄을 받지 못한 채 어린 나이부터 어린이집 생활을 시작했다. 바쁜 맞벌이 부모로 인해 어린이집 등원에 맞추기 위해 아침 일찍부터 바빴다. 부

모 역시 정해진 출근시간을 맞추기 위해 새벽부터 준비하고 F를 서둘러 깨워야만 했다. 바쁜 시간 중에 씻기고 먹이고 서둘러 어린이집에 맡기고 출근하는 부모도 분주했다. 아동이 어린이집에 처음으로 적응할 때 분리불안을 보였지만 충분히 이해하고 아동의 감정에 머무르지 못했다.

어린 아동들은 식욕에 따라 자연스럽게 식사시간을 정하고 필요한 식사 양을 먹으면서 식습관이 형성된다. 하지만 F는 바쁜 부모 때문에 정해진 시간 내에 빠르게 움직여야 했다. 어린이집 생활의 특성상 F가 자신의 컨디션에 따라 식사하고 취침하기 어려웠을 것이다. 이 때문에 불편한 식사를 하거나 쾌적하게 잠들지 못한 날이 더 많았다. F는 부모와 떨어져 어린이집에 적응하기에 충분한 시기가 아니었다.

억지로 부모와 분리되어 긴 시간 동안 어린이집에서 생활하는 것은 어린 아동에게 매우 고통스러운 일이다. F처럼 발달이 느린 아동은 적응이 더 어렵다.

부모와 분리를 준비하기 전에 어린이집에 맡겨진 상황이 F의 발달을 촉진시키지 못한 것으로 보인다. 그래서 불안한 상태에 있을 때 누군가가 다가오면 힘들었고 더 경계했을 것이다. 다른 사람과 말을 하고 상호작용하는 것에 큰 관심을 갖지 않았다.

여러 명의 원아가 공동생활을 하는 어린이집에서 규칙과 질서를 준수하기 위해선 다른 사람과의 관계도 신경 써야 한다. 하지만 F는 전반적인 발달이 지연된 상태여서 적응이 느렸다. F는 향후 발달을 촉진하기 위해 적절한 언어 및 놀이 자극이 많이 필요해 보였다.

두 아동의 사례에서 보듯이, 주 호소 내용을 이해하기 위하여 배경 정보를 탐색하는 것은 중요하다. 배경 정보는 가족과 아동을 둘러싸고 있는 다양한 환경이다. 상담신청서를 통해서 얻을 수 있는 정보는 지면의 제한으로 수집의 한계가 있다. 따라서 면담을 효율적으로 하여 주 호소 내용을 효과적으로 파악하는 능력을 길러야 한다.

(4) 이전 상담 경험

접수상담에 오기 전에 다른 곳에서 상담을 한 경험이 있는 내담자가 종종 있다. 상담신청서에 이 내용을 적기도 하지만 면담 중 자연스럽게 확인되는 경우가 더 많다.

이전 상담 경험이 있다면 현재의 주 호소 내용 때문에 간 것인지를 확인한다. 언제, 어디서, 어느 정도의 기간으로 상담했는지, 상담이 중단되었다면 그 이유는 무엇인지 알아본다. 이전 상담 결과와 상담자에 대한 만족 여부를 물어봐도 좋다. 내담자의 상담에 대한 인식이나 새로 시작하는 상담에 대한 준거를 마련하는 데 도움이 되기 때문이다.

2) 면담내용의 기록

접수상담자는 상담신청서를 기초로 면담과정에서 추가 자료를 얻을 수 있다. 관련 내용은 상담신청서와 별개로 기록해야 한다. 상담자가 따로 기록하는 내용은 보통 내담자에 대한 관찰사항, 면담내용 요약, 상담자 소견에 대한 것이다. 상담자가 면담 후에 기록하는 내용에 대해 알아보자.

우선, 상담자가 기록하는 이유를 세 가지로 정리해 볼 수 있다. 첫째, 내담자에 대한 상담을 구조화하고, 둘째, 차기상담에 대한 계획을 수립하며, 셋째, 상담자가 본 내담자에 대한 느낌 및 평가를 통해서 소견 자료로 활용하기 위해서다.

상담자는 별도의 양식 없이 자유롭게 자기만의 형식으로 기록할 수 있다(박랑규 외, 2011). 내담자를 이해하는 중요한 단서는 면담 중 빠르게 기록해 둔다. 기록 사항은 내담자의 특성에 따라 말문을 여는 자료가 될 수 있다.

〈표 3-6〉은 첫 대면에서 면담 전까지 내담자에 대한 주요 정보가 될 수 있

〈표 3-6〉 내담자에 대한 기록 사항

영역	구체적인 내용	
접수상담 정보	상담일시, 상담자명, 상담신청 경로, 내담자 분류번호	
내담자에 대한 관찰 사항	첫인상	체형(키, 몸무게), 용모(옷차림, 두발 상태), 정동(몸의 움직임, 제스처), 안색, 표정 , 목소리(음색, 높낮이, 말투), 시선의 적절성 등
	행동	활동 수준, 특이한 습관이나 버릇, 주변에 대한 관심 정도, 관계성, 상황에 변화하는 모습 등
	정서 상태	긴장 및 불안 유무와 정도, 상담 전후의 감정 변화, 자주 표현되는 감정, 정서의 안정성, 보호자와의 상호작용, 특별한 정서 반응 등
상담 참여도	대기실 모습	입실과 퇴실 모습, 대기실 환경에 대한 반응, 주변 사람에 대한 관심 여부
	상담에 대한 관심	상담자에게 보이는 태도, 상담자와의 상호작용

는 사항이다. 면담하는 동안에도 내담자를 관찰할 수 있다. 면담 중 관찰된 내담자의 행동 특성이나 정서 변화에 대한 것이다. 이러한 내용은 부모와 아동이 상담이나 상담자에 대해 어떻게 느끼는지 알 수 있는 자료가 된다. 〈표 3-7〉은 면담에서 다루고 있는 주 호소 내용을 통해 알 수 있는 것이다. 면담 내용을 모두 기록할 수 없지만 의미 있는 것들은 요약하여 정리해 둘 필요가 있다.

〈표 3-7〉 면담에서 기록하는 내용

면담내용 요약	주 호소 내용, 원인, 심각도, 부모의 대처방법, 주변의 반응, 최근 심리 상태, 가족 배경, 기타 주 호소 관련 정보 등
상담자 소견	내담자에 대한 느낌, 아동 및 부모의 행동 특성, 상담자가 본 주 호소 문제, 내담자의 현재 상태, 추후상담 계획, 권고 사항 등

(1) 접수상담에 대한 기본 정보

접수상담에 대한 기본 정보로는 상담날짜와 상담시간, 상담자명, 상담신청 경로, 내담자 분류번호 등을 적어 놓는다. 상담신청 경로는 전화 신청, 내방, 홈페이지 접수, 소개자와 같이 의뢰과정에서 알게 된 내용을 표시해 두면 내담자에 대한 이해와 상담실 운영에 참고가 된다. 소개자 란은 소개자의 이름이나 내담자와의 관계를 필요에 따라 적어 놓는 곳이다. 신청 경로 중 아동학대나 학교폭력 사건의 피해자 혹은 특정 사고로 인한 외상 후 스트레스와 같은 문제는 내담자의 부모나 보호자가 의뢰하지 않은 경우, 관련 정보가 있을 때 기록해 둔다.

분류번호는 내담자를 구별하여 자료를 관리하기 위해 번호나 코드를 부여하는 것이다. 많은 내담자가 오는 상담실이라면 전산화하여 내담자에 대한 정보를 기록 후 관리하면 편리하다. 필자는 접수상담일에 따라 내담자에 대한 식별기호로 관리하고 있다. 이런 관리는 이전에 상담했던 내담자가 재방문을 했을 때나 과거 상담내역에 대한 확인서를 발급해 줄 때 자료를 편리하게 찾을 수 있어 유용하다.

(2) 내담자에 대한 관찰 내용

내담자에 대한 관찰은 주로 첫인상부터다. 첫인상은 내담자의 용모나 신체적 · 정서적 변화나 모습으로 알 수 있다. 내담자의 정동(情動)으로 개인적인 특성을 기록해 두는 것도 좋다. 아동과 부모의 인상은 각기 다르기 때문에 개별적으로 기록해 준다.

개인적인 특성은 목소리와 말투, 어조, 옷차림같이 한 눈에 보이는 것부터 주변 사람이나 환경과의 관계 등으로 살펴볼 수 있다. 남과 다른 독특한 버릇이나 행동도 있다면 기록해 둔다.

① 첫인상

내담자의 첫인상은 외모와 행동에 따라 다르다. 아동의 경우, 첫인상에서 느껴지는 모습을 통해 현재의 발달 상태를 짐작해 볼 수 있다. 가장 먼저 알 수 있는 것은 키와 몸무게로 보는 체격이다. 체격을 통해 자기 나이에 맞게 성장하고 있는지를 가늠해 볼 수 있다. 또래 수준 정도인지, 또래보다 작거나 큰지가 확인된다. 체형이 아주 마른 편인지 약간 작은 편인지, 큰 경우에도 비만으로 보일 정도인지, 조금 통통한 느낌 정도인지 다르다. 체형을 통해 받은 인상은 유전, 섭식, 생활습관에 대해서 면담 때 이야기할 수도 있다. 아동의 체격을 통해 발달 상태를 가능하려면 각 연령의 신체발달에 대한 평균치 정보를 알고 있어야 한다. 따라서 접수상담자는 아동의 발달 영역에 대한 이해가 필수적이다.

체격 조건은 신체적 · 신경학적 발달과 더불어 운동발달의 이상 유무를 확인하는 데 도움이 된다. 또한 평상시 활동 수준이나 활동 내용을 이해할 수 있다. 예를 들면, 또래보다 작고 어려 보이는 첫인상의 아동이 놀이와 면담 중에는 어린 느낌이 없다. 단지 체격만 작을 뿐 인지발달이나 언어발달은 또래보다 훨씬 발달한 경우가 있다. 이런 아동은 신체적인 발달만 약간 느릴 뿐 다른 문제는 없다. 부모 중 한 명이 아동처럼 유난히 작은 키라는 것이 확인되면 유전 요인에 의한 것이라고 생각해 볼 수 있다. 한 아동의 어머니가 아동의 키 성장에 대한 관심이 매우 높아 궁금했다. 남편의 키가 유난히 작아 아동도 성인이 되서 평균 이하로 될까 봐 성장클리닉에 다니고 있다는 것을 알았다.

또래보다 큰 체격을 가진 아동이더라도 허약하고 발달이 지연된 아동이 있다. 첫인상의 모습이 남다르다. 혼자서 겉옷을 벗지 못했고, 신발도 신지 않으려 해 보호자가 도와주었다. 과잉보호라고 생각할 수 있지만 운동신경 때문이었다. 또래보다 소근육과 대근육의 발달이 느리고 둔해서 스스로 단추를 끼우거나 끈을 매는 것이 서툴러 옷이나 신발을 스스로 처리하지 못하였다.

이처럼 아동의 외모와 체격은 현재의 발달 상태와 그 정도를 가늠하는 데 유용한 자료다. 발달 상태에 대한 이해는 아동의 장애 여부, 질병 유무, 발육 상태, 운동신경의 발달 정도를 살펴보게 한다.

첫인상에 영향을 주는 또 다른 내용은 매무새다. 옷차림, 두발 상태, 위생 상태를 보면 아동의 성향을 알 수 있고, 평소 부모에게 어떻게 돌봄과 보호를 받고 있는지 확인이 된다. 특히, 위생 상태는 부모가 아동의 생활 관리나 지도를 어떻게 하는지 알 수 있는 부분이다. 즉, 부모의 부지런함, 태만, 무관심, 특정 정서와 같은 것을 짐작하게 하여 부모의 성격 및 성향을 이해하는 데 도움이 된다.

예전에 만난 남아의 첫인상이 떠오른다. 깔끔한 옷차림에 귀여운 얼굴로 체격도 또래 수준 정도였다. 하지만 유난히 머리 모양이 길었다. 모자까지 눌러쓰고 있어 처음에 여아인 줄 알았다. 어머니는 아동이 미용실 가는 것을 무서워해 머리를 기른 것처럼 얘기하였다. 어려서부터 겁이 많고 불안이 높은 아동이라고 소개했다. 하지만 차기상담을 진행하면서 아동의 한쪽 귀가 소이증이라는 사실을 알게 되었다. 어머니가 밝힌 주 호소 내용은 미용실에 가는 것을 두려워하는 것이었지만 양쪽 귀가 다른 것 때문에 아동이 스트레스를 느끼고 있었다. 아동은 미용실에 가서 커트를 하면 유난히 작은 한쪽 귀를 누군가 볼까 봐 두려워했다. 긴 머리를 한 이유다. 눌러쓴 모자 역시 작은 귀를 덮기 위해서였다. 겉으로 볼 땐 미용 기구 소리를 무서워해서 온 것 같지만 진짜 아동의 문제는 소이증에 대한 콤플렉스였다.

또 다른 여아는 첫인상이 강렬했다. 유난히 레이스가 넓게 퍼지는 원피스를 입어 눈에 확 띄었다. 너무 넓은 치마폭의 옷은 움직일 때 거추장스럽고 불편해 보였다. 그러나 아동은 공주 걸음걸이로 치마를 잡고 사뿐히 움직였다. 어머니 얘기로는 평소에도 치마를 좋아해서 유치원에 체육복을 입고 가는 날조차 치마를 입고 가겠다고 고집을 부려 힘들다고 했다. 평상시 아동은 고집이 세고 자기주장이 지나쳐 또래들과 다툼이 종종 있었다.

전자의 어머니는 머리카락을 다듬을 때 사용하는 도구의 소리를 아동이 유난히 무서워해서라고 했지만 진짜 이유는 유난히 작은 한쪽 귀를 다른 사람이 보는 게 싫어 계속 긴 머리를 유지하는 것이었다. 청력에는 이상이 없어서 어머니는 아동이 소이증 때문에 그 정도까지 힘든지 몰랐다.

치마를 즐겨 입는 후자의 여아도 치마만 입으려고 해 옷을 갈아입을 때 어머니와 자주 실랑이하였다. 평상시 아동이 옷을 통해 자기 마음대로 하려는 고집을 강하게 드러내는 문제로 온 것이다.

두 아동의 첫인상은 주 호소 문제를 추론하는 데 도움을 준다.

아동의 첫인상뿐 아니라 부모의 첫인상을 관찰하면 도움이 된다.

25개월 된 여아의 어머니에 대한 첫인상으로 이해해 보자. 아동은 잠시도 가만있지 않고 또래에 비해 많이 산만하여 어린이집 교사가 상담을 권유했다. 이 시기의 아동들은 많이 돌아다니며 탐색하므로 산만해 보일 수 있다고 생각했다. 하지만 접수상담에서 느낀 어머니의 모습과 아동의 주 호소 내용을 연관 지어 생각해 보니 어린이집 생활이 예측되었다.

아동과 함께 온 어머니는 헐레벌떡 들어왔다. 급히 들어오다 보니 신발이 뒤집혔다. 하지만 어머니는 신발에 신경 쓰지 않았다. 아동을 안고 있었는데 힘들어서인지 소파에 거칠게 내려놓으며 크게 숨을 몰아쉬었다. 그 순간, 어머니의 손가방이 소파 아래로 떨어졌다. 아동은 소파 아래로 내려오더니 주변을 살피지 않고 돌진하듯이 바로 장난감이 있는 곳으로 빠르게 걸었다. 처음 온 곳이었지만 대기실에 있는 인형과 블록 통을 열어 마구 바닥에 쏟았다. 어머니와 아동의 첫인상 모두 성급하고 어수선한 느낌이었다. 어머니는 면담 중에 딸 때문에 늘 정신없이 생활하고 있다고 하였다. 아동과 어머니의 놀이 관찰에서도 비슷한 모습이었다. 필자의 느낌은 '아동이 엄마 닮았네'였다. 둘 다 매우 산만한 ADHD 성향이 있어 보였다.

음색, 목소리, 말투도 첫인상을 좌우하는 요소다. 목소리는 너무 크거나 작은지, 떨리는지, 주변 상황에 따라 높낮이를 조절하는지를 관찰할 수 있다. 예를 들어, 어떤 아동은 여럿이 모여 있는 대기실에서 큰 소리로 말하고 웃는다. 반면 또 다른 아동은 가까운 위치에 있는 엄마한테도 속삭인다. 목소리가 너무 작아서 상담자조차 알아들을 수 없다. 주로 귓속말로만 말하는 모습도 있다.

음색이나 목소리가 단조롭거나 부정확한 발음이 있는지, 부정확한 발음이 있다면 일부만 그런지 보다 많은 단어를 소리 낼 때 그런지 살펴봐야 한다. 간혹 이런 아동은 발달장애가 의심되기도 한다. 자폐성 장애가 의심되는 아동 중 반향어가 관찰되는 경우가 있다. 아동의 어휘 수준, 말의 조리성, 상대방에게 반응하는 시간, 주제와의 관련성도 관찰하면 발달 정도를 이해하는 의미 있는 정보가 될 수 있다.

아동의 첫인상으로 많이 관찰하는 것 중 또 하나는 시선이다. 눈맞춤과 같은 시선의 적절성은 사회성과 높은 관련성이 있다. 상대방과 인사나 대화를 할 때 적절하게 바라보는지, 상황에 맞는 시선을 하는지를 볼 수 있다. 수줍어하는 눈빛인지, 겁먹은 눈빛인지에 따라 반가움과 불안 정도를 확인할 수 있다. 상담자의 말에 수줍게 웃지만 쳐다본다면 어색하나 반가움의 표현이다. 하지만 여러 번 이름을 불러도 전혀 쳐다보지 않거나 다른 곳만 본다면 사회성에 문제가 있을 가능성이 높다. 인사를 나눌 때 눈가에 적당한 웃음을 띠고 온화한 표정을 지어도 반응이 없다면 아동이 발달장애일 가능성이 있다. 가끔 자폐성 장애가 의심되는 아동 중 부정확한 발음과 적절하지 않은 시선을 보이는 경우가 있다. 아동의 첫인상을 주의 깊게 관찰하여 발달과의 연관성에 대한 정보를 얻는 것이 도움이 될 것이다.

부모나 보호자의 시선 처리도 관찰하는 것이 좋다. 시선 처리를 통해 수줍음, 머뭇거림, 대범함, 사교적임과 같이 다른 사람과의 관계가 어떠한지에 대한 느낌을 알 수 있다. 예를 들어, 상담자를 쳐다보는 것을 유난히 어색하게 느끼고 수줍어하는 부모라면 조심스럽게 말을 건네는 태도가 필요하다. 천천히 관계를 맺는 유형일 수 있기 때문이다.

시선의 적절성은 정서를 표현하는 수단이 될 수 있다. 억지로 온 한 아동은 대기실에서 부모를 계속 째려봤다. 어머니가 나무라자 상담자를 향해서도 뾰로통한 얼굴을 하였다. 반면, 어떤 아동은 어머니의 얼굴 가까이에 눈을 맞추고 이야기를 계속 하였다. 어머니 역시 부드러운 목소리와 눈가에 미소를 보였다. 이 아동은 종종 어머니의 볼에 뽀뽀를 하였다. 이런 모습으로 어머니와 아동이 평소 어떤 관계인지 엿볼 수 있다.

눈맞춤과 목소리, 특이한 행동은 새로운 환경과 타인에 대한 관심 정도를 파악하게 한다. 한 아동이 신발을 벗고 들어오는 입구에서 망설였다. 먼저 입실한 엄마의 신발 옆에 빈자리가 없었다. 자기 신발과 나란히 놓고 싶었는지 빈자리가 없자 순간 실망한 것 같았다. 엄마가 그 모습을 보지 못한 채 들어갔기 때문에 잠시 시무룩한 표정을 짓더니 작은 소리로 "엄마 옆에."란 말을 여러 번 반복하며 들어오지 않았다. 필자가 슬리퍼를 다른 칸으로 옮겨 엄마의 신발 옆에 빈 공간을 만들어 주자 자신의 신발을 가지런히 놓고 살짝 웃었다. 평상시 아동이 꼭 정리하는 습관이 있거나 정해진 규칙대로 하고 싶은 마음이 클 수 있다. 어머니와의 친밀함 정도를 생각해 보게 하는 행동이었다.

그 밖에 기다리는 모습을 통해 첫인상이 달라진다. 대기실의 장난감을 갖고 놀거나 차를 마신 후에 각기 다른 모습이 관찰된다. 이 모습을 통해서도 내담자의 성격을 짐작해 볼 수 있다. 대기실 환경에 신경을 전혀 쓰지 않는 부모와 아동이 있는 반면, 다른 사람이 본 책과 장난감까지 깔끔하게 정리하는 경우가 있다.

아동이 새로운 상황에서 잘 모르는 사람과 어떻게 관계를 맺고 적응하는지 파악하는 단서가 될 수 있다. 부모와 아동의 첫인상을 좌우하는 여러 가지 내용을 이해하는 것은 의미가 있다.

첫인상에 대한 정보를 접수상담의 주 호소 내용과 어떻게 연관 지어 이해할 지 살펴보았다. 구체적인 사례를 통해 더 알아보자.

또래보다 발달이 느리고 혼자 논다는 이유로 상담을 신청한 아동 G와 H가 있다. 둘의 첫인상의 차이는 어떠하고, 각각의 발달 상태를 어떻게 이해할지 살펴보자.

사례 G 발달이 느리고 침을 많이 흘리는 35개월 남아

아동 G(남, 35개월)의 어머니는 주 호소 내용을 '어린이집에서 주로 혼자 놀고 또래보다 발달이 느리며, 아직 기저귀를 착용하고 있다'고 적었다. G의 첫인상은 귀엽지만 침을 많이 흘리고 있어 더 어려 보였다. 키는 또래보다 약간 작지만 보통 체격이었다. 잠이 덜 깬 듯 어머니의 품에 안긴 채 들어왔다. 상담자가 쳐다보자 고개를 돌려 시선을 피하였다.

누군가 쳐다보는 느낌만 들어도 바로 “아니야!”라며 고개를 반대쪽으로 돌렸다. 고개를 돌릴 때 침이 뚝뚝 떨어지는 모습이 관찰되었다. 침 때문인지 목에 손수건을 둘렀지만 흥건하게 젖어 있어 갈아 주어야 할 것만 같았다. 어머니와 이야기를 시작하려 하자 보챘다. G를 안고 상담실에 함께 들어갈 수밖에 없었다.

사례 H 발달이 늦고 대변을 기저귀에만 보려고 하는 49개월 여아

아동 H(여, 49개월)는 최근에 영유아검진을 했고, 그 결과 소아과 의사가 발달이 늦다고 해 상담을 신청하였다. 어머니도 H가 또래보다 발달이 약간 늦은 것은 알고 있었다. 현재 가장 큰 불편은 H가 아기 변기에 앉는 것조차 싫어해 대변을 기저귀에 보는 것이다. 어린이집에서도 친구들과 어울리기보다 주로 혼자 논다.

H의 첫인상은 보통 키와 마른 체형으로 단발머리에 커다란 캐릭터 핀을 꽂고 있었다. 걸을 때마다 뒤뚱거려 부자연스러웠는데 기저귀를 찬 때문으로 보였다. 상담자가 몇 살이냐고 묻자 손가락으로 표시하였다. 눈맞춤은 가능하였지만 관심이 있는 쪽으로만 시선을 더 자주 움직였다. 어머니와 상담자가 이야기하자 대기실에서 혼자 자유롭게 돌아다녔다. 어머니가 상담신청서를 작성하기 위해 한쪽 소파에 앉자 양팔을 넓게 쭉 편 채 비행기 날개 자세로 빙글빙글 돌기 시작했다. 이어 동요 한 곡을 반복적으로 부르는 모습이 인

상적이었다.

G는 또래보다 키는 약간 작지만 보통 체격이었고, H는 말랐지만 키는 또래 수준 정도여서 둘 다 신체적인 발달은 크게 벗어난 느낌은 없었다. G는 침을 많이 흘리는 모습에서 신경이나 근육 발달이 지연되어 보였고, H는 혼자서 반복적으로 동요를 부르는 모습에서 사회성이 부족하지 않을까 하는 생각이 들었다. 상담자가 본 둘의 주 호소 내용의 공통점은 대소변 문제와 또래와의 관계 부족이다. 어머니들이 보고한 내용의 공통점은 둘 다 발달이 느리고 주로 혼자서 노는 것이다. G와 H 모두 현재 연령을 고려해 봐도 대소변 훈련이 아직까지 안 되고 있는 것은 주의 깊게 살펴봐야 할 내용이었다.

대소변 훈련에 필요한 감각기관의 기능이 정상적으로 발달하지 못하고 있는 것인지, 전반적인 발달이 지연되어서인지 확인해 볼 필요가 있었다. 대소변 훈련과 관련하여 부모가 어떻게 준비 단계부터 연습을 시키고 있었는지에 대한 것도 확인해야 했다. 두 아동의 또래관계에 대한 탐색도 필요해 보였다.

첫인상만으로도 발달지연이 의심이 되는 사례였다. 전반적인 발달이 늦다면 인지 및 언어 발달도 정상 범위에서 벗어나 있을 가능성이 높았다. 이런 이유로 또래에 대한 관심이 적거나 거의 없고, 자연스럽게 사회성이 발달하지 못하고 있는 상태처럼 보였다. 발달이 의심되는 이유로 G는 지나치게 침을 많이 흘리고 있었고, 적절하지 않은 눈맞춤이다. 그 밖에 시선을 피하며 "아니야."란 말을 부적절하게 사용하는 것도 요인이다. H는 간단한 지시에 손이나 고개로 대답을 했지만 주변 상황을 의식하지 않았다. 좋아하는 동요 한 곡을 분위기와 상관없이 혼자서만 즐거운 모습으로 부르는 것이 어색하고 부자연스러웠다.

둘 다 상담자가 부르면 짧은 시간 동안 눈을 맞추긴 했지만 전체적으로 시선이 자연스럽지 못했다. G가 낯가림 때문에 시선을 돌렸다면, H는 자신이 하고 싶은 것을 하느라 쳐다보지 않았다. 분리되는 상황에서도 차이를 보였다. G는 어머니와 분리 전부터 어려움을 보이며 몹시 불안해하여 떨어지지 못했다. 반면, H는 처음부터 어머니와 떨어지는 것을 신경 쓰지 않았다. G는 주변을 많이 경계하고 어머니 곁에 주로 붙어 있으려 했지만 H는 처음 온 곳임에도 혼자 자유롭게 돌아다니는 것이 사회성 문제를 의심하게 하였다.

둘 다 간단한 지시내용은 이해하고 있지만 G는 상담자의 말에도 겁을 먹고 "아니야."란 말을 반복하여 상호작용을 하지 못했다. H는 손이나 고개를 끄덕이며 대답했지만 혼자 노느라 상호작용에 별다른 관심이 없었다.

두 아동의 주 호소 내용의 핵심은 발달지연으로 생긴 문제다. 그래서 G와 H는 현재 또래에 대한 관심이 적고, 기저귀를 아직 떼지 못했다. 기저귀는 보통 24개월 전후로 시작하여 36개월 정도면 떼는 편이다. 가끔 실수할 수는 있지만 시작에서 끝까지 걸리는 시간도 약 6개월 정도면 충분하다. 이런 기준을 적용해 보아도 두 아동 모두 배변훈련이 늦은 상태로, 훈련도 순조롭지 않아 보인다. 이유는 발달문제 때문일 것이다. 특히, 침을 심하게 흘리고 있는 G의 발달 상태는 눈여겨봐야 한다. 아동 중 침을 많이 흘리는 경우가 종종 있지만 G처럼 뚝뚝 떨어질 정도는 아니다. 이 정도라면 다른 기능상 문제가 있는지 의심해 봐야 한다. H의 경우는 상황에 맞지 않는 행동을 하는 것에 주의를 기울여야 한다. 49개월 정도라면 주변 사람에 대한 관심이 있어 느닷없이 좋아한다고, 한 곡만 반복해서 부르지는 않을 것이다. 두 아동 모두 발달지연과 사회성 부족의 가능성이 의심된다.

G와 같이 대소변 문제를 보이는 아동들은 자주 상담에 온다. 기저귀를 착용하고 왔지만 다른 양상을 보이는 또 다른 아동 I에 대해서 살펴보자.

사례 I 손가락을 자주 빨고 소변을 앉아서 보는 39개월 남아

아동 I(남, 39개월)의 주 호소 내용은 '어린이집에서 말을 거의 하지 않고 손가락을 자주 빤다'는 것이다. 밤에 두 번 정도 깨서 소변을 쭈그리고 앉아서 봤다. 어머니는 대소변 문제보다 손가락 빠는 것을 더 큰 문제로 인식하고 있었다.

I의 첫인상은 보통 키와 보통 체격으로 또래 수준 정도로 보였다. 그러나 간단한 지시에도 대답하지 못하고, 계속 돌아다녀 산만했다. 주로 혼잣말로 중얼거렸다. '으으응'과 같은 말이 많아 옹알이 수준처럼 들렸다. 가끔 어머니에게 다가와 볼을 부비거나 매달렸다. 오른쪽 엄지 손가락을 주로 빨았고, 가지고 온 작은 인형 하나를 들고 다니며 손가락을 안 빨 때 입에 물었다. 돌아다니다 책장 모서리에 머리를 살짝 부딪히자 큰 소리로 울었다. 동생을 업고 있던 어머니가 당황해하며 안아 주려 했다. 업힌 동생이 오빠의 울음소리에 깨서 아기 띠에서 발버둥치며 나오려 하자 어머니가 쩔쩔맸다. 양육에 매우 서툴러 보였다.

I에게는 13개월 차이가 나는 여동생이 있다. 부모가 맞벌이로 둘 다 어린이집에 보내고 있는데, 어린이집에서 I에게 기저귀 떼는 연습을 시키고 있었다. 여러 번 시도하였지만 거부하고 잘 따라 주지 않아 어려움을 겪고 있다. 어린이집 교사가 집에서도 연습시키라고 해서 기저귀를 채우지 않고 있지만

기저귀가 없으면 대변을 아예 보지 않는다.

용변을 억지로 참는 것 같아 어머니가 최근 변을 볼 때에만 기저귀를 채우고 있었다. 밤에 자다가 일어나 "쉬"라고 하면 아기 변기로 데려가지만 바닥에 쭈그리고 앉아서 보려 한다. 어쩔 수 없이 기저귀를 깔아 주고 보게 한다. 어머니는 어린이집에서 여아들이 앉아서 용변을 보는 것을 본 때문이라고 추측하고 있었다.

I는 집에서 말이 많진 않지만 조금씩 하는 편이다. 하지만 어린이집에 가면 말을 거의 하지 않는다. 어려서부터 손가락을 많이 빨았다. 지금까지 오른쪽 엄지손가락을 심하게 빤다. 배변훈련을 어린이집에서 시키면서 손가락을 더 많이 빨고 용변을 참는 것 같은 생각이 든다고 하였다.

배변훈련 과정에 있는 G와 I는 약간의 차이가 있다. G는 용변에 대한 표시를 거의 하지 못해 하루 종일 기저귀를 차고 생활하는 편이다. 반면, I는 용변에 대한 표시를 하기 전까진 기저귀를 차지 않는다. 기저귀에만 하려고 해 배변 시에만 찬다. 둘 다 기저귀를 떼지 못한 상태다.

접수상담자가 정상 발달의 기준을 알고 있어야 내담아동의 주 호소 내용이 발달 상 문제인지 아닌지를 판단할 수 있다.

현재 G는 발달지연이 가장 큰 원인으로 보이는 반면, I는 동생 출생 후 나타나는 퇴행 때문에 나타난 일시적인 행동으로 보인다.

I처럼 손가락을 빠는 문제도 아동상담의 주요 주제에 해당된다. I처럼 손가락만 빠는 아동이 있지만 손발톱을 뜯는 아동도 제법 많다. 손발톱을 뜯는 문제로 온 J의 사례를 살펴보자.

사례 J 열 손가락을 빨다 손톱을 뜯기까지 하는 45개월 남아

아동 J(남, 45개월)는 돌 이후 주로 잠들 때에만 오른쪽 엄지손가락을 빨았다. 그러나 어느 순간 열 손가락을 다 빨고 현재는 손톱을 뜯기 시작했다. 어릴 때부터 너무 많이 빨아서 좌우 엄지 모양이 변형될까 봐 염려하고 있다. 손톱을 깎아 준 기억이 없을 정도여서 상담을 신청했다.

J의 첫인상은 보통 키와 보통 체격에 손가락을 빨면서 다른 손으로는 어머니의 손을 잡고 들어왔다. 동생을 업고 J의 손을 잡은 어머니는 무척 지쳐 보였다. J는 징징거리며 손가락을 뺐다 다시 넣고 빠는 행동을 반복했다. 상담자가 말을 시키면 대답은 비교적 잘하는 것으로 보아 의사소통의 어려움은 없어 보였다.

상담자와 어머니의 대화 중 갑자기 "엄마, 나 졸려!"하며 어머니가 업은 동생을 밀어내려고 하였다. 자고 있던 동생이 깰까 봐 어머니가 자리에서 일어나자 J가 심하게 짜증을 부리며 어머니의 몸을 손으로 툭툭 쳤다. 24개월 차이가 나는 동생이 태어난 후부터 심하게 손가락을 빨고 있다고 어머니가 말했다. 최근 손가락을 손이나 이빨로 뜯어 신경 쓰고 있다.

I와 J는 둘 다 터울이 많지 않은 동생이 있다. 신체적 발달은 큰 문제가 없어 보였지만 퇴행 행동으로 생긴 어려움 때문에 상담에 온 것으로 이해했다. J는 기질적으로 겁이 많고 예민한 아동처럼 보였다. 동생 출생 후 어린이집에 좀더 오래 있는다. 얼마 전, 어린이집의 변기가 고장이 나서 물 막힘 현상이 일어난 것을 보고 집에서도 변기에 앉는 것을 무서워하기 시작했다. 그 뒤 손톱 끝을 억지로 뜯으려고 한다. 손가락은 주로 잠들기 전과 잠결에 빠는 편이다.

손가락 빨기는 영유아기에 흔하게 볼 수 있는 행동이다. 젖을 빠는 것처럼 욕구를 충족하고 마음을 진정시켜 준다고도 해석한다. 대부분 수유를 하지 않게 되면 자연스럽게 성장과 함께 빨던 행동이 사라진다. 하지만 더 오랫동안 손가락을 빠는 아동들이 있다. 보통 애정과 관심이 부족할 때, 결핍감이 심할 때, 무료하고 심심할 때, 동생 출생 후 퇴행 행동을 주요 원인으로 본다.

손가락을 빨거나 뜯는 행동은 일반적으로 정서적인 불안과 연관 지어 설명하는 경우가 많다. 불안정한 정서의 원인은 각각 다르지만 사례 I와 J의 경우처럼 손가락 빠는 행동이 동생 출생 후 더 심해지는 아동들이 있다. 동생이 태어나면 큰 아이들의 입장에선 가족 역동이 엄청나게 바뀐 것이다. 자신을 향한 관심과 애정이 동생에게 향하여 관심이 줄어들자 불안해하는 것이다. 애정이 줄어든 이유가 동생 때문이라고 생각하면 동생처럼 행동하거나 동생을 괴롭힐 수 있다. 더 이상 엄마에게 젖을 얻어먹을 수 없는 입장이 되어 다른 위안이나 만족을 찾게 된다. 그 중 하나가 손가락을 빠는 것으로 나타날 수 있다. 애정 욕구가 채워지지 않을수록 더 많이, 더 자주, 더 세게 빤다고도 한다. 손가락을 빨거나 뜯는 행동을 줄이기 위해 임시방편으로 못하게 야단치는 행동은 효과가 낮다. 아동을 둘러싸고 있는 변화된 환경과 부모자녀 관계에 대한 탐색이 필요하다.

사례 K 부자연스러운 시선처리와 친구에 대한 관심이 적은 36개월 여아

아동 K(여, 36개월)의 첫인상은 보통 키와 보통 체격으로 또래 수준 정도의 신체발달 상태로 보였다. 눈치를 보듯 자주 곁눈질로 주변을 보는 듯 시선

처리는 자연스럽지 못했다. 상담자의 말에 대답을 전혀 하지 않았다. 가끔씩 어머니의 얼굴에 자신의 볼을 부비고 다가가는 행동을 하거나 원하는 것이 있으면 손을 잡아끌었다. 어머니는 K가 부모 이외의 사람들과 말을 전혀 하지 않는다고 주 호소 내용에 기록했다. 어린이집에서 친구들이 같이 놀자고 옆으로 다가와도 밀치며 거부하고, 자기 뜻대로 되지 않으면 머리를 벽에 부딪힌다고 교사가 말해 위험할까 봐 상담을 하기로 하였다.

K는 의사표현을 주로 말 대신 비언어적으로 하고 있었다. 대기실에서 어머니의 손을 잡아끌거나 원하는 곳으로 먼저 가 손가락으로 꺼내라는 신호를 보냈다. 눈맞춤이 전혀 안 되는 것은 아니었지만 자연스럽지 않았다. 주변에 대한 경계가 심하고 자주 눈동자를 굴렸다. 불안해 보였는데 어머니에게는 스킨십을 하며 다가갔다.

어린이집에서 또래와 어울리는 것에 대한 관심이 적었다. 그 이유는 아동이 의사소통을 말로 하지 못하기 때문으로 보였다. 친구들이 다가와 놀고 싶다고 말해도 아동이 정확하게 파악하지 못하여 관계를 맺지 못하는 것으로 생각되었다. 그래서 친구들이 말을 걸거나 가까이 오면 경계하였다. K 정도의 나이라면 조금씩 친구에 대한 관심이 생기고, 또래의 언어와 행동을 모방한다. 이런 과정을 통해 자연스럽게 언어발달이 이루어져야 하는데 그러지 못하고 있었다. 집에서는 몸짓과 손짓을 하면 부모가 눈치로 K의 욕구를 해결해 주고 있어 큰 불편이 없어 보인다. 하지만 계속해서 말 대신 비언어적인 방법으로 의사표현을 많이 한다면 언어발달이 더 늦어질 가능성이 있다. 또래는 물론 주변 사람들과 의사소통을 하는 데 한계가 있을 것이 예상된다.

말을 제때 배우고 하지 못하면 다른 사람과의 상호작용에서 오는 즐거움을 이해하지 못할 수 있다. 이로 인해 상대방의 의도를 알아채는 능력이 느리게 발달하여 이해능력에도 문제를 보이는 게 당연하다. K는 의사소통의 어려움이 있으며 스스로 답답하고 힘들어지면 머리를 벽에 박는 자해행동도 나타내고 있어 주의 깊은 양육이 필요하다. 언어발달과 사회성 발달을 향상시키기 위한 치료적 접근이 시급해 보였다.

지금까지 취학 전 아동들의 첫인상과 주 호소 내용의 관련성을 보았다. 이제 조금 더 큰 초등학생들의 첫인상과 주 호소 내용을 통해 아동의 정서발달에 대한 이해를 해 보자.

사례 L 감정 조절이 어려워 화가 나면 무조건 소리부터 지르는 초등학교 4학년 남아

아동 L(남, 초등학교 4학년)의 첫인상은 보통 키와 마른 체형으로 작은 눈에 유난히 큰 뿔테 안경을 써서 얼굴이 더 작아 보였다. 함께 온 어머니와 외모가 많이 닮아 있었다. 상담자의 질문에 작은 소리로 웅얼거렸지만 대화를 못할 정도는 아니었다.

L의 주 호소 내용은 감정 조절이 안 되는지 속상하면 무조건 소리를 지르고 우는 것이다. 대화하는 방법을 잘 모르는 것 같다며 어머니가 상담을 신청했다. L은 학교에서 발표시간만 되면 유난히 위축되고 목소리가 작아진다. 동생과 집에서 놀 때에는 괜찮지만 공부만 하면 유난히 기가 죽는다. 학습 부담을 많이 느끼고 있어 보인다. 몸을 크게 움직이는 놀이는 즐거워하지만 말로 자신의 생각과 감정을 표현하는 것은 서툴다. 특히, 발표 상황이 되면 긴장하고 힘들어한다. 화가 났을 때 감정을 처리하는 능력이 미숙하다.

학업 성취에 대한 기대감은 높지만 발표나 학습 준비는 상대적으로 하지 않아 부족하여 자주 속상해한다. 스트레스를 느끼지만 여전히 별다른 노력을 하지 않고 공부는 뒷전이다. 집에서 원하는 결과가 나오지 않는 학습 상황이 되면 화가 나서 소리를 지르거나 운다. 반면, 학교에서 발표시간이 되면 목소리가 작아지고 긴장을 많이 해 결과가 더 좋지 않다. 이로 인해 자신감이 부족하다. 집에 와서 주로 가족에게 학교에서의 불만을 감정적으로 표현하는 것으로 생각되었다.

사례 M 집중력이 부족하고 산만한 초등학교 3학년 남아

아동 M(남, 초등학교 3학년)은 또래보다 훨씬 큰 키와 큰 체격으로 한두 살 정도 많아 보였다. 상하 같은 디자인의 운동복 차림으로 대화 중 양 손바닥으로 얼굴을 자주 가렸다. 고개를 책상에 닿을 정도로 숙이거나 펴면서 상체의 움직임이 많았다. 질문에 대답은 잘하였으나 이야기의 주제에서 벗어나는 경향을 보였다.

M은 집중력이 부족하고 주의가 산만하다고 담임교사가 어머니에게 말해 상담을 신청하였다. 평소에 큰 체격으로 움직임이 크고 활동량이 많아 주변 사람들이 가만히 있으면 좋겠다는 말을 자주한다. 학교에서 M과 실수로 부딪힌 친구들이 아프다며 때린 것이 아닌지 의심할 때가 있어 속상하다. 친구들을 귀찮게 한다는 오해를 들을 때가 있지만 그럴 의도는 전혀 없다. 가만히 앉아서 하는 활동은 재미가 없고 심심하다고 느낀다. 중학생인 형과 어려서부터 몸으로 하는 놀이를 자주 하며 자랐다. 이로 인해 부주의하고 산만해진 건 아닌지 의심이 든다고 어머니가 얘기하였다.

사례 N 친구들이 불편하다며 등교를 거부하는 초등학교 3학년 여아

아동 N(여, 초등학교 3학년)은 보통 키와 보통 체격으로 긴 머리에 커다란 리본 핀을 꽂았지만 반쯤 흘러내렸다. 이야기 중 눈을 위로 치켜뜨거나 놀란 표정을 자주 지어 어색하고 독특한 느낌을 주었다. 주 호소 내용은 짝이 마음에 안 든다며 최근 학교 가기를 싫어한다. 등교하기 싫은 날은 머리와 배가 아프다. 또래관계 문제로 스트레스를 받고 있다.

사례 O 외모 콤플렉스로 등교를 거부하는 6학년 여아

아동 O(여, 초등학교 6학년)는 또래보다 유난히 큰 키와 큰 체격으로 검은 피부가 눈에 띄었다. 최근 두통으로 내과, 이비인후과, 한의원까지 갔지만 이상 소견이 없다. 하지만 계속 두통을 호소하고 있다. 자주 어지럼증을 느껴 등교를 못하는 날이 많아지고 있다. 중학교에 가서도 지속될까 봐 걱정이 되어 왔다.

아동 N과 O는 둘 다 또래관계의 불편으로 등교 거부와 신체화가 나타나고 있다. N은 예민한 성격으로 매월 초 짝이 바뀌는 날이면 더욱 불편해하였다. 다른 학생보다 짝에 대한 불만이 많아 담임교사가 신경을 더 써 주고 있다. 하지만 목소리가 크거나 장난치는 남자 짝으로 바뀌면 유난히 등교하기 싫어한다. 짝이 자기의 책상을 건드리거나 실수로 학용품이 떨어지면 크게 소리를 질러 주변 친구들도 N을 싫어하는 편이다. 담임교사의 이런 보고와 달리 정작 N은 갈등의 원인을 주변 탓으로 돌린다. 모듬원을 한 명씩 지적하며 '걔는 이래서 싫고, 걔는 저래서 마음에 안 든다.'며 자주 투덜거린다. 집에 와선 자기 마음에 드는 친구가 없다고 하소연한다. 담임교사의 배려로 N만 짝을 여러 번 바꾸기도 하지만 N과 짝이 되는 것을 일부 아이들도 꺼리고 있다. 어머니는 N이 예민한 성격이라는 것은 알았지만 불편함을 이 정도까지 못 참는지 몰랐다며 힘들어하였다. N의 성격과 기질에 대한 이해가 필요해 보였다. 또래관계 개선을 위해 상대방을 공감하는 능력이 요구되었다.

O는 같은 반 남학생들이 자신의 큰 체격과 피부색을 놀리는 것에 스트레스를 받고 있었다. 남학생들보다 큰 키 때문에 남자 농구선수 같다는 말을 종종 들어왔다. 가끔씩 검은 피부색을 빗대어 초코우유라고 부르는 아이들이 있어 저학년 때부터 불편해하였다. 놀리는 학생들 앞에선 최대한 무시하는 척했지만 집에 오면 들은 말이 자꾸 생각이 난다고 했다. 외모에 대한 콤플렉스를 느끼고 있었다. 쉽게 달라질 문제가 아니어서 스트레스를 느끼면 두통과 함께 현기증을 호소하고 있다. 놀리는 대상에게 적절히 대처하는 것 같지만 스스로 외모 고민을 많이 하고 있다. 부정적인 자기 신체상으로 최근 등교하는 게 부담스럽다.

N은 또래관계에서 자기중심적인 사고를 많이 표출하고 있지만 갈등의 원인을 친구 때문이라고 인식하는 것이 문제였다. 이에 자기중심적인 사고에서 벗어나 갈등 상황을 보다 객관적으로 보는 자세가 필요해 보인다. 친구들도 N에 대한 불편함이 있지만 참고 있다. 불편을 참고 의사표현을 세련되게 하는 것이 필요하다.

O는 어릴 때부터 또래보다 발육이 빨라 조숙한 편이었다. 가족 모두 키가 크고 체격이 좋은 편으로 유전 요인이 있다. 개인차에 대한 이해가 필요하지만 사춘기로 외모에 대한 콤플렉스는 단시일 내에 바꾸긴 어려워 보인다.

큰 체격과 검은 피부에 대한 부정적인 이미지를 스스로 건강한 신체상으로 느끼는 것이 필요하다. N과 O는 모두 또래와의 관계에서 생긴 어려움으로 등교 거부와 신체화를 경험하고 있었다.

이상 앞에서 제시한 사례들은 첫인상과 주 호소 내용을 통해 아동의 문제를 이해하는 것들이었다.

첫인상과 더불어 내담자의 정서 상태를 파악하는 것이 중요하다. 정서 상태를 알아보기 위해 신경 써야 하는 내용을 살펴보자.

② 정서 상태

접수상담일에 내담자의 정서 상태를 관찰하는 것은 첫 상담을 어떻게 느끼는지 이해하는 데 도움이 된다. 아동은 성인에 비해 자기감정을 언어로 표현하는 것이 미숙하기 때문에 비언어적인 방법으로 정서를 표현할 수 있다. 상담자는 이와 관련된 내용을 이해할 필요가 있다. 상담에 온 아동의 정서 상태를 관찰하기 위해 무엇을 어떻게 봐야 하는지 생각해 보자.

불안이 높은 아동이 있다면 그 모습을 어떻게 확인할 수 있을지 떠올려 보자. 경직되고 긴장된 모습은 어디서 찾아볼 수 있을까? 예시를 통해 살펴보자.

부모와 함께 왔음에도 전혀 웃지 않고 표정이 굳어 있는 아동은 불안해 보인다고 할 수 있다. 대기실의 물건을 만지작거리기만 하고 놀지 못하는 경우, 목소리가 심하게 떨리거나 시선이 자주 이동된다면 역시 긴장하고 있는 것으로 파악된다. 이처럼, 상담에서 아동의 얼굴 표정이나 행동으로 불안한 정서를 이해할 수 있다. 아동이 환하게 웃고 있는지, 찌푸리고 있는지, 울면서 오는지, 오기 싫어서 부모에게 억지로 끌려오는지, 걸음걸이가 뒤처지는지에 따라서도 정서를 짐작할 수 있다. 얼굴 표정과 행동에 따라서 아동의 기분이 좋은지 안 좋은지 알 수가 있다. 슬픈 기색을 보이면 매우 힘든 일을 경험했거나 현재 그런 상태에 있을 가능성이 있다.

아동의 정서 상태는 말하는 속도, 상대방을 향한 시선, 특정 행동을 통해서도 알 수 있다. 걸음걸이를 예로 들어 보자. 한 아동이 어깨가 축 쳐져 느리게 걷고 있다. 어머니가 빨리 따라오라고 재촉해도 뒤처져서 걷는다. 무기력하거나 슬픈 아동일 수 있다. 다른 아동의 걸음걸이도 떠올려 보자. 빠르고 힘차게 걷는다면 활력 수준이 높은 아동일 수 있다. 인상을 유난히 찡그리거나 손톱을 빨거나 뜯는 것, 굳은 얼굴 표정, 손가락을 쉴 새 없이 움직이는 것으로도 상담 당일 정서 상태를 들여다볼 수 있다.

부모와 어느 정도의 거리를 두고 걷는지에 따라서도 정서 상태를 짐작할 수 있다. 상담실에 왔을 때 부모와 멀찍이 떨어져 들어오는 아동이 있고, 나란히 손을 잡고 오는 아동이 있다. 귀가할 때나 입퇴실 모습도 다르다. 부모의 손을 꼭 잡고 정겹게 차기상담을 기대하며 가는 아동은 즐거운 접수상담 경험을 했을 가능성이 높다. 부모와 떨어지는 것이 힘든 아동은 상담실에서 분리할 때 불안해한다.

이와 같이 접수상담에 온 아동의 다양한 정서 상태를 관찰하면 평상시 감정이나 자주 나타나는 정서, 감정의 기복 상태, 정서적 안정성에 대한 정보를 얻을 수 있다. 이런 내용은 평상시 아동과 부모와의 관계와 아동의 정서 일탈 여부를 이해하도록 돕는다.

제4장

접수상담의 실습

1. 의뢰과정
2. 대면과정
3. 면담과정

1. 의뢰과정

의뢰과정에서 부모가 중요한 의사결정을 아동 대신에 하고 있기 때문에 부모에게 전달하는 내용 위주로 실습하는 것이 좋다. 제2장에서 언급한 의뢰과정을 어떻게 진행할지 실습해 보자.

1) 접수상담에 대한 안내

(1) 상담의 필요성

자녀에게 상담이 필요한지 알기 위해 주로 부모가 문의하지만 가끔씩 친척, 지인, 교사도 있다. 상담문의는 대부분 전화로 이루어진다. 전화를 받으면 "어떤 내용으로 상담을 받고 싶으신가요?"라고 질문하면 된다. 질문에 따라 상담 이유나 주 호소 내용을 자연스럽게 이야기하도록 하고, 상담의 필요성을 확인한다. 최종적으로 상담 여부는 부모가 정하게 된다.

부모에게 기본적인 아동의 신상정보를 확인한 후 아동의 심리 상태나 행동에 대한 문의에 적절히 응답해야 한다. 기본적인 정보로는 상담을 하고자 하는 아동의 이름, 나이(혹은 생년월일, 학년), 성별이다. 아동의 나이와 성별을 알면 상담자는 부모가 문의하는 내용에 따라 각 영역의 발달상 어느 위치에 있는지 가늠할 수 있다. 구체적인 예를 들어 보자.

사례 P 최근 유치원 등원 거부를 하는 7세 여아

P의 어머니는 최근 갑자기 딸이 유치원에 가기 싫다며 엄마와 떨어지지 않으려 해 상담을 문의했다. 어머니의 이야기를 들어 보자.

여섯 살 때에는 괜찮았는데 일곱 살에 올라와서 유치원에 갑자기 안 가려고 해요. 내년에 초등학교에 입학해도 그럴까 봐 걱정입니다. 이대로 둬야 할지, 억지로라도 유치원에 보내야 할지 고민하다가 전화를 했습니다.

P의 어머니는 유치원 등교 거부가 일시적이면 다행이지만 초등학교 입학 이후에도 지속적으로 등교하길 싫어할까 봐 염려하고 있었다. P의 어머니의 전화를 받았다면 당신은 어떻게 전화로 상담 여부를 결정하도록 도울 것인가? 갑자기 나타난 딸의 행동으로 놀란 어머니의 마음을 먼저 진정시키기 위해 지나치게 걱정하지 말라고 말해 준다. 이후 차분하게 상담이 필요한지 생각하고 결정하도록 돕는다. 예시를 통해 어떻게 말할지 각자 떠올려 보자.

예시 1 작년에는 유치원을 잘 다녔지만 올 들어 P가 같은 유치원임에도 안 가려고 하는군요. 어머니와 떨어지기 싫어하고 유치원에 갈 때 심하게 울기도 하고요. 딸의 일로 마음이 힘드시고 걱정이 되어 전화를 하셨군요. 유치원을 처음 다닌 아이도 아니고 유치원을 옮긴 것도 아닌데 그런 행동을 최근에 갑자기 보여 많이 놀라셨겠네요. 간혹 그런 아동이 있습니다. 적응기간이 지났지만 여전히 등원하기 힘들다며 아침마다 울고 어려워한다면 왜 그런지 상담으로 원인을 찾아 딸에게 도움을 주는 것이 필요해 보입니다.

사례 Q 말할 시기가 지났음에도 거의 말을 하지 않는 33개월 남아

또 다른 아동 Q에 대해 생각해 보자. Q의 어머니는 아들이 또래보다 말이 늦다는 것은 알고 있었다. 30개월이 넘어도 Q가 말을 거의 하지 않아 주변 사람들도 상담을 권유해서 문의했다.

남편도 어렸을 때 말이 늦었다고 해서 지켜봤어요. 그런데 계속 말문이 안 트이는 것 같아요. 말귀는 알아듣고 시키는 행동은 하지만 소리로 말하는 건 거의 하지 않아요. '아빠' '엄마' '아니' '물 줘' 정도는 하고 있습니다. 언어치료를 해야 할까요?

어머니는 Q가 지시하는 것을 알아듣지만 또래보다 말이 훨씬 늦어 최근 걱정을 많이 하기 시작했다. 언어치료를 문의한 Q의 어머니에게 어떻게 안내할지 생각해 보라.

예시 2 말을 잘할 때가 되었지만 아직도 말문이 안 트인 것 같아 전화를 주셨군요. 언어치료를 고민할 정도라니 더 자세히 알아보고 싶겠어요. 어머니가 Q에게 말을 하면 지시는 따른다니 다행입니다. 또래보다 느린 언어발달을 보이는 아동들이 있습니다. Q에게는 먼저 청력검사가 필요해 보입니다. 검사가 가능한 이비인후과에서 진료와 검사를 받아 보세요. 진료 후 이상이 없다고 하면 한 번 더 연락을 주십시오. 또래보다 말을 늦게 하는 아동 중 평소 말을 배울 기회가 부족하거나 언어자극이 부족해서 말을 많이 안 하는 경우가 있습니다. 33개월이라면 더 늦추기보다 진료와 상담으로 빨리 도움을 주는 게 좋습니다.

처음으로 자녀에 대한 상담을 하는 부모는 상담을 떠올리거나 상담이 필요하다는 말만 들어도 걱정할 수 있다. 상담이 필요하다는 것을 아동이 큰 문제가 있는 것처럼 받아들이기 때문이다. 이런 부모의 심정을 헤아려 응대하는 것이 필요하다. 사례 P와 Q처럼 발달 상태가 개인마다 달라 각양각색의 모습을 보일 수 있다고 부모를 안심시켜야 한다.

동일하진 않지만 비슷한 행동이나 정서 상태로 상담을 하는 아동이 있으며, 상담을 통해 이전보다 좋아지거나 더 나빠지지 않는 아동이 많다는 것을 알려 준다. 즉, 상담이나 치료가 변화를 통한 성장이라는 것을 강조한다. 다음의 예시를 참고하여 근심하는 부모의 마음을 이완하도록 도움을 주자.

예시 3 상담을 막상 하려고 하니 더 걱정이 되었군요. 자녀와 똑같은 문제를 가진 아동은 없지만 비슷한 내용으로 상담하는 아동은 적지 않아요. 상담을 통해서 등원을 거부했던 아동이 다시 유치원에 잘 다니게 되는 일은 많습니다. 처음으로 상담을 하려니 생각만으로도 근심되시죠? 그럴 수 있습니다. 혹시 마음에 부담이나 주저함이 생긴다면 하루나 이틀 정도 더 생각한 후 연락을 다시 주셔도 됩니다.

P의 어머니는 유치원 교사에게 상담을 권유받았지만 상담문의를 하면서 막상 상담을 해야 할 것 같자 살짝 두려워졌다. P가 평소 수줍음이 많은 편이어서 신학기가 되면 하루이틀 정도는 등원을 싫어할 수 있다고 여겼다. 하지만 생각보다 시간이 꽤 지났음에도 유치원에 적응을 하지 못하자 걱정이 되었다. 다섯 살부터 계속 다닌 유치원이라 일곱 살이면 쉽게 적응할 줄 알았다. 하지만 오히려 분리불안까지 보여 더욱 힘들다.

나중에 접수상담을 통해 P가 새로운 담임교사와 다른 반에서 온 친구들 때문에 낯설어서 지난해보다 더 수줍어하고 긴장한다는 사실을 알게 되었다.

신학기엔 일시적으로 등원을 힘들어하는 아동이 있으므로 걱정보다 적응할 때까지 놀이치료를 통해 긴장을 낮추어 보도록 권했다. 이후 아동은 두 달 정도 놀이치료를 하면서 편하게 등원하게 되었다.

유치원 교사와 통화하여 가능한 한 아동을 유치원 입구에서 맞이해 주도록 했고, 여섯 살 때 같은 반이었던 친구와 등하원시 유치원 버스에서 나란히 앉도록 배려를 해 주었다.

P의 어머니는 초등학교 입학 후에도 비슷한 일이 생길까 봐 걱정하였지만 상담을 하면서 어머니의 마음이 변했다. 아동에 대해 미리 걱정하지 않기로 했으며, 만약 입학 후에 등교 거부를 하면 다시 원인을 찾아 도움을 주면 될 일이라고 바뀌게 되었다.

Q의 어머니는 남편이 어릴 때 또래보다 말을 늦게 시작했다는 시어머니의 이야기를 들었기 때문에 Q가 말이 늦었지만 계속 지켜봤다. Q의 친구 대부분은 말을 잘 알아듣고 표현도 곧잘 하였다. Q만 말을 못하는 것 같아 불안해졌다. 36개월이 가까워 오자 불안이 더 높아져 상담을 문의하였다. 스스로 표현하는 말이 많지는 않지만 말귀를 알아듣고 행동할 줄 알아 괜찮아 보였다. Q의 발달 연령을 고려하여 이비인후과 진료와 언어평가에 대한 정보를 제공해 주었다. 이후 상담절차에 대해 안내하였다.

(2) 접수상담자 소개

상담을 누가 하는지 소개하는 것이다. 상담자의 이름과 전문 상담 영역에 대해서 간단히 소개하면 된다. 부모가 궁금한 것이 더 있다면 관련 정보를 추가로 제공해 준다. 이때 기관의 홈페이지가 있다면 원하는 내용을 찾아보도록 안내한다.

예시 1 아동심리치료를 전공한 ○○○ 상담자가 첫 상담을 합니다. 학력이나 자세한 경력을 알고 싶다면 저희 기관의 홈페이지에서 상담자 소개란을 참고해 주세요. 홈페이지 주소는 다음이나 네이버 검색창에 상담실 이름을 입력하면 됩니다.

예시 2 저희 기관의 상담자는 모두 석사 이상의 학력으로 아동과 심리학을 전공하였습니다. 아동상담 시 부모상담을 같이합니다. 더 궁금하신 내용이 있으신가요?

부모는 상담자에 대한 관심이 매우 높다. 만약 예약을 하면 상담자의 이름 정도는 미리 알려 주어 첫 시간에 더 익숙하도록 하자. 첫 상담이 아무리 편해도 어색하다. 상담자는 어색함과 불편을 줄이고 쉽게 이야기하도록 한다. 만약 다른 기관이나 지인의 소개로 특정 상담자를 지정한다면 원하는 상담자와 일정을 맞춰 준다.

예시 3 아, 전에 상담했던 지우 어머니 소개로 전화하셨군요? 원하시면 지우를 상담했던 상담자 시간에 상담을 예약해 드리도록 하겠습니다. 그분은 저희 기관의 ○○○ 소장입니다. 희망하는 요일과 시간이 있으면 먼저 말씀해 주세요. 가능한 한 원하는 상담자와 상담할 수 있도록 안내를 해 드리겠습니다.

상담문의 시 누군가의 소개를 받았다고 하면 희망하는 상담자가 따로 있는지 예시 4처럼 물어봐도 된다.

예시 4 저희 기관은 여러 명의 상담자가 있습니다. 혹시 원하는 상담자가 있으신가요?

소개받은 상담자와 상담을 희망하는 경우에는 원하는 요일과 시간이 맞지 않을 때를 제외하고 가급적 원하는 상담자와 상담할 수 있도록 배려해 준다.

(3) 상담시간과 상담비용

상담비용은 대부분 상담시간에 비례한다. 상담비용은 기관마다 차이가 있고, 기관 안에서도 상담자의 경력에 따라 다른 비용을 받는 경우가 있다. 보통 경력이 많은 상담자일수록 비용이 높은 편이고, 상담시간이 길어질수록 상담비용도 많아진다.

가끔씩 여러 곳에 상담문의하는 부모 중에 상담실마다 비용의 차이가 있는 이유를 묻기도 한다. 상담실 운영에 따라 상담비용의 차이가 날 수 있다는 사실을 알려 준다. 예를 들면, 상담실이 위치한 환경에 따라 임차료가 다를 것이다. 임차료, 상담자의 보수와 같은 운영경비가 차이나기 때문에 상담비용도 다르게 받을 수밖에 없다. 대부분의 사설 상담실은 내담자가 지불하는 상담비용으로 운영을 하기 때문이다. 상담실 안에서도 상담자의 학력과 경력에 따라 보수가 차등 지급된다. 이러한 조건 때문에 상담실마다 받는 상담비가 다른 것이다. 상담시간과 비용에 대해 안내해 보자.

예시 1 첫 상담 시간은 한 시간입니다. 1회 상담비용은 10만 원(또는 다른 비용)입니다.

예시 2 상담비용이 다른 이유는 상담실의 위치나 상담자가 가진 경력이 다르기 때문입니다. 여러 가지 환경에 따라 반영된 금액을 받고 있습니다.

예시 3 상담실마다 비용에 차이가 있는 것은 운영 주체가 달라서이기도 합니다.

사설 기관은 상담료만으로 운영하기 때문에 조금 더 비용이 높다고 느낄 수 있어요. 정부나 지방자치단체의 보조금을 받아 운영하는 기관은 사설 기관보다 저렴한 곳도 있습니다. 원하면 그곳으로 문의하셔도 됩니다.

예시 4 저희 기관은 개인이 운영하는 유료 기관입니다. 무료 상담 기관을 원하면 해당 기관도 있으므로 찾아서 문의하시면 됩니다.

간혹 전화상담이 가능하냐고 묻거나 무료 상담 기관인지 물어볼 때가 있다. 상담실 이름만 알고 전화로 문의하는 경우가 많아 유무료 기관 여부를 잘 모를 수 있다. 따라서 상담자의 소속 기관에 맞게 안내하고 전화상담이나 무료기관이 있다면 해당 기관의 연락처나 기관명을 알려 준다. 다음과 같이 안내해도 좋다.

예시 5 무료 상담을 원하시는군요. 인터넷 검색으로 정보를 찾아보십시오. ○○시 청소년복지센터에서 운영하는 상담 기관 중 일부 무료인 곳이 있다고 합니다.

상담에 대한 문의는 접수상담의 첫 단추와 같은 역할을 한다. 상담이 내담자에게 심리지원서비스를 제공하는 것이라면 상담자 역시 부모나 보호자에게 필요한 정보를 최대한 전문적으로 안내해 주는 것이 좋다.

(4) 예약 및 예약금 송금방법

상담문의에 대한 일반적인 안내(상담의 필요성, 상담자 소개, 상담시간, 상담비용)를 모두 듣고 상담을 하기로 결정했다면 신청할 것이다. 상담신청은 대부분 예약으로 진행한다. 접수상담은 최소 한 시간 정도는 소요되기 때문에 불필요한 기다림을 막기 위해 가능한 한 사전 예약제로 운영한다. 의뢰과정의 끝은 상담예약으로 마무리할 수 있다.

예약 업무는 상담일과 상담시간을 정하고 예약금이 있으면 금액과 지급방법을 안내한다. 예약금은 상담 취소를 줄이고 상담에 대한 동기를 재확인하기 위한 것으로, 상담자의 상담시간을 보호하기 위한 조치다.

예시 1 상담은 6월 1일 오후 3시가 가능합니다. 저희 기관은 예약금이 있습니다. 예약금을 먼저 입금해 주셔야 상담신청이 확정됩니다. 예약금은 첫 상담비용 10만 원 중 2만 원입니다. 예약을 원하시면 예약금 송금에 대한 안내를 해 드리겠습니다.

예약금은 주로 계좌 송금이나 직접 납입하도록 한다. 전화 예약인 경우에는 송금 안내를, 방문 예약은 직접 지불하도록 하는 것이 좋다. 계좌 송금은 송금할 은행명, 계좌번호, 예금주, 금액 등을 정한 기준일까지 보낼 수 있도록 안내한다. 이때 문의자에게 휴대전화가 있다면 문자 서비스로 알려 주는 것이 보다 쉽게 기억할 수 있는 방법이다.

예약금 송금 안내 문자는 다음 예시처럼 보낼 수 있다.

예시 2 [○○상담센터] 안녕하세요. 김우주 부모님! 5월 28일까지 예약금 2만 원을 다음 계좌로 송금해 주세요. (○○은행 계좌번호 123-456-78910 / 예금주 ○○상담센터, ○○○). 송금자는 아동 이름으로 부탁드리며, 예약금 입금이 확인되면 6월 1일 상담신청이 확정됩니다.

만약 예약금이 안내 계좌로 송금되었다면 부모에게 전화나 문자로 송금 확인 사실을 알려 주고, 다시 한 번 접수상담일을 기억할 수 있도록 일정을 안내한다.

예시 3 [○○상담센터] 예약금이 확인되어 김우주에 대한 접수상담이 6월 1일 오후 3시에 신청되었습니다. 상담 당일 예약시간보다 15분 일찍 도착을 부탁드립니다. 상담신청서와 개인정보 수집 및 이용 동의서 작성을 위해서입니다.

2) 추가내용 안내

접수상담을 예약했다면 이제 상담일에 상담자와 내담자가 만나는 일만 남았다. 만약 예약일로부터 접수상담일까지 일주일 이상 지나야 한다면 상담일 하루나 이틀 전에 다시 한 번 안내로 잊지 않도록 한다. 개인마다 서류를 작성하는 시간의 차이가 있지만 보통 약 10~15분 정도 소요되므로 15분 전에 도착하도록 안내하는 것이 좋다. 시작시간보다 늦게 도착하거나 상담신청서 작성이 늦어지면 정해진 상담시간을 충분히 사용하지 못한다. 시간이 부족해지면 효율적인 상담을 못하기 때문에 예방 차원에서 사전에 시간 안내를 해 주는 것이 중요하다.

(1) 접수상담일 안내

상담일과 상담시간을 다시 한 번 확인해 준다. 확인방법은 문의자의 연락처로 직접 알려 주거나 문자서비스를 이용한다. 두 가지 다 해 주어도 무방하다.

예시 1 [○○상담센터] 김우주의 상담일은 2019년 6월 1일 오후 3시입니다. 상담시간보다 15분 정도 일찍 와 주세요. 상담신청서와 개인정보 수집 및 이용 동의서를 작성하기 위해서입니다.

상담문의 시 특별한 돌봄이 요구되는 아동으로 파악된 경우에는 안내에 더 신경 쓴다. 예를 들어, 분리불안이 심해 부모와 떨어지는 것이 힘든 아동이라면 가능한 한 부모면담을 할 때 아동을 돌봐 줄 수 있는 사람과 동행하도록 예시와 같이 부탁한다.

예시 2 우주가 엄마랑 떨어지는 것을 힘들어하면 어머니 상담시간에 함께 돌봐 줄 분이 같이 오면 좋겠습니다.

아동을 돌봐 줄 다른 상담자가 있더라도 첫 상담만큼은 부모나 가족이 돌보는 것이 바람직하다. 이는 아동의 특성을 모르는 상황에서 생길 수 있는 문제나 심리적 소진으로 부정적인 영향을 주는 것을 예방하기 위해서다. 분리불안의 문제가 없는 아동이라면 아동과 부모만 방문하도록 안내한다.

(2) 아동에게 접수상담에 대해 설명하기

아동에게 첫 상담에 오는 것을 부모가 알려 주는 것이 필요하다고 앞에서도 언급했다. 아동의 나이와 성향 등을 고려하여 부모가 상담을 왜 신청했는지, 언제 가는지에 대해 미리 알려 줘야 한다. 상담자가 부모와 상담하는 시간에 아동이 따로 떨어져 기다릴 수 있다는 것을 미리 말해 아동이 불필요하게 불안해하지 않도록 도와준다. 부모가 어떻게 자녀에게 접수상담에 대해 설명할지 궁금해한다면 다음의 예시처럼 안내해 보자.

예시 1 어머니가 자녀에게 상담에 오는 이유를 솔직하고 간단하게 말하면 됩니다. 상담은 부모가 궁금한 것을 알기 위해 상담자를 만나러 가는 것으로 이해하도록 설명해 주세요. 상담자와 어머니가 이야기할 때 할머니와 기다릴 것이라고 미리 알려 주세요. 예를 들면, 아동에게 "엄마는 너를 더 잘 도와줄 수 있는 방법을 알기 위해 할머니와 상담에 같이 가기로 했어. 상담 선생님이 너와 같이 오라고 해서 우린 다음 주 수요일에 함께 갈 거야."라고 말해 주면 좋을 것 같습니다.

(3) 상담실 이용 정보

상담실을 이용하기 위해서 관련 정보를 미리 제공해 준다. 대부분 위치에 대한 정보를 제일 궁금해한다. 위치 정보는 상담실의 주소나 전화번호, 상호만 알려 주면 된다. 최근에는 위치 정보 서비스를 이용하기 때문에 보다 쉽게 찾아올 수 있다. 주차 여부도 많이 질문하기 때문에 주차가 가능한 건물이라면 관련 이용 안내를 함께한다.

예시 1 지하철로 오시면 4호선 8번 출구로 나오셔서 사거리 방향으로 직진하시다 도서관 건물을 찾으세요. 도서관 옆에 있는 5층 건물입니다. 역에서 도보로 약 5분 거리에 있습니다. 건물 1층에는 OO은행이 있습니다.

예시 2 위치검색서비스에서 지혜도서관을 검색하고 오면 더 편리합니다. 도서관 바로 옆 건물입니다. 주차장 입구는 건물 뒤편에 있습니다. 2시간 동안 무료 주차가 가능합니다.

상담 문의와 예약 등 의뢰과정에 대한 전반적인 안내를 마쳤다. 내담자가 접수상담자를 만나기 전에 이루어지는 의뢰과정 안내는 상담시간 못지않게 중요하다. 때때로 의뢰과정에서 상담 여부를 결정할 수도 철회할 수도 있다.

그런 만큼 상담자나 관련 업무자들은 상담문의와 예약 업무를 보다 전문적으로 수행할 필요가 있다. 모든 절차를 숙지하여 전문적이고 친절한 안내를 하는데 익숙해져야 한다.

2. 대면과정

상담일이 되면 부모는 아동과 접수상담자를 만나러 온다. 접수상담자는 면담 전 대기실이나 별도의 데스크에서 내담아동과 부모를 첫 대면한다. 이런 과정에서 접수상담자가 어떻게 해야 할지 실습해 보자.

1) 환영과 인사

접수상담자가 내담자를 첫 대면했을 때, 환영과 인사를 나누는 것이 서로에게 좋은 인상을 줄 수 있다. 가장 먼저 상담자는 예약된 내담자가 맞는지 확인한다. 이후 환영의 말과 상담실과 상담자를 소개한다. 아동상담에서는 부모와 아동 모두와 인사를 나눈다. 상담자가 부모에게 인사를 건넬 때 명함을 주는 것도 좋다.

예시 1 어서 오세요! 3시에 상담 예약을 한 최유진 어머니 맞으신가요?

예시 2 오늘 유진이 상담을 하게 될 상담자 박현주입니다.

예시 3 안녕, 반가워! 유진아, 여기 처음 와서 어색하지? 선생님 이름은 박현주야.

대면과정

환영과 인사

환영하고 서로 인사를 나누었다면 가볍게 할 수 있는 주제로 잠시 대화하는 것이 분위기를 편하게 해 준다. 예를 들면, 당일 날씨와 기분 같은 것이다. 서로 쉽게 묻고 답할 수 있는 내용이 자연스럽다. 혹시 아동이 먼 곳에서 왔거나 부모가 상담실의 위치를 잘 찾지 못해 오면서 여러 번 전화를 걸었다면 그와 관련된 것을 말해도 좋다. 상담 당일 부모와 아동의 정서 상태는 편안한 마음으로 상담을 시작하는 데 영향을 준다. 좋은 첫인상과 긍정적인 기분에 따라 자연스러운 분위기로 출발할 수 있으므로 가능한 한 상담자가 내담자에 대한 관심을 먼저 보여 준다.

예시 4 오전에 계속 비가 내렸는데 지금도 비가 오나요?

예시 5 눈 내리는 길이었을 텐데 혹시라도 불편한 건 없으셨는지 모르겠군요.

예시 6 집부터 여기까지 시간은 어느 정도 걸렸나요?

예시 7 시간에 잘 맞춰 도착하셨네요. 들어오시면 안내해 드리겠습니다.

예시 8 주차하는 데 어려움은 없었는지 모르겠습니다.

예시 9 전화로 건물 위치를 여러 번 물어보셨는데 혹시 찾기 힘드셨나요?

예시 10 여기 올 때 다른 어려움은 없었는지 궁금합니다.

첫 대면 시 서로 주고받기에 부담이 적은 주제로 내담자에 대한 상담자의 관심이 진심으로 느껴지도록 하는 것이 필요하다. 최대한 첫 상담에서 오는 낯설음과 긴장에서 빨리 벗어나 상담환경에 조금이라도 익숙해지도록 돕는 것이 중요하다.

아동에게 환영과 인사를 나누는 것은 부모와 거의 비슷하다. 부모와 달리 상담자는 아동에 대한 첫 느낌을 말하는 것이 자연스럽다. 아동이 쉽게 이해하고 반응할 수 있는 주제가 좋다. 예를 들면, 아동의 옷차림이나 인상적인 모습에 대한 것이다. 다음의 예시처럼 아동에게 할 수 있는 주제를 생각해 보자.

예시 11 빨간 모자를 쓰고 있네. 머리카락을 염색했구나.

예시 12 티셔츠에 토끼 그림이 있구나. 토끼 얼굴이랑 귀 모양이 참 귀엽네.

예시 13 우산을 들고 왔네요. 혹시 밖에 비가 오나요?

만약 아동이 억지로 온 것처럼 보이거나 새로운 환경이라 바짝 긴장한 모습이라면 경계를 풀도록 한다. 일부 아동은 좋지 않은 감정으로 왔을 가능성이 있다. 불편함을 보이는 아동이라면 기분과 마음을 이해하여 더 세심하게 환영과 인사를 할 수 있어야 한다.

예시 14 여기가 어딘지 모르고 왔나 보구나. 괜찮아, 선생님이 알려 줄 수 있어.

예시 15 처음이라 많이 어색하지? 괜찮아. 엄마랑 계속 같이 있을 거야.

예시 16 엄마 뒤에 있는 것을 보니 무언가 낯선가 보구나. 그럼, 천천히 들어와도 돼.

예시 17 많이 어색하지요? 처음 보는 어른도 있고. 같이 일하는 상담 선생님이야. 여긴 상담실이란 곳이야. 안쪽에 들어오면 장난감도 있단다. 아빠랑 같이 들어와 볼래?

예시 18 올 때 무슨 일이 있었는지 모르겠지만 기분이 좋아 보이지 않네?

예시 19 혹시 오면서 힘든 게 있었어요?

부모가 미리 상담에 대해 설명을 해 주었더라도 아동은 낯설고 어색해할 수 있다. 상담동기가 낮은 아동은 더 그렇다. 게다가 자신이 왜 이곳에 왔는지, 무엇을 하는지 모른다면 부모가 곁에 있어도 긴장되고 불안하다. 새로운 상담자와 상담실 환경이 낯설고 두려울 수 있다. 처음보는 상담자가 말을 시키는 것조차 마음에 들지 않을 수 있다. 가끔 이런 아동은 상담자의 환영에도 반응을 보이지 않고, 인사조차 외면한다. 혹은 너무 불안해서 울고, 화가 난 모습으로 인상을 쓴다. 상담자나 부모에게 직접적으로 거절의 말을 하거나 거부적인 모습을 보일 수 있다.

필자가 오래전에 만난 한 아동은 상담시간에 딱 맞춰서 왔지만 상담실 밖에 있었다. 어머니가 복도를 서성이는 아동의 이름을 여러 번 불렀지만 쉽게 마음을 열지 않았다. 어쩔 수 없이 어머니와 함께 복도로 아동을 직접 만나러 갔다. 필자가 인사를 했지만 무반응이었다. 쳐다보기는 커녕 어머니에게 빨리 집에 가자고 재촉만 했다. 심지어 어머니의 옷을 잡아끌며 징징거렸다.

약속시간이 지나고 있어 꼭 해야 하는 상담이라고 설명했지만 기분을 풀려고 하지 않았다. 어머니에게 이유를 아는지 물어보니 아동이 방과 후 친구들과 놀기로 했는데 상담실에 가는 것을 엄마 마음대로 정해서 기분이 나빠서, 오는 동안 계속 화를 냈다고 한다. 10여 분 동안 복도에서 이야기하며 아동에게는 아무것도 안 해도 좋으니 안에서 기다리라고만 했다. 다행히 여름이라 에어컨이 가동 중이라 문을 열어 놓을 수 없고 복도는 덥다고 하자 아동이 느리게 따라 들어왔다. 하지만 그 날 아동은 면담에 협조하지 않았다. 결국 어머니와만 면담하고 아동은 다른 날 면담했다.

이럴 땐 난감하지만 어쩔 수 없다. 침착하게 아동의 거부감을 감소시키는 일이 먼저다. 혹시라도 계속해서 저항을 한다면 아동과의 면담시간을 미루는 것이 최선이다. 한 아동은 평소 어디를 간다고 미리 말하면 언제 갈 거냐고 귀찮을 정도로 물어봐서 상담을 예약하는 날 딱 한 번만 말해 주고 당일에 말없이 데리고 왔다. 공교롭게도 앞의 아동처럼 친구들과 방과 후에 놀기로 약속했던 것을 모르는 어머니가 상담실에 가자고 하자 화가 난 것이다. 아동과의 첫 대면이 항상 순조로운 것은 아니다.

접수상담자의 예상과 빗나가는 상황은 의외로 많다. 화가 난 마음을 풀지 않은 아동들은 바로 면담하기가 어렵다. 이런 경우에는 부모가 아동의 마음을 풀어 주고 아동의 입장을 충분히 이해하고 미리 아동의 약속을 고려하지 못한 것을 사과하도록 돕는 것이 좋다. 여러분이 이런 아동과 대면한 상황이라면 아동과 어머니에게 어떻게 할 수 있을지 생각해 보라.

예시 20 친구들이랑 놀지 못하고 온 모양이네. 선생님도 빨리 집에 가게 해 주고 싶어. 유진이가 친구랑 약속 있는 것을 엄마가 몰라서 학교 앞에서 기다리셨나 봐. 미안하시겠다. 그래도 오늘은 엄마랑 왔으니까 선생님과 조금이라도 얘기하고 가는 건 어때? 엄마랑 선생님이 얘기하는 동안 기다려 주고 얘기 끝난 후 집에 가면 좋겠어.

예시 21 유진이가 안에 들어와서 기다려 주면 좋겠어. 복도에 계속 이렇게 있으면 엄마랑 선생님이 유진이가 걱정이 되서 이야기를 나눌 수가 없거든. 오늘은 힘들면 유진이는 얘기를 안 하고 엄마만 할게. 그래도 밖에서 있는 건 안 돼. 안에서 기다리자.

예시 22 어머니가 유진이에게 직접 말해 주세요. 오늘은 엄마만 할 거라고. 억지로 오게 해서 미안하다고 같이 말해 주세요. 중요한 이야기를 하러 온 거니까 유진이에게 엄마를 도와주면 좋겠다고 해 주세요. 같이 들어가고 싶다고도 말해 주시고요.

대부분의 아동은 이 정도까지 정성을 다해 이야기하면 들어 주는 편이다. 그러나 간혹 끝까지 거부하고 부모까지 상담을 못하게 하는 아동이 있다. 접수상담자 이외에 도움을 줄 수 있는 다른 상담자가 있다면 협력하는 것이 좋다. 접수상담자는 부모와 상담을 시작하고 다른 상담자가 아동과 같이 있는 것이다.

아동의 당일 상황을 고려하지 않고 상담에 올 경우 드물게 아동이 상담을 강하게 거부하여 겪는 일이다. 이런 일을 예방하기 위해서 의뢰과정에서 사전 안내를 해 줄 것을 강조한 것이다. 다음은 강하게 거부감을 드러냈던 한 아동에게 필자가 사용한 방법이다.

예시 23 엄마가 오시기 전에 미리 상담하는 돈을 내셨어. 선생님이 유진이 시간이 끝나면 다른 아이를 만나야 해서 계속 더 같이 있고 싶지만 그럴 수가 없네. 대신 여기 계신 김 선생님이 같이 있어 줄 거야. 오늘 엄마랑 얘기를 꼭 해야 해. 미리 약속했거든. 조금 이따가 엄마랑 선생님은 상담실 안으로 들어갈 거야. 아직 마음이 안 풀려서 여기 있고 싶다면 김 선생님이랑 들어오고 싶을 때까지 기다려 줄래? 유진이가 대기실에서 기다리는 게 엄마랑 선생님을 도와주는 일이란다. 힘들어도 선생님 부탁을 들어 주면 좋겠어.

거부감을 드러낸 아동은 두 명의 상담자가 나온 것이 신경이 쓰였는지, 저절로 마음이 풀어진 건지, 두 가지 모두인지 천천히 걸음을 옮겨 상담실 안으로 들어왔다. 거부감을 보이는 아동일지라도 보통은 상담자가 어떻게 마음을 풀어 주고 다시 안내하느냐에 따라 조금씩 거부적인 태도를 철회한다. 억지로 온 것 때문에 생길 수 있는 불편함을 충분히 공감해 주고 면담을 원하지 않으면 아동면담은 생략할 수 있다고 말해 준다. 아동이 보인 태도 자체가 아동을 이해하는 자료로 의미가 있다. 부모로부터 얻는 정보가 아동에 대한 이야기가 되기 때문에 이런 어려움이 생기면 첫날 부모만 해도 괜찮다.

첫 대면에서 상담자를 당황스럽게 하는 아동을 만나더라도 침착해야 한다. 한 아동은 오기 전부터 기분이 나빴는지 계속 큰 소리로 어머니에게 신경질을 부리고 발길질까지 하였다. 엄마를 때리면 안 된다고 하자 상담자를 향해 "선생님은 상관 마!"라며 더 크게 소리를 질렀다. 계속 거부적인 태도를 보였다. 그 아동을 기다리게 하는 것은 쉽지 않았다. 어머니와 상담하기 위해 다른 상담자를 소개하려고 했지만 동료 상담자에게 침을 뱉었다. 다행히 침은 바닥에 떨어졌고 모두 당황했다. 필자가 "무슨 일인지 모르겠지만 화가 많이 난 모양이네. 그렇더라도 사람한테 침 뱉는 건 하면 안 되는 행동이야."라고 말하고 다른 상담자에게 사과하면 좋겠다고 하자 거절했다. 혀를 내밀어 "메롱!"으로 거절에 대한 표현을 해 동료상담자의 마음을 더 불편하게 했고, 지시를 계속 따르지 않았다. 놀란 어머니가 아동을 야단치고 사과하라고 타일렀지만 아랑곳하지 않았다. 그 순간 어머니가 "이래서 왔어요."라고 말했다.

필자가 아동에게 사과하기 싫으면 어쩔 수 없지만 침 뱉는 것은 사과할 일이라고 말해 준 뒤 "오늘은 처음이니까 우리가 용서해 줄게. 다음에는 그러지 않았으면 좋겠어. 화난 마음은 이해해."라고 했다. 아동 대신 어머니와 필자가 다른 상담자에게 사과했다. 이 모습을 지켜본 아동은 잠깐 수그러들었지만 끝까지 사과하진 않았다. 이후 상담자의 말에 반응을 보이지 않고 어머니에게만 당장 집에 안 가면 혼자라도 갈 거라며 짜증을 부렸다.

어머니가 아동 혼자 집에 갈 수는 없다고 했지만 막무가내였다. 상담자가 아동에게 싫어도 어머니 상담이 끝날 때까지 기다려야 된다고 알려 주었다.

아무것도 하지 않아도 되지만 대기실 밖으로 나가는 일은 안 된다고 말해 주었다. 원하면 대기실의 장난감은 얼마든지 갖고 놀아도 좋다고 하고 상담실 안으로 어머니와 들어갔다.

다른 상담자에 의하면 어머니가 필자와 들어가자 한동안 아동은 소파에 가만히 앉아만 있었다. 이후 심심한지 쿠션의 지퍼를 손가락으로 계속 여닫다가 말없이 블록 장난감을 꺼내서 무엇인가를 만들기 시작했다고 한다. 이런 아동의 사례는 필자도 매우 드물게 만날 만큼 일반적이지 않다. 면담 전부터 상담자와 실랑이를 하는 아동이 오더라도 전문가로서 의사소통기술과 아동의 문제 행동을 지도할 수 있어야 한다. 아동이 기다려 주지 않으면 접수상담을 시작할 수 없기 때문이다. 침을 뱉고 마음대로 하려는 아동의 행동에 대해 단호하게 상담자가 한 번 더 말했더니 오히려 어머니와 면담이 끝날 때까지 더 이상 방해 없이 잘 기다렸다. 그 아동에게 제한 상황을 지도한 예시를 보자.

예시 24 침을 뱉는 건 하면 안 돼. 잘못했을 때에는 사과하기 싫어도 하는 거야. 하지만 오늘은 네가 너무 하기 싫어하니까 엄마가 대신 하신 거란다. 다음엔 실수로라도 잘못을 하면 사과하는 것을 배워야 해. 다른 사람도 선생님처럼 기분이 안 좋을 수 있거든. 다음부터는 누구한테도 침을 뱉지 않았으면 좋겠어. 이렇게 말하는 것은 널 야단치는 게 아니라 네가 잘 모르는 것을 배우라고 알려 주는 거란다. 엄마도 똑같은 마음일 거야.

예시 25 혼자 집에 가는 것은 엄마가 안 된다고 하셨잖아. 그건 선생님도 마찬가지야. 엄마가 이야기를 마치고 나와야만 집에 갈 수 있어. 그것도 하기 싫지만 참고 기다려야 해. 밖에 혼자서 허락없이 나가는 건 안 되지만 여기서 기다리는 건 괜찮아. 엄마랑 이야기를 바로 시작할 테니까 꼭 여기서 기다려 줘. 도움이 필요하면 데스크에 계신 김 선생님한테 얘기하면 도와주실 거야. 힘들지만 잘 기다려 줄 거라 믿어.

아직까지 기억나는 또 다른 아동이 있다. 앞의 아동처럼 엄마가 맘대로 자신을 데려왔다며 자기도 마음대로 할 것이라고 했다. 엄마가 집에 데려다 주지 않으면 혼자라도 집에 갈 것이라고 했다. 엄마는 평상시 아동이 자기 마음대로 하는 것이 강해 학교에서 원하는 대로 안 되면 수업을 방해하여 교사가 힘들다며 상담을 권했다고 밝혔다.

엄마가 먼저 상담실 안으로 들어가자 아동이 정말로 상담실 밖으로 나가 버렸다. 모두가 놀라서 뒤따라갔지만 혼자서 엘리베이터를 타고 주차장까지 갔다. 다행히 주차한 엄마의 승용차 앞에서 서성였다. 엄마가 아동을 만나 겨우 달래서 다시 상담실로 데리고 오긴 했지만 첫 대면부터 쉽지 않은 아동이었다. 상담을 하려는 이유가 저절로 이해가 될 정도였다. 아주 드물게 만나는 저항이 심한 이런 아동과의 첫 대면은 경험 많은 접수상담자조차 당황스럽다.

상담을 통해 변화하고 성장하는 아동의 모습을 지켜보는 것은 보람된 일이다. 하지만 때때로 평범하게 관계를 시작할 수 없는 아동이 찾아오면 순간 '이게 무슨 일이야?'란 생각에 당혹스럽다. 인간적이고 전문적인 자질과 자세를 갖춘 상담자의 모습이길 바라지만 만만치 않은 상대를 만난 것 같아 식은 땀마저 날 수 있다.

첫 대면부터 강한 저항이나 불편함, 높은 불안으로 상담자를 당황하게 하는 아동을 만나더라도 전문적으로 잘 대처해 나가길 바란다. 접수상담자는 아동과 부모의 정서 상태를 충분히 이해하여 그에 맞는 적절한 대처를 해야 한다. 부모와 아동이 상담자를 신뢰하여 상담에 대한 두려움을 줄이고 진심으로 마음의 문을 열어 편안하게 상담에 참여할 수 있도록 노력해야 한다.

2) 접수상담자 소개

새로운 상담자를 만나는 일은 부모와 아동 모두에게 기대감도 있지만 불편할 수 있다. 부모는 성인이기 때문에 상담자의 이야기를 쉽게 이해하고 아동보다 더 빨리 긴장이 감소되는 경향이 있다. 하지만 아동은 친숙한 부모의 도움이 없다면 불편을 줄이기 어려울 때가 있다. 따라서 상담자는 먼저 자연스럽고 편안하게 자신을 소개하고 대면하는 것이 좋다. 소개할 때 상담자의 직함이 있다면 이름과 함께 밝히는 것도 괜찮다.

접수상담자가 부모와 아동을 직접 환영하고 소개하는 것이 보다 바람직하다. 그러나 앞에 다른 상담이 있거나 별도의 안내 직원이 있다면 상담자를 나중에 소개해도 된다. 부모와 아동에게 자신을 소개하는 방법에 대해 생각해 보자.

상담자 소개

예시 1 오늘 유진이를 상담하게 될 상담자 박현주입니다.

예시 2 전화로 상담문의를 하셨을 때 안내 드린 박현주 소장입니다.

예시 3 어머니, 이쪽은 오늘 유진이와 상담하게 될 소장님입니다.

아동에게도 부모와 마찬가지로 이름을 알려 준다.

예시 4 오늘 유진이랑 상담할 박현주선생님이야.

예시 5 오늘 유진이랑 이야기하고 놀이도 할 박현주소장이야.

상담업무가 구분되어 있다면 소개하면서 말해 준다.

예시 6 아동상담을 담당하는 박현주입니다.

예시 7 첫 상담을 하게 될 이소영입니다.

예시 8 부모상담과 심리검사를 하는 이소영입니다.

상담자가 내담자를 맞이하여 자신을 소개하는 곳은 주로 첫 대면을 하는 데스크나 대기실이다. 상담실에서 대면할 수도 있지만 아동상담에서는 가급적 면담 시작 전에 상담자가 부모와 아동과 자연스럽게 대기실에서 인사를 나누고 소개하는 것을 권하고 싶다. 왜냐하면 아동상담의 특성상 어린 아동과 신뢰를 형성하기 위해서는 긴장감을 낮추는 편안한 상황이 보다 중요하기 때문이다. 그래서 상담실로 바로 안내한 후 이야기를 나누기보다 부모와 아동이 기다리는 장소에서 맞이하는 것이 바람직하다.

첫 시간만큼은 앞에 다른 상담이나 별도의 업무가 없다면 기다리는 공간으로 미리 나와 부모와 아동을 잠시라도 기다렸다가 환영해 주는 것이 훨씬 좋다. 내방한 것이 확인되면 상담실에 있다가 대기실로 나와 맞이해도 괜찮다. 대기실에서 조금이라도 긴장을 풀고 나서 상담실로 이동하여 면담을 시작하면 더 편안하고 부드러운 분위기에서 이야기를 할 수 있다.

3) 상담신청서와 개인정보 제공 동의서 작성

면담 시작 전에 부모나 보호자는 상담신청서를 작성한다. 더불어 「개인정보 보호법」에 의거하여 개인정보 수집 및 이용에 관한 내용이 담긴 동의서를 작성하도록 한다. 이 시간 동안 아동은 부모 옆이나 별도의 공간에서 기다릴 수 있다.

부모가 상담신청서와 개인정보 수집 및 이용 동의서를 작성하는 동안 자연스럽게 부모와 아동의 모습을 관찰할 수 있어 도움이 된다. 자연스러운 분위기를 위해 부모와 아동과 나눌 수 있는 대화 주제를 생각해 보자. 각자 한 아동과 부모를 머릿속으로 그린 후 최대한 그 아동의 나이와 첫인상의 분위기를 떠올려 이야기를 해 보자.

예시 1 여기는 대기실이야. 유진아, 이쪽에 있는 책이랑 장난감을 기다리는 동안에 해도 좋아. 더 필요한 게 있으면 선생님한테 말해 주면 도와줄게.

예시 2 엄마는 잠깐 선생님이 준 서류를 적으셔야 해. 안쪽 소파 있는 곳에서 기다려 줄래?

예시 3 유진아, 엄마는 서류를 쓰셔야 돼. 그동안 여기 있는 장난감들을 갖고 놀 수 있어. 엄마가 다 쓰시면 선생님이랑 저기 보이는 안쪽 상담실에서 얘기할 거야. 지금은 기다리는 시간이란다.

예시 4 어머니(혹은 아버지)는 잠깐 동안 상담신청서와 개인정보 수집 및 이용 동의서를 작성하셔야 됩니다. 여기 안내문을 보시고 다 적으시면 말씀해 주세요. 적으시다가 문의 사항이 있으면 말씀해 주세요. 기록이 모두 끝나면 내용 확인 후 면담을 시작하겠습니다.

곁에서 기다리는 아동에게 부모가 무엇을 하는지, 기다리는 동안 아동이 어떻게 있어야 하는지 설명해 주는 것이 좋다.

예시 5 유진아, 엄마는 선생님이 준 서류를 적어야 해. 엄마 옆에 앉아서 기다려도 되고 이쪽에 있는 장난감을 하면서 기다려도 돼. 책을 보고 싶으면 꺼내서 봐도 좋아.

예시 6 엄마랑 먼저 이야기한 뒤 유진이 차례를 할게. 아마 엄마는 30분 정도 걸릴 거야. 기다려 줄 수 있니? 기다리는 동안 불편하거나 힘든 일이 있으면 여기 서 계신 최 선생님한테 말하면 도와주실 거야.

예시 7 두 분은 차 한 잔씩 하면서 상담신청서와 개인정보 동의서를 작성해 주세요.

예시 8 이쪽에 앉으시면 작성할 서류에 대한 안내를 해 드리겠습니다. 여기 안내문을 보시고 모두 작성하시면 말씀해 주세요.

예시 9 작성이 다 끝나면 어머니와 먼저 안쪽 상담실에서 면담하겠습니다.

상담신청서 작성

접수상담자 이외에 다른 상담자나 직원이 함께 상담 진행과정을 돕는다면 상담자와 마찬가지로 아동과 부모와 인사를 나눈다. 어린 아동의 경우, 부모와 떨어져 기다릴 때 함께 있어 줄 사람을 소개하는 것이 좋다. 나이가 어리거나 매우 낯설어 힘들어하는 아동은 부모와의 면담시간 동안 성인이 함께 있어 주면 더욱 편안해지는 것을 볼 수 있다.

부모와 떨어져 기다리는 게 힘들다며 중간에 부모를 찾는 아동이 있다. 이런 상황에 대비하여 어떻게 할지 미리 알려 준다. 그렇지 않으면 상담자와의 면담 중 아동이 불쑥 들어올 수 있고, 대기실과 상담실을 자주 오가며 이야기를 방해할 수 있기 때문이다. 혹시 아동이 못 기다리고 중간에 들어오더라도 사전에 어떻게 할지 알려 주면 안에 있는 상담자와 부모는 아동의 입실이 예상되므로 이야기를 잠시 중단해도 흐름에 큰 영향을 받지 않는다.

예시 10 유진아, 여기 계신 최 선생님과 같이 기다려 줄래? 엄마를 기다리는 동안 유진이 곁에 함께 계실 거야. 엄마가 보고 싶어도 참아 보고, 참는 게 힘들면 최 선생님한테 얘기해 줘. 엄마는 3번 상담실에 계실 거야. 참기 힘들 때에만 최 선생님이랑 같이 오면 엄마를 만날 수 있어.

예시 11 기다리다가 엄마가 너무 보고 싶으면 "엄마 보고 싶어요."라고 최 선생님께 말하면 돼. 엄마가 계신 곳에 선생님과 올 수 있어. 선생님이랑 같이 올 땐 노크하고. 그러면 유진이가 온 줄 알 수 있으니까. 부탁할게.

대기실 상황A

가끔씩 어린 아동과 함께 오는 부모 중 간식을 준비해 오기도 한다. 기다리는 시간에 아동에게 주기 위해서다. 다른 사람에게 냄새나 불쾌감을 유발하는 정도가 아니라면 허락해 주어도 된다. 하지만 간혹 어머니 중 간식으로 적절하지 않거나 자기 아이만을 위해 행동하여 좋지 않을 때가 있다.

어떤 어머니는 자녀가 늦잠을 자서 식사를 하지 못했다며 조리된 밥을 먹이려 하였다. 한 시간 정도의 상담시간이라면 기다렸다가 먹어도 크게 지장을 주지 않을 것 같아 집에 가서 먹는 게 어떠냐고 했지만 그 어머니는 “밥 먹은 지 오래 지나서요.”라며 부득불(不得不) 먹이려고 애썼다. 하지만 아동은 입맛이 없는지 숟가락을 들고 먹는 둥 마는 둥 하다 말았다. 결국 다 먹지도 못한 채 주변에 냄새만 풍기고 뒤처리를 하는 어머니의 모습을 보며 평소 부모자녀관계가 어떨지에 대한 생각을 했다.

약간의 간식은 아동의 긴장감을 줄이는 데 도움이 될 수 있어 허락해도 좋다. 하지만 사례 속의 어머니처럼 상담자의 부탁에도 일방적으로 결정한다면 그 자체가 상담 이유와 연관된 행동인지 이해해 볼 수 있다. 간식을 허락하는 상황을 떠올려 보자.

예시 12 엄마가 과자를 준비해 오셨네. 과자 먹으면서 기다려 줄래? 기다리는 동안 선생님은 엄마랑 안쪽 2번방에서 이야기할 거야.

첫 대면에서 받은 인상은 상담자와 내담자에게 매우 오랫동안 기억될 수 있다. 상담자는 다양한 부모와 아동에게 적합한 상담분위기를 조성하여 좋은 첫인상을 남기고 전문가적 자질을 충분히 보여 주어야 한다.

4) 면담진행 안내

사전 안내가 이루어졌다면 본격적으로 부모와 아동과의 면담만 남았다. 먼저 부모와 면담을 시작해 보자. 부모와 먼저 면담할 경우, 아동은 사전 안내에도 불구하고 부모가 갑자기 안 보이면 긴장할 수 있다. 최대한 갑자기 분리되는 느낌을 갖지 않도록 아동에게 한 번 더 설명해 주는 것이 필요하다. 부모와 떨어져 있는 시간이 아동이 생각한 것보다 길다고 느끼면 당황해하고 불안해 할 수 있다. 이 때문에 가능한 한 면담 소요 시간을 미리 알려 주고 정한 시간을 지키는 것이 좋다. 불가피하게 시간이 연장되면 아동에게 약속한 시간 이전에 조금 더 늦게 끝날 수 있다는 사실을 말해 준다.

면담장소를 사전에 안내해 주었지만 막상 부모가 들어가면 따라 들어오는 아동이 있다. 그런 경우에는 면담장소로 함께 이동하여 직접 보여 준다. 부모면담 이후 아동을 면담할 장소가 다르다면 그 장소까지 알려 준다. 이후 다시 아동에게 기다리도록 하는 방법이 어린 아동들에게 불안을 줄여 준다.

대기실 상황B

예시 1 유진아, 이제 엄마랑 선생님이 얘기하는 시간이야. 아빠랑 기다렸으면 좋겠어.

예시 2 엄마랑 1번방에서 이야기하고 나올게. 30분 정도 될 거야. 그 다음은 유진이랑 장난감이 많은 방에서 이야기할게. 기다려 주렴.

예시 3 선생님은 엄마랑 먼저 30분 정도 이야기하고 유진이도 똑같은 시간 동안 이야기하려 해. 엄마는 오른쪽 1번방으로 들어갈 거야. 나중에 유진이는 장난감이 있는 2번방에서 놀이하고 얘기하자.

예시 4 유진이는 엄마가 나오실 때까지 여기서 책을 보거나 장난감을 갖고 놀면서 기다려 줘. 엄마는 1번방에서 이야기할 거야. 궁금하면 잠깐 가서 같이 보고 다시 나와서 기다려도 돼.

예시 5 엄마랑 선생님은 이 방에서 얘기할 거야. 여기가 1번방이야.

예시 6 엄마랑 선생님은 여기 책상 있는 곳에서 얘기하고 30분 후에 나올 거야.

예시 7 여기 보이지? 엄마랑 얘기할 방이란다.

아동이 부모와 떨어져 기다리는 것을 계속 힘들어한다면 무리하게 분리하지 말고 부모와 면담장소에 함께 있도록 허락해 준다. 아동을 첫날 강제로 분리하는 것은 오히려 상담동기를 더 낮게 하여 신뢰 형성에 도움이 되지 않는다.

강제 분리로 불편함을 호소했던 한 어머니가 떠오른다. 유치원 적응 문제로 왔던 그 어머니는 필자를 만나기 전에 다른 상담실에 다녀왔다고 하였다. 어머니가 상담실을 옮긴 이유를 먼저 설명해 주었다. 아동이 이사 후 유치원을 옮긴 상황이었는데 낯설어서 엄마와 떨어지지 않았다. 그런 아동에게 유치원 교사가 강제로 엄마와 분리하여 억지로 교실로 데리고 들어가 버렸다. 첫 날이었지만 엄마에게 자신이 아동을 알아서 하겠다며 아동이 계속 엄마를 찾기 전에 속히 귀가하라고 했다. 아동이 일곱 살이고 유치원에 다닌 경험도 있다는 이유였다. 하지만 오히려 그 아동은 다음 날부터 더 심하게 엄마를 찾으며 울었다.

아동은 이후 유치원 등원만 하려면 엄마를 붙잡고 들어가지 않으려 해 상담을 시작했다. 그런 아동에게 이전 상담자는 매번 떨어지는 연습을 한다며 분리하는 말을 전하여 아동이 상담실조차 가기 싫어해 중단했다고 한다. 환경 변화에 예민한 아동으로 보여 조심스러웠다. 필자는 접수상담부터 아동이 부모와 같이 있으면 모든 얘기를 들어야 해서 신경 쓰이긴 했지만 분리하지 않았다. 이후 여러 달 동안 어머니와 함께 상담실에 들어간 아동은 주로 상담자 대신 어머니에게 말하고 놀이를 하였다.

처음 한 달 동안 상담할 때 아동은 상담자가 곁에 있지만 어머니와만 상호작용했다. 다행히 아동이 놀면서도 뒤쪽에 앉아 있는 상담자를 가끔씩 쳐다봤다. 그럴 때마다 "괜찮아. 엄마랑 같이 있을 거야."라고 말해 주었다. 한동안 엄마와 분리하지 못했던 아동은 서서히 분리했고, 여러 달 후 상담자와만 입실하였다.

이처럼 아동에게 낯설고 새로운 상황에 적응하는 일은 익숙한 환경에서 분리해야 가능하다. 분리불안 문제로 접수상담에 온 아동의 경우, 부모와의 분리 시 더 세심하게 신경 써야 한다.

상담자는 아동의 주 호소 내용에 따라 면담 순서와 방법을 결정해야 한다. 이를 위해 실제적이고 구체적인 면담기술의 노하우를 익혀 전문성을 발휘해 보자. 특히, 부모에게 의존하고 불안해하는 아동을 면담하는 상담자라면 아동에 대한 이해를 보다 잘하고 있어야 한다.

아동이 부모와 떨어지지 못해 함께 면담장소에서 기다리게 된다면 아동과 몇 가지 약속을 해야 한다. 기다리는 동안 대화에 끼어들거나 방해하지 않도

아동과 함께 면담하는 상황A

록 부탁한다. 또한 상담실에서 해야 할 행동과 하지 말아야 할 행동, 꼭 지켜야 될 행동을 미리 알려 주는 것이 좋다. 예를 들면 다음 예시와 같다.

예시 8 엄마랑 떨어지는 게 힘들면 여기 있어도 돼. 하지만 엄마랑 얘기하는 시간이니까 유진이는 여기 어린이용 의자에서 기다려 주면 좋겠어. 혼자서 밖으로 나가는 건 안 돼. 할 말이 있으면 선생님처럼 이렇게 오른손을 들고 표시해 주면 들어 줄게.

예시 9 엄마랑 선생님은 의자에 앉아서 얘기할 거예요. 유진이는 바닥에서 가지고 온 장난감을 갖고 놀아도 돼. 혼자 나가거나 소리를 지르는 건 안 돼요.

예시 10 엄마 옆에 앉아 있는 건 돼. 하지만 책상 위에 올라가거나 밑에 들어가는 것은 하지 않았으면 좋겠어. 도움이 필요하면 바로 말하고.

만약 부모와 면담하는 장소로 이동할 때 다른 상담실이 열려 있거나 아동이 들어가게 될 장난감이 있는 방을 보면 호기심으로 바로 들어가고 싶어 할

아동과 함께 면담하는 상황B

수 있다. 그렇기 때문에 사전에 미리 상담실 환경을 점검하고 아동을 면담할 장소는 가능한 한 입구까지만 가서 알려 주는 것이 좋다. 다만, 불만이 높은 아동과 입실할 땐 해당 시간 전에 출입문을 살짝 열어 놓는다. 이런 아동은 오히려 닫혀진 문이 호기심보다 두려움을 유발할 수 있기 때문이다.

예시 11 엄마랑 이야기가 끝나면 유진이는 옆방에서 할 거예요. 이 방과 조금 다른 방이야. 이따가 선생님이랑 같이 가 보자. 지금은 대기실에서 기다려 주면 좋겠어.

예시 12 여기는 유진이랑 선생님이 얘기하고 놀이할 방이야. 들어가는 것은 이따가 유진이 시간에 하자. 지금은 엄마 옆에서 기다리는 시간이니까.

아동과 다른 상담실을 지나가야 할 때 그 공간에 대해서 궁금해하면 간략하게 언급한다. 일부 아동은 불쑥 상담 중인 문을 열거나 큰 소리로 물어보는 경우가 있기 때문이다.

예시 13 옆에 있는 방은 다른 선생님이 상담하는 방이고, 우린 더 지나서 상담실 4번방에서 할 거야.

예시 14 다른 방에도 유진이처럼 선생님을 만나는 아동이 있어. 복도에선 작은 소리로 말하면 좋겠어.

부모와의 면담이 끝나면 아동과 면담을 진행한다. 이때도 필요한 안내를 미리 해 주는 것이 좋다. 먼저 면담 시작과 종료 시간을 알려 준다. 놀이를 종료할 경우에는 미리 아동이 퇴실할 마음의 준비를 할 시간을 주어야 한다. 간혹 더 놀겠다고 떼를 쓰며 버티는 아동이 있기 때문이다. 어떤 아동은 장난감을 정리하겠다며 시간을 지연하는 경우도 있다. 이런 아동에겐 정해진 시간을 지키는 것이 더 중요하다고 말해 준다. 종료 시간 안내는 시계를 모르는 아동이라도 숫자나 약속의 말로 알려 주면 된다.

예시 15 우린 여기서 시계의 긴 바늘이 숫자 6에 갈 때까지 놀이할 수 있어. 선생님이 5에 갈 때 한 번 더 얘기해 줄게. 그때는 조금 있으면 나간다는 뜻이야. 시간이 되면 선생님이 다시 알려 줄 거야.

예시 16 지금부터 30분 동안 이야기하고 놀이도 할 거야. 놀이시간이 지나면 엄마가 계신 대기실에 가면 돼. 끝날 시간이 되면 선생님이 "그만"이라고 말해 줄게.

이상 첫 대면을 통해 상담자가 내담자를 환영하고 인사를 나누었다. 또한 부모와 아동과 면담하는 상황을 실습해 보았다. 첫 상담에서는 내담자와 상담자 간의 라포 형성이 매우 중요하므로 좋은 분위기를 저해하는 행동은 서로 삼가도록 하는 것이 좋다. 첫 대면 후 면담안내까지 잘 마쳤다면 실제적인 이야기를 나누는 면담시간만 잘하면 된다.

5) 특별한 아동 돕기

불안하면 긴장이 더 심해지는 주 호소 문제가 있는 아동은 관심을 더 기울여야 한다. 분리불안처럼 부모와 떨어지거나 낯선 사람과 같이 있을 때 두려움이 커지는 아동은 상담자가 안심을 할 수 있도록 특별한 도움을 주어야 한다. 화장실에 자주 가는 아동이라면 미리 화장실의 위치를 알려 주고 자유롭게 다녀오도록 한다.

부모와의 사별이나 이혼 직후에 온 아동, 희귀병으로 치료 중인 아동, 낯가림이 심한 어린 아동, 다문화 가정의 아동과 같이 주 호소 내용이나 환경을 더 고려하여 면담해야 한다면 각 특성에 대해 사전에 이해하고 있어야 한다.

가끔 언어지연이나 발달장애 아동의 경우, 말이 잘 통하지 않아 처음 보는 상담자의 지시나 의도를 파악하지 못하여 더 강하게 짜증을 내거나 울기도 한다. 부모와 잠시라도 떨어지지 못하고 상담자와 이야기를 할 때 갑자기 보채거나 우는 아동은 면담에 방해가 될 수 있다. 이와 같이 첫 시간에 특별한 주 호소 내용이나 심리적 특성을 가진 아동들은 더 많이 배려해야 한다.

간혹 부모가 분리불안이라고 했던 아동 중 의외로 구체적이고 정확한 안내를 하면 부모와 쉽게 떨어져 잘 기다리는 경우가 있다. 부모와 분리로 생길 수 있는 일들을 사전에 아동이 이해하기 쉽도록 설명했기 때문이다. 아마도 가정에서는 아동이 불안해하는 상황에만 예민하게 반응하고 적절한 대처를 해 주지 못했을 가능성이 있다. 이런 아동들은 상담실에 도착한 5~10분 정도만 잠시 힘들어하고 곧 부모와 떨어져 지시에 따라 잘 기다린다. 이런 상담자의 전문적인 상담활동은 상담에 대한 신뢰를 높인다.

분리불안 문제를 보이는 아동의 부모나 아동과 면담할 때에는 단번에 분리하기보단 부모와 함께 입실하여 면담장소를 보여준 뒤 분리가 가능한지 직접 확인한 후 결정한다. 긴 시간은 아니지만 떨어질 것 같으면 다른 상담자나 직원의 도움을 받아 아동이 한두 번 정도 상담실과 대기실을 오가는 연습을 해봐도 좋다. 아동이 밖에서 기다리다가 오고 싶어하면 다른 상담에 방해가 되지 않는 범위 내에서 상담실을 살짝 열어 두고 면담하는 것도 괜찮다.

가끔 부모와 떨어지는 것을 시도조차 하지 않았는데 힘들다고 하는 아동이 있다. "엄마가 보고 싶어, 엄마랑 같이 있을 거야."라고 하며 분리 자체를 거부한다. 이런 아동들은 말만 시켜도 미리 울기부터 하여 간혹 당황스럽다.

분리불안 문제도 있지만 자신이 불편한 것을 조금도 참지 않으려 하는 성향 때문이기도 하다. 아동에게 부모와 상담실에 함께 들어가도 좋지만 부모 곁에 앉아서 방해하지 않고 기다리도록 부탁하고 이동하는 것이 좋다. 대화 중간에 끼어들거나 함부로 돌아다니지 않도록 제한된 행동을 미리 말해 준다. 아동이 좋아하는 장난감이 요란한 소리를 내는 것만 아니라면 놀면서 기다리게 한다. 어린 아동에겐 장난감이 준비되어 있는 곳에서 면담을 하면 도움이 된다. 하지만 지나치게 많은 장난감이 있으면 놀이활동에서 오는 이동과 소음으로 방해가 될 수 있다. 따라서 약간의 장난감만 마련해 주는 것이 좋다.

예시 1 엄마랑 선생님은 이야기를 꼭 해야 해. 유진이는 힘들어도 이쪽에 있는 장난감을 갖고 놀면서 기다려 줘.

특별한 도움이 필요한 아동에게 적합한 안내로 배려를 해 주는 것은 접수 상담자의 중요한 역할 중 하나다. 불편이나 불안을 쉽게 느끼는 아동을 다루지 못하면 부모가 오히려 상담에 와서 실망한다. 간혹 아동 때문에 면담을 못하면 상담자에 대한 신뢰가 낮아져 불만족할 수 있다. 따라서 아동의 연령과 주 호소 문제에 따라 조금 더 편안하고 수월하게 면담할 수 있는 기술에 대한 실제적인 노하우를 상담자가 각자 익히는 게 필수적이다.

6) 상담 이유 설명하기

부모들 중 의뢰과정에서 안내를 했음에도 상담 이유를 제대로 설명하지 않고 아동을 데리고 오는 경우가 적지 않다. 아동 역시 부모에게 설명을 들었어도 왜 상담자를 만나는지 이해하지 못하기도 한다. 상담실과 상담자에 대한 궁금증이 생길 수 있다. 접수상담자는 면담 직전이나 시작할 때 상담을 하는 이유에 대해 아동의 발달 수준과 이해 정도를 고려하여 설명해 주는 것이 좋다.

예시 1 유진이가 오늘 선생님을 만나러 온 이유는 아빠엄마가 알고 싶은 게 있어서야. 유진이를 더 잘 키우고 싶지만 모르는 것이 있어서 선생님과 상담하러 왔어. 선생님이랑 아빠엄마가 같이 이야기하는 게 바로 상담이야. 저쪽이 이야기하는 상담실이고, 나는 상담 선생님이야.

예시 2 부모님은 유진이가 동생이랑 더 잘 지냈으면 좋겠대. 그래서 엄마가 선생님이랑 상담하면서 그 방법을 알아보기로 했어. 유진이 생각도 듣고 싶어서 선생님이 같이 오라고 했어. 엄마 생각이랑 같은 것도 있고, 다른 것도 있을 수 있으니까 직접 만나 보면 더 도움이 될 것 같아서. 이따가 선생님이랑 직접 동생에 대한 이야기도 하고 놀이도 하자. 먼저 엄마시간을 할 거야. 엄마가 끝나면 유진이 시간도 할게.

이처럼 상담의 의미, 상담 이유, 상담자와의 면담에 대해 간략하게 이해할 수 있도록 언급하는 것이다.

3. 면담과정

1) 면담의 내용

(1) 주 호소 문제 확인하기

접수상담의 가장 중요한 시간은 부모와 아동과의 면담이다. 그중에서 부모와의 시간 대부분은 자녀의 주 호소 문제를 확인하고 상담 지속 여부를 결정한다. 이 시간에 부모가 상담을 하고자 하는 목적에 대해 알 수 있고, 주 호소 내용이 문제인지를 파악하게 된다. 만약, 주 호소 문제가 지속적으로 상담을 할 정도라면 그 원인과 발생 시기, 현재 상태, 부모의 대처방법, 주변인들의 반응과 관련된 것을 구체적으로 탐색한 후 결정 한다.

아동과의 면담은 부모와의 면담과는 약간의 차이가 있다. 자신의 문제를 이해하고, 말로만 면담이 가능한 아동의 경우에는 대화하면 되지만 대부분은 자신이 상담에 온 이유를 잘 인지하지 못한 채 온다. 설령, 주 호소 내용을 알고 있더라도 부모가 알려 준 내용일 가능성이 높다. 특히, 발달지연이나 위축, 불안과 같이 자신에 대해 이야기하는 것을 어려워하거나 불편해하는 아동이라면 대화식으로 진행하기보단 자연스러운 놀이를 통해서 면담하는 것이 효과적이다.

아동의 놀이모습을 관찰할 때 아동의 입실과 퇴실 시의 정서는 물론 상담자와의 상호작용의 모습을 이해하고 아동에 대한 평가 자료를 얻을 수 있어야 한다. 놀이형태, 놀이모습, 놀이특징이 평가 내용에 포함될 수 있다. 이런 내용은 아동의 현재 발달 상태를 이해하는 데 도움을 준다. 구체적인 내용은 제5장 '접수상담의 사례'를 통해 살펴보자.

(2) 차기상담 계획하기

접수상담 이후 상담을 지속해야 한다면 차기상담을 계획해야 한다. 부모와 아동에게 다시 만날 것에 대한 기대감을 표현해 준다. 부모와 구체적인 상담 목표를 확인하고 마무리한다. 접수상담시간이 충분하지 않아 면담이 더 필요하거나 차기상담 여부를 결정하지 못했다면 추가로 접수상담을 하는 것이 좋다. 시간 제한 때문에 효율적인 상담을 못했다고 느끼는 부모의 아쉬운 마음을 꼭 살펴야 한다.

예시 1 이제 마쳐야 할 시간입니다. 첫 상담이라 시간이 부족하다고 느낄 수 있습니다. 그래도 정해진 시간은 모두 사용했습니다. 자녀를 이해하는 데 도움이 되셨는지 궁금합니다.

예시 2 더 이야기를 나누고 싶지만 정해진 시간이 다 되어서 오늘은 여기서 마무리하겠습니다.

예시 3 첫 상담만으로 다 알 수가 없어서 아쉬웠을 수 있습니다. 아쉽더라도 다음 시간에 뵈어야겠군요.

부족한 시간으로 아직 나누지 못한 이야기가 있고, 부모도 한 번 더 상담에 오고 싶어 한다면 당일 상담은 마무리하고 빠른 시일 내에 다른 날을 정하는 게 서로에게 도움을 준다.

2) 부모 면담하기

(1) 자녀에게 안내하기

면담 전에 부모가 자녀에게 직접 면담에 대해 안내하게 한다. 가끔 급한 마음에 부모가 말도 없이 입실하거나 불필요한 말을 할 때가 있다. 예컨대, 낯설어 불안해하는 아동에게 "넌 여기 있어."라고 말하거나 다른 상담자에게 "저 선생님이랑 가서 놀아."라고 일방적으로 말하는 경우다. 간혹 상담실 직원에게 "저 언니한테 가서 놀아 달라고 해." 또는 "저 이모에게 사탕 하나 달라고 해."와 같이 말하기도 한다.

부모와 달리 아동은 새로운 환경에 적응하려면 시간이 걸린다. 성인에 비해 낯선 상황에서 불안을 빠르게 느끼지만 감정 조절은 쉽지 않기 때문이다. 부모가 아동에게 어떻게 말해야 하는지 상담자가 직접적으로 제시해 주는 것도 괜찮다. 당신이라면 어떻게 부모가 아동에게 면담시간을 안내하라고 할 것인지 생각해 보자.

예시 1 어머니, 유진이한테 저랑 먼저 30분 정도 상담하고 나올 거라고 이야기해 주세요. 기다리는 동안 여기 있는 책을 읽거나 장난감을 갖고 놀아도 된다고 어머니가 직접 말해 주세요.

아동이 부모와 함께 들어가는 경우라도 한 번 더 면담에 대해 부모가 직접 말해 주는 것이 필요하다.

예시 2 선생님이 얘기하신 대로 아빠엄마랑 같이 들어가는 거야. 거기서 유진인 장난감을 갖고 놀면 돼. 상담하는 동안 방해하지 않고 기다리면 좋겠어. 유진이가 잘 기다려 줘야 아빠엄마가 선생님이랑 궁금한 이야기를 나눌 수 있어.

친숙한 부모가 설명을 해 주면 불안하고 두려운 아동의 마음이 더 빨리 진정되고 안정되는 효과가 있다.

분리불안이 심하거나 나이가 어린 아동은 부모가 같이 있어도 환경 때문에 불안해할 수 있다. 그러므로 안심의 말과 상담에 대한 기대감을 부모가 아동에게 직접 표현하도록 돕는 것이 필요하다.

예시 3 엄마도 여긴 처음이라서 떨려. 어떤 방인지 선생님을 따라 같이 가 보자.

예시 4 장난감이 있는 방이래. 뭐가 있는지 우리 함께 가 볼까?

예시 5 우아, 재밌겠다. 유진이가 좋아하는 장난감이 있었으면 좋겠다.

부모와 함께 입실할 때에는 부모가 아동의 손을 잡거나 나란히 걷도록 한다. 상담자가 앞장서 상담실을 안내한다. 나올 때에는 반대로 아동이 대기실을 향해 먼저 걷도록 약간의 거리를 두고 뒤에서 걷는다. 긴장한 아동은 걸을 때 부모의 손을 꽉 잡거나 바짝 붙어 있을 때가 있다. 까치발을 들고 조심스럽게 걷는 것도 종종 볼 수 있다. 입실과 퇴실 시 이런 아동의 모습을 관찰하는 것은 아동의 성향을 이해하는 데 도움이 된다.

부모나 상담자와 같이 들어가는 곳이라고 알려 주었지만 가끔 맘대로 앞서 뛰어가거나 다른 상담실을 기웃거리는 아동이 있다. 그런 경우엔 궁금한 마음만 공감해 주고 부모나 상담자와 함께 가는 것이 더 중요하다고 알려 준다. 가급적 뛰지 않도록 하고 아동의 특이한 모습은 기억해 둔다.

(2) 상담목적 확인하기

상담목적을 확인하는 것은 첫 상담의 방향을 잃지 않고 부모의 상담만족도를 높이는 것과 관련성이 높다. 상담목적을 분명히 확인하지 않으면 부모는 많은 시간 동안 아동에 대한 주 호소 내용만 언급하다가 마칠 수 있다. 이런 경우, 부모의 상담 욕구가 충족되지 않아 불만족으로 이어질 수 있다. 정해진 상담시간을 효율적으로 사용하기 위해서라도 상담자는 부모의 상담목적을 분명하게 알아야 한다. 마치 항해하기 전에 목적지를 정하고 출발 준비를 하는 것처럼 말이다. 상담목적을 알기 위해 부모가 기대하는 것, 상담을 통해서 얻고자 하는 것을 다음의 예시처럼 질문할 수 있다.

부모면담 상황A

예시 1 오늘 상담에서 기대하는 것은 무엇입니까?

예시 2 자녀에 대해 구체적으로 어떤 것을 알고 싶으신가요?

예시 3 부모님이 상담을 통해 바라는 것은 무엇인지 이야기해 주세요.

(3) 주 호소 문제 결정하기

부모는 다양한 주 호소 내용을 이야기할 수 있다. 내용 모두가 아동의 문제 행동은 아니다. 아동의 발달 정도와 정서 상태에 따라 상담 유무를 정할 수 있다. 아동의 상태를 상담자와의 시간을 통해 전문적으로 이해한다면 부모도 주 호소 내용이 문제인지 아닌지를 가릴 수 있다.

첫 시간에 오는 대부분의 부모는 상담자를 통해 주 호소 내용이 문제 행동인지 명확하게 알고 싶어 한다. 부모가 나열하는 주 호소 내용이 많다면 현재 가장 알고 싶거나 불편한 것부터 우선순위를 정해 보자. 문제 행동으로 봐야 할 것과 그렇지 않은 것을 구분하기 위해서다. 주 호소 내용에 따라 가장 먼저 해결하고 싶은 것, 중요한 것, 심각한 것이 무엇인지 부모에게 정해 보도록 한다. 부모가 정한 우선순위에 따라 접수상담에서 이야기할 내용을 결정한 뒤 심층적으로 그 내용에 대해서 면담한다. 주 호소 문제를 결정하는 과정에서 나눌 수 있는 예시를 살펴보자.

예시 1 첫 상담이라 여러 가지 이야기를 하고 싶겠지만 부모님이 가장 먼저 상담을 통해 아동이 변화되길 원하는 것부터 순서를 정해 보는 것은 어떨까요?

예시 2 현재 가장 힘든 것은 무엇입니까?

부모면담 상황B

예시 3 어떤 부분에 대해 가장 많이 알고자 합니까?

앞과 같이 질문하면 부모도 구체적으로 표현할 것이다.

(4) 차기상담에 대해 협의하기

차기상담을 결정했다면 이후 어떻게 진행할 것인지 협의한다. 부모와 차기상담에서 나눌 상담의 내용을 정한 뒤 상담 방향과 방법을 안내한다. 다음 상담일정을 정하면 아동에게도 지속적인 상담이 이루어진다고 설명한다. 만약 차기상담부터 다른 상담자를 만나야 한다면 그 이유를 알려 주고 가능하면 해당 상담자를 접수상담자가 직접 소개하는 것이 바람직하다. 접수상담자는 차기상담이 접수상담과 어떤 차이가 있는지 말해 준다. 귀가 전에 협의한 내용에 대한 안내를 하는 것이 좋다.

예시 1 앞으로 아동과 주 1회 상담을 하기로 약속했습니다. 아동이 새로운 곳에 가면 긴장을 너무 많이 해서 적응하는 데 오래 걸리는 문제 때문이죠. 이제 아동은 저와 놀이치료기법으로 상담을 할 것입니다. 매주 수요일 3시마다 만나게 됩니다. 어머니상담도 할 예정입니다. 월 1회 정도 어머니만 따로 오셔서 개별 상담을 하게 됩니다.

예시 2 다음에 오면 저 대신 다른 상담자인 김지영 선생님을 만나게 될 것입니다. 이유는 저보다 아동의 문제를 더 잘 볼 수 있고, 어머니가 원하는 시간에 상담이 가능하기 때문입니다. 오늘 상담한 정보는 공유해 드리겠습니다. 새로운 상담자와 다시 이야기하는 것이 부담스럽고 불편하더라도 아동에게 새로운 상담자를 만날 것이라고 설명을 부탁드립니다. 저도 해당 상담자에게 미리 전달해 놓겠습니다.

접수상담 이후 앞으로 하게 될 상담에 대해서 궁금해하는 부모라면 설명해 준다. 예컨대, 아동과 놀이치료를 하기로 했다면 놀이치료가 무엇이고, 어떻게 진행할 것인지, 놀이치료를 통해 아동의 주 호소 문제가 어떻게 달라지는지에 대해서 부모가 알기 쉽도록 말해 준다. 매주 정기적인 상담을 하기로 했다면 미리 일정을 협의한다. 아동에게도 부모와 매주 오게 될 상담에 대해 직접 안내해 주거나 부모에게 하도록 부탁한다. 차기상담부터 보다 실제적인 내용을 다루게되므로 더 돈독한 협력관계를 형성하도록 기대감을 주고 마무리한다.

면담에서 부모가 자녀에 대한 이야기를 자연스럽게 시작하는 경우가 많지만 그렇지 않을 땐 질문을 적절하게 사용해도 좋다. 활용할 수 있는 질문 내용에 대해 생각해 보자. 〈표 4-1〉을 참고로 부모와의 면담상황을 떠올리며 연습해 보자.

〈표 4-1〉 부모면담 시 활용할 질문들

질문 영역	질문 내용
당일 감정	• 오늘 기분(마음, 감정)은 어떠세요? • 오기 전에 아동(아들, 딸, 손 자녀, 아동 이름)에게 여기(상담) 오는 것에 대해 해 준 이야기(말)가 있으면 말해 주실래요? • 오면서 아동이 주로 무슨 이야기를 하던가요? • 자녀와 오면서 힘든(어려운) 게 있었으면 말해 주실래요? • 오늘 상담을 통해 무엇을 기대하고 오셨습니까?
가족	• 같이 사는 가족은 누가 있습니까? • 아동이 가족 중 누구랑 제일 친하다(불편하다)고 생각하세요? 그 이유는 무엇입니까? • 아빠(엄마, 같이 사는 가족)에 대해 아동은 어떻게 생각하나요? • 아동이 아빠(엄마)에 대해 좋다(싫다, 마음에 안 든다)고 할 때가 있습니까? 그런 경우는 언제입니까? • 아빠(엄마, 다른 가족)와의 사이는 어떤 편입니까? • 형(언니, 다른 형제)이랑 지내는 건 어떤가요? • 가족이랑 있을 때 아동은 주로 무엇을 하며 보내나요? • 가족이랑 무엇을 할 때 가장 즐거워하나요(힘들어하나요, 싫어하나요, 불편해하나요)? • 요즘 아빠(엄마, 다른 가족)에게 바라는 게 있나요?
학교 및 학원 생활	• 학교(유치원, 어린이집, 학원 등)에 다니는 건 어때 보이나요? • 다니면서 재밌어 하는(힘들어하는) 것이 있나요? • 방과 후에는 주로 어떻게 지내나요? • 지금 다니는 학원이 있으면 알려 주실래요? • 아동은 학원에 다니는 것을 어떻게 생각합니까? (어떻게 다니기 시작했나요?) • 학교(학원) 선생님과의 관계는 어떤가요? • 담임선생님(학원 선생님)은 어떤 아동이라고 말하나요? • 수업은 잘 따라가나요? • 숙제는 잘하는 편인가요? • 가장 좋아하는(싫어하는, 어려운, 힘든) 수업시간은 무엇입니까? 이유는 무엇입니까?

	• 가장 좋아하는(싫어하는, 어려운, 힘든) 선생님이 있나요? 그 이유를 아시나요? • 다니고 있는 학원 중에 제일 좋아하는(싫어하는, 다니고 싶지 않은) 곳이 있나요? • 학원을 많이 보내는(전혀 보내지 않는) 이유가 있습니까?
또래관계	• 친구들과의 관계는 어떤 편인가요? • 좋아하는(마음에 드는) 친구가 있나요? • 좋아하는 친구(마음에 드는)를 뭐라고 표현하나요? • 혹시 싫어하는(괴롭히는) 친구가 있나요? 그 이유는 무엇입니까? • 친구가 괴롭힐 때 아동은 주로 어떻게 대처하나요? • 자주 어울리는(같이 다니는) 친구가 있나요? • 친한 친구는 몇 명 정도 있습니까? • 친구랑 있으면 주로 뭘 하면서 보내나요? • 친구랑 지낼 때 어려운(힘든, 싸우는, 화내는) 일이 있나요? 그 이유는 무엇 때문이라고 생각하나요? • 친구와 싸우면 어머니(아버지, 부모)는 아동에게 어떻게 하시나요?
여가생활	• 주말(쉬는 날, 방학)에는 주로 뭘 하면서 보내나요? • 좋아하는 놀이(운동, 취미)가 있나요? • 주말(방과 후, 쉬는 날)에 더 하고 싶어 하는 게 있습니까? • 방학(여행) 때 주로 무엇을 하는 편입니까?
아동의 특성	• 아동은 주로 어떤 딸(아들, 손자녀)이라고 생각합니까? • 아동의 성격에 대해 말해 주실래요? • 장점(강점, 단점, 약점)은 무엇이라고 생각하시나요? • 다른 가족(친척, 지인)은 아동을 주로 어떤 아이라고 말합니까? • 전 학년 선생님은 아동을 어떤 학생이라고 이야기하셨나요? • 아동이 하고 싶어 하는 일(혹은 배우고 싶어 하는 일, 직업)이 있나요? 그 이유는 무엇입니까? • 평상시 가장 자주 이야기하는 주제는 무엇입니까? • 요즘 무엇에 대한 관심이 제일 큰가요?

부모의 이야기 흐름에 맞게 필요한 내용만 선택하여 사용해 보자. 부모와 아동의 당일 기분이나 감정, 상담동기, 가족 및 또래 관계, 평상시 아동의 학교와 학원 생활, 주변 환경, 아동의 성향이나 성격에 대해 질문할 수 있다. 이런 질문은 아동 및 가족생활 전반에 대한 이야기를 자연스럽게 하도록 돕는다.

부모가 먼저 아동에 대한 이야기를 한다면 굳이 상담자가 질문을 하지 않아도 된다. 상담자의 질문이 오히려 부모가 하는 이야기의 흐름을 방해할 수 있으므로 질문은 필요한 상황에서만 한다. 단, 부모가 주 호소 내용과 많이 벗어나거나 표면적인 이야기만 나열한다면 구체적으로 말하도록 부탁해 보자. 예컨대, "학교에서 최근에 있었던 일에 대해 구체적으로 이야기를 해 주시겠습니까?" 또는 "싸웠다는 친구에 대한 이야기를 더 들려주시겠습니까?"와 같은 것이다.

대부분의 부모는 상담의 필요성을 느끼고 상담동기가 높은 상태에서 접수면담을 하므로 자신의 이야기를 잘 전달한다. 그렇더라도 제한된 상담시간 때문에 충분하지 못할 수 있다. 상담자는 경청과 질문을 통해 부모가 주 호소 내용을 잘 표현하도록 도와야 한다. 만약 부모가 한 주제를 반복해서 이야기하면 상담자가 짧게 요약해 준다. 예를 들면, "어머니의 얘기는 지금 아동이 동생 때문에 안 하던 행동을 한다는 거네요."라거나 "지금 두 분의 이야기는 아동이 학교에서 친구와 자주 싸운다는 것이군요."와 같이 확인해 준다.

부모가 이야기의 흐름에서 벗어나지 않도록 경청하고, 상담자와의 면담에 집중하도록 돕는 것은 중요하다. 부모면담 시 어쩔 수 없이 아동을 곁에 둔 채 이야기해야 한다면 아동의 이름을 자주 언급할 수 있으므로 아동에게 미리 자신의 이야기를 나눌 것이라고 알려 준다. 아동의 입장에서 어색하고 불편할 수 있기 때문이다. 만약 아동이 듣기 불편한 내용이라면 아동의 이름을 직접 거론하지 않고 내용만 전달하도록 하자. 예를 들면, "아동이 자주 그런 행동을 해서 걱정을 하셨군요."와 같은 것이다.

부모가 나란히 면담하는 상황에서는 아동에 대한 두 사람의 얘기를 다 들어 보는 것이 좋다. 서로 다르게 생각한다면 각자의 의견을 말하도록 한다. 즉, "어머니의 생각에 대해 남편의 의견은 어떠세요?"라고 배우자의 의견을 들을 기회를 준다. 반대의 상황도 마찬가지다. "남편이 얘기한 아동의 행동에 대해서 어머니는 어떻게 생각하세요?"라고 물어본다. 양쪽의 이야기를 듣는 것은 부모의 양육방법이나 인식의 차이를 이해하는 데 도움이 된다. 어떤 부모는 배우자가 있는 곳에서 자기의 생각을 말하는 것을 주저하거나 눈치를 본다. 이런 경우라면 "원하지 않으면 대답하지 않으셔도 됩니다만 서로 의견을 나누는 것이 자녀를 이해하는 데 도움이 될 것 같습니다."와 같이 말해 준다. 의외로 이런 상담시간을 통해 부부가 몰랐던 서로의 진심을 알게 되는 경우가 있다.

부모와 면담할 때 조금 다른 가족 환경이나 주 호소 내용을 가지고 있다면 질문하는 것 자체를 고민할 수 있다. 부모의 이혼으로 힘들어한다면 이혼 배경을 이해하는 것이 필요하다. 하지만 직접 질문하기란 매우 조심스럽다. 그럴 때에는 "이혼하신 이유에 대해 불편하시면 대답을 안 하셔도 되지만 말씀해 주시면 아동상담에 도움이 될 것 같습니다."와 같이 건네 본다. 사별이나 사고의 경험이 있는 부모를 만날 때에는 "힘든 이야기일 수 있습니다만 아내(혹은 남편)가 돌아가신 이유를 아동은 어떻게 알고 있나요?"라고 묻거나 "남편의 사고는 어떤 것이었나요?"라고 조심스럽지만 중요한 부분이므로 질문할 수 있어야 한다.

부모의 이혼, 한쪽 부모와의 사별, 충격적인 사고와 같은 변화는 아동의 생활에 많은 영향을 준다. 이런 상황의 변화 때문에 생긴 아동의 정서 문제로 온 경우라면 그 변화 전후의 생활을 이해하는 게 필수다. 만약 부모나 아동이 해당 이야기를 꺼내는 것을 원하지 않거나 힘들어한다면 그것 자체만으로도 의미 있는 정보가 될 수 있다. 접수상담에서 제일 중요하게 다룰 주 호소 문제와 관련된 내용을 이해하는 것은 상담자에게 매우 중요하기 때문이다.

아내와 이혼한 한 아버지와 상담한 적이 있다. 아동에겐 이혼 사실을 말할 수 없어 어머니가 외국으로 공부하러 간 것이라고 했다. 그 때문에 아동은 어머니와 어쩔 수 없이 헤어진 것으로 알고 있었다. 하지만 아버지는 상담자와 개별 면담에서 솔직하게 이혼 상황과 이유를 말해 주었다. 상담을 해야 하는 진짜 이유였기 때문이다. 아동이 어머니 때문에 상처받을까 봐 거짓말을 했지만 문제를 해결하기 위해선 사실을 말해야 했다. 아동은 어머니가 왜 뒤늦게 공부를 하기 위해 자신을 버리고 떠났는지 모르겠다며 화가 많이 나 있었다. 말리지 않은 아버지에 대해서도 자주 책임을 묻곤 했다. 그 문제로 최근 아버지와 아동이 자주 다투어서 상담을 신청했다.

아동은 어머니에 대한 소식이 궁금했지만 알지 못했다. 그 때문에 자주 외가에 가고 싶어 했다. 아버지는 모두 거절할 수밖에 없었다. 이로 인해 아버지와의 관계가 점점 악화되었다. 부모의 이혼 이유를 솔직하게 아동에게 말할 수 없는 아버지의 심정과 상황이 이해되었다. 어머니는 곧 재혼 계획이 있었다. 아버지에게 친권과 양육권을 모두 주고 이혼했고, 아동이 성인이 될 때까지 별도로 연락하지 않기로 약속했다. 이런 사실을 모르는 아동은 아버지가 야속하고 미웠다. 접수상담 이후에도 여러 번 만났는데, 아동과 아버지 모두가 원하는 상담을 하지 못해 오랫동안 기억이 난다.

이처럼 부모면담에서는 아동과 가족을 둘러싼 갖가지 이야기가 쏟아진다. 상담자는 부모와 신뢰를 쌓을 수 있어야 보다 솔직한 이야기를 들을 수 있다. 각 사례에 따라 그 순간 적절하게 사용할 수 있는 질문과 면담방법을 찾는 것은 상담자의 전문적인 대화 기술 중 하나다. 전문적인 대화 기술은 상담자의 유능감을 높여 준다. 초면에 거론하기 쉽지 않은 문제로 오는 아동과 부모를 만나더라도 접수상담자는 성숙한 자세로 능숙하게 접수면담을 해야 한다.

때때로 이해하기 어려운 상황에 놓인 내담자를 면담하는 경우라도 전문상담자로서의 역할을 발휘해야 한다. 상담자는 자신의 이해 수준과 경험 이상의 주 호소 내용을 가지고 오는 부모를 만날 수 있다. 그렇더라도 전문적인 상담활동에 적극적으로 임해야 한다.

점점 다양해지고 복잡해지는 인간관계와 가족생활에서 힘들어하는 아동과 부모가 찾아올 수 있다. 이전까지 접하지 못했던 내용으로 상담을 하게 될 수 있다. 그렇더라도 각 내담자에게 맞는 접근방법과 상담 기술을 활용할 수 있도록 접수상담자는 실력을 갖추고 아동생활 환경의 변화에 대한 안

부모면담 상황C

목을 넓혀야 한다.

3) 아동 면담하기

아동면담에서는 상담자에 대한 두려움을 줄이고 편안한 분위기를 주는 것이 중요하다. 아동에게 어떻게 하면 편안함을 줄 수 있을까? 아동은 대화만으로 상담을 하면 쉽게 지루해한다. 그래서 대부분 놀이와 같은 활동을 하면서 면담한다. 놀이활동은 즐겁고 상대방의 시선이 덜 느껴져 보다 편안하다. 놀이를 통해 현재 아동의 발달과 정서 상태를 확인하고 주 호소 문제를 파악해야 한다. 아동의 성향과 행동 특성을 객관적으로 이해하고 확인하는 것은 중요하다.

아동면담 상황A

(1) 아동의 관심사에 대한 이야기나누기

놀이 상황에서 아동은 훨씬 편안해한다. 긴장이나 불안이 감소되고 경계나 거부감도 줄어든다. 상담자는 아동과의 일대일 상황에서 아동이 관심을 보일 수 있는 주제로 이야기를 시작하는 것이 좋다. 예를 들면, 학교생활이나 방과 후 활동, 여가시간, 친구, 가족에 대한 것이다.

예시 1 학교 갔다 오면 주로 뭐하면서 지내?

예시 2 가장 좋아하는 친구에 대해 말해 줄래?

예시 3 아빠(혹은 엄마)는 어떤 분이라고 생각해?

예시 4 엄마(혹은 아빠)가 가장 좋을 때가 있으면 언제인지 말해 줄래?

아동은 낯설지만 자신이 좋아하는 것에 대해 관심을 보이면 상담자와의 이야기라도 집중할 수 있다. 다음의 예시와 같이 질문해 볼 수 있다.

예시 5 좋아하는 장난감은 어떤 게 있니?

아동면담 상황B

예시 6 혹시 이 방에 있는 것 중에 집에 있는 것과 똑같거나 비슷한 게 있니?

예시 7 마음에 드는 놀이가 있으면 해 봐도 돼.

아동과 면담할 때 활용할 수 있는 질문 내용을 〈표 4-2〉에서 살펴보자.

〈표 4-2〉 아동면담 시 활용할 질문들

질문 영역	질문 내용
당일 감정	• 오늘 기분(마음, 감정)은 어때? • 오기 전에 아빠(엄마, 부모님)가 여기(상담) 오는 것에 대해 해 준 이야기(말)가 있으면 말해 줄래? • 오면서 주로 무슨 생각을 했어? 오늘 어떤 마음으로 왔어? • 올 때 힘든(어려운, 짜증나는, 화나는) 게 있었으면 말해 줄래?
가족	• 같이 사는 가족에 대해 말해 줄래? • 함께 생활하는 가족은 누가 있어? • 가족 중 누구랑 제일 친하다(불편하다)고 생각해? 그 이유는 무엇이니? • 아빠(엄마, 다른 가족)는 어떤 분이야? • 아빠(엄마, 다른 가족)가 좋을 때(싫을 때, 마음에 안 들 때)는 언제야? • 형(언니, 다른 형제)이랑 지내는 건 어때? • 가족이랑 같이 있을 땐 주로 무엇을 해? • 가족이랑 무엇을 할 때 가장 즐거워(힘들어, 싫어, 불편해)? • 요즘 아빠(엄마, 다른 가족)에게 바라는 게 있다면 말해 볼래?
학교 및 학원 생활	• 학교(유치원, 어린이집, 학원)에 다니는 건 어때? • 학교에서 가장 재밌을 때(힘들 때)는 언제야? • 학교(유치원, 어린이집, 학원)가 끝나면 주로 어떻게 지내? • 다니는 학원이 있으면 말해 볼래? • 그 학원에 다니는 것은 어때? (어떻게 다니게 됐어?) • 학원 다닐 때 가장 많이 드는 생각은 어떤 거야? • 담임선생님(학원 선생님)은 어떤 분이야? • 수업시간은 어때?

	• 쉬는 시간에는 주로 무엇을 해? • 가장 좋아하는(싫어하는, 어려운, 힘든) 수업시간은 어떤 거야? • 가장 좋아하는(싫어하는, 어려운, 힘든) 선생님이 있니? 그 이유는 무엇이니? • 다니고 있는 학원 중에서 좋아하는(싫어하는, 다니고 싶지 않은) 순서로 말해 볼래? • 공부하는 건 어때? • 공부는 왜 한다고 생각해? • 요즘 학교(유치원, 어린이집, 학원)에서 원하는 게 있니?
또래관계	• 좋아하는(마음에 드는) 친구가 있니? 그 이유는 뭐야? • 좋아하는 친구(마음에 드는)에 대해 말해 줄래? • 혹시 싫어하는(괴롭히는) 친구가 있니? 이유는 뭐라고 생각해? • 친구가 괴롭히면 넌 어떻게 해? 그 친구가 어떻게 하길 바라니? • 자주 어울리는(같이 다니는) 친구가 있니? • 친한 친구는 몇 명 정도야? (몇 명쯤 있었으면 해?) • 친구랑 있으면 주로 뭘 하면서 보내? • 친구랑 하고 싶은 게 있니? • 친구랑 싸울 때(힘들 때, 화가 날 때)가 있니? 무엇 때문일까? • 친구랑 싸우면 선생님(주변 친구들)은 너한테 어떻게 해?
여가생활	• 주말(쉬는 날, 방학)에는 주로 뭘 하면서 보내? • 좋아하는 놀이(운동, 취미)가 있니? 있으면 말해 볼래? • 주말(방과 후, 쉬는 날)에 하고 싶은 게 있니? • 방학(여행) 때 하고 싶은 게 있니?
자신에 대해서	• 너에 대해 소개해 줄래? 너는 어떤 아이라고 생각해? • 너의 성격에 대해 말해 줄래? 넌 어떤 성격이라고 생각해? • 장점(강점, 단점, 약점)에 대해 말해 줄래. • 다른 가족(친구, 친척)이 너에 대해 주로 뭐라고 말해? • 선생님(친구, 지인)은 너를 어떤 아이라고 생각할까? • 커서 되고 싶은 게 있으면 말해 주래? 그 이유는 뭐야? • 어른이 되서 하고 싶은 일(직업)이 있으면 말해 볼래? 그 이유는 뭐야? • 세 가지 소원을 들어주는 반지가 있다면 어떤 것을 말하고 싶어?

〈표 4-2〉와 같은 질문은 아동의 나이와 발달 수준에 따라 융통성 있게 바꿔서 사용하는 것이 좋다. 상담 당일의 기분, 주 호소 내용, 면담시간을 고려하여 적절한 내용을 선택하여 활용해 보자. 상담자의 질문에 아동이 쉽게 대답할 수 있고 다른 주제를 말할 수도 있다. 부모와 마찬가지로 아동이 스스로 하고 싶은 이야기나 놀이를 한다면 따로 질문하지 않아도 된다. 상담동기가 낮거나 없는 경우에는 질문을 하지 않으면 거의 말을 하지 않기 때문에 질문을 통해서 말문을 여는 것이 필요하다.

아동은 자신이 왜 상담에 왔는지, 상담자와 상담 시간을 가져야 하는 이유를 모르기 때문에 질문이 종종 도움이 된다. 질문을 통해 아동의 상담에 대한 생각이나 접수상담에 오기까지의 마음에 대해 말하도록 하면 아동의 정서와 부모와의 관계를 짐작할 수 있다.

아동과 면담할 때 천천히 관계를 형성하는 자세가 필요하다. 성급하게 질문하지 않고, 질문하는 이유를 먼저 말해 주고 대답은 아동이 자유롭게 하도록 한다. 질문을 통한 대화도 아동과의 관계를 맺고 상담자가 신뢰를 얻기 위해 할 수 있는 노력 중 하나이기 때문이다. 예를 들면, 아동에게 이렇게 말해 볼 수 있다. "선생님은 유진이에 대해 알고 싶어. 엄마한테 들어도 좋지만 직접 말해 주면 너와 더 친해질 것 같아. 유진이 생각을 말해 줄래?"처럼 말이다.

만약 상담분위기 자체를 어색해한다면 먼저 분위기를 좋게 하는 가벼운 주제로 시작한다. 예컨대, "선생님은 오늘 점심으로 김밥을 먹었어. 유진이는 학교에서 먹었겠구나. 혹시 뭐 나왔는지 기억나?"라고 해 보자. 또는 "선생님은 떡볶이랑 피자를 좋아해. 유진이는 어떤 음식을 좋아하니?"와 같은 것이다. 이런 질문도 해 볼 수 있다. "집에 있는 장난감 중 제일 좋아하는 건 어떤 거야?"라고 묻고 대답하면 "그 장난감은 어디서 났어?" 혹은 "누가 사 줬어?" "왜 제일 좋아?"와 같이 한 주제로 시작하여 추가 질문을 통해 아동이 관심 가지는 것에 대해 구체적으로 이해하는 것이다. 이어 관계가 친숙해지도록 상담환경에 대한 이야기로 발전시킨다. 즉, "여기도 그런 장난감이 있는데……. 비슷한 것도 있고 다른 것도 있을 거야. 같이 찾아볼까."와 같이 표현해 볼 수 있다.

아동이 상담자의 질문에 금방 대답하지 않는다고 다른 질문으로 쉽게 바꾸는 것보다 지금 상태를 묻는 것이 바람직하다. 예를 들어, "지금 무슨 생각하고 있는지 말해 줄래?" 또는 "선생님이 무슨 이야기했는지 기억해?"와 같이 현재 아동의 정서에 대해 살펴본다. 가끔 언어표현이 부족하거나 집중력의 문제가 있는 아동은 상담자의 질문을 놓치기도 한다. 면담 중에 아동이 상담자의 말을 이해하지 못하거나 다른 생각을 할 수 있다. 그런 느낌이 든다면 "혹시 선생님이 말한 것이 어렵니?" 또는 "선생님이 하는 말이 어떤 뜻인지 잘 모르겠니?"라고 물어봐도 좋다. 말로 표현하기 힘들어하는 어린 아동이라면 "선생님 말이 무슨 뜻인지 모르면 그냥 고개를 이렇게 끄덕여도 돼."라고 하면서 제스처로 표현하게 해 준다.

그 외에 선택적 침묵이나 정서 문제로 말을 하지 않거나 관계를 쉽게 맺지 못하는 아동이라면 첫 시간에 목소리를 들을 수 없을지도 모르겠다. 이런 아동도 상담에 대한 생각은 물어봐 주는 것이 좋다. 예를 들면, "원하지 않으면 부모님이랑만 상담할 수 있어. 그렇게 해도 될까?"와 같이 말하고 대답은 고개로 하도록 해 준다. 고개를 끄덕였다면 이후 부모면담만 하면 된다.

(2) 놀이관찰로 면담하기

아동이 가장 선호하는 놀이를 통해서 긴장을 풀고 편안해하면 주 호소 내용과 관련된 이야기를 나누는 것이 좋다. 놀이하는 모습을 관찰하고 주 호소 문제의 원인과 관련된 행동이 있는지를 파악해 본다. 아동의 놀이관찰로 무엇을 알 수 있는지 살펴보자.

첫째, 아동의 입실과 퇴실 전후의 모습을 살펴보자. 상담자의 안내에 따라 쉽게 들어가고 나오는지, 주저하거나 망설이는지, 성급하게 들어가는지, 조심스럽게 들어가는지, 주변을 살피는지 관찰할 수 있다. 상담실에 들어간 뒤 바로 놀이를 시작하는지, 바라보며 서성이는지, 망설이며 만지기만 하는지, 상담자에게 물어보는지, 상담자와 상호작용을 하려고 하는지, 혼자만 노는지에 따라 아동의 긴장 정도, 새로운 곳에 대한 반응, 현재 발달 정도, 정서상태 등을 추론해 볼 수 있다.

종료시간을 알려 주었을 때 보이는 반응도 각기 다를 것이다. 아동이 어떻게 반응하는지 이해하는 것은 의미가 있다. '계속 머물려고 하는지, 바로 일어서는지, 퇴실을 주저하는지, 앞서 나가는지, 상담자와 함께 나오는지, 놀이 후 정리하는지' 처럼 퇴실 직전의 모습에 따라서도 아동의 행동 특성을 이해할 수 있다. 더 놀고 싶다며 나오기를 거부하는 아동도 제법 많다. 이런 아동의 행동은 제한해야 한다. 상담자의 제한에 순응적인지 거부적인지를 관찰한다.

둘째, 아동의 놀이모습이다. 아동이 어떤 놀이를 선택하고 상호작용하는지 관찰한다. 발달 연령에 적합한 장난감을 선택하는지, 자유롭게 놀이하는지, 상호작용 놀이를 적절하게 하는지, 상담자에게 관심을 보이는지, 다양한 방법으로 놀이하는지 볼 수 있다. 이런 모습을 통해서 아동의 인지, 사고, 성향, 기질, 정서 등을 짐작해 볼 수 있다. 부모와 상호작용 놀이를 한다면 그

놀이관찰 상황

모습을 통해서 부모자녀관계를 이해할 수 있다.

상담자와 놀이를 할 때 부모를 찾는지, 놀이에 집중을 하는지, 상담자를 의식하는지, 상담자와 상호작용을 어떻게 하는지를 관찰한다. 관찰한 내용으로 아동의 정서적 · 행동적 특성을 알 수 있다. 이런 내용은 아동의 놀이발달에 대한 전문적인 지식에 근거해야 한다.

이상과 같이 아동의 놀이모습을 관찰할 때 주의 깊게 봐야 하는 내용을 살펴보았다. 이런 내용을 통해서 아동의 현재 발달 상태와 주 호소 내용을 파악하는 단서를 찾을 수 있어야 한다. 접수상담자가 아동의 놀이발달에 대한 이해와 놀이치료에 대한 전문적인 지식을 잘 갖추어야만 가능할 것이다.

(3) 놀이평가로 면담하기

나이가 어리거나 언어표현에 제한이 있는 아동은 면담이 더 어렵다. 정서문제나 발달지연이 있는 아동도 자기표현을 쉽게 하지 못한다. 말하는 것을 거부하는 아동도 마찬가지다. 이런 아동들은 놀이평가로 접수상담을 하는 것이 유용하다.

다섯 살 미만의 아동들은 놀이환경을 제공하고 그 모습을 보다 전문적인 기준을 통해 평가할 수 있다. 아동의 전반적인 발달 상태를 알기 위해서 놀이 활동 속에서 보이는 행동 특성으로 파악하여 주 호소 문제의 원인과 특성을 이해하도록 돕는다.

놀이평가는 마르샤크 상호작용평가(Marschak Interaction Method: MIM)와 같이 구조화된 방법이 있고, 자유롭게 놀이하는 모습을 통해 평가하는 비구조

놀이평가 상황A

놀이평가 상황B

화된 방법도 있다. 놀이평가로 아동을 이해할 수 있는 영역은 의외로 많다.

놀이평가의 유용성에 대해 부모에게 설명할 수 있어야 한다. 부모에게 놀이평가에 대한 질문을 받았다면 어떻게 대답할지 생각해 보자.

① 놀이평가는 무엇인가

놀이평가는 아동과 부모, 아동과 상담자의 놀이와 부모의 면담 자료를 토대로 폭넓게 아동의 현재 상태를 진단하는 방법 중 하나다. 놀이평가를 통해 아동의 현재 놀이 수준, 놀이 유형, 놀이 특징, 상호작용놀이 형태와 같이 놀이 중심 활동을 분석하여 아동의 전반적인 발달 정도, 정서 상태, 기질 및 성격 특성, 부모자녀관계 등을 이해할 수 있다.

부모와 아동에게 특정 지시문을 준 뒤 수행 여부와 상황에서의 특성을 평가할 수 있다. 혹은 집처럼 자연스럽게 놀이하게 해 평상시 모습을 추론하여 평가할 수 있다.

부모에게 놀이평가를 직접 안내하거나 설명하는 상황이라면 놀이의 치료적 속성을 포함해 설명해 보자.

예시 1 놀이평가는 아동의 놀이활동 모습을 통해서 현재의 전반적인 발달 정도를 폭넓게 진단하는 방법 중 하나입니다. 주로 아동과 부모, 아동과 상담자와의 놀이를 관찰하고 부모와 면담한 자료를 토대로 아동의 인지, 언어, 정서, 사회성 발달의 정도를 이해하도록 도와줍니다. 놀이평가는 여러 가지 장난감과 놀이를 할 수 있는 상담실에서 실시합니다.

놀이평가 방법과 진행에 대해서도 안내해 보자.

예시 2 오늘은 부모님이 먼저 아동과 정해진 시간 동안에 함께 놀이하면 됩니다. 가능한 한 평상시처럼 해 주세요. 물론 상담자가 본다는 생각을 하면 의식이 되겠지만 어머니(혹은 아버지, 두 분)가 최대한 자녀와 편안하게 하고 싶은 대로 놀이하면 됩니다.

놀이평가를 위해서 상담자는 우선 아동과 부모 중 한 사람, 혹은 부모 모두에게 평가 시간과 방법을 안내해 준다. 상담자는 따로 모니터할 수 있는 곳에서 부모와의 상호작용을 관찰한다. 또는 상담실에 같이 입실하여 한쪽 공간에서 관찰하며 평가해도 된다.

예시 3 어머니가 유진이와 함께 놀이를 하면 됩니다. 어머니의 평가시간이 끝나면 아버지와 유진이가 놀이하게 됩니다. 한 분씩 약 15분 정도(혹은 그 이상) 진행합니다. 끝나는 시간은 각기 알려 드리겠습니다. 이제 상담실 안으로 들어가 볼까요? 저는 그동안 관찰할 수 있는 이곳에 있겠습니다.

아동과 부모, 아동과 상담자의 놀이시간에 무엇을 관찰할 것인지 구체적으로 살펴보자.

② 놀이평가에서 무엇을 관찰할 것인가

앞에서 언급한 놀이관찰 내용과 비슷하다. 입실과 퇴실할 때 어떤 모습인지 관찰한다. 대부분의 아동은 자신의 발달 수준이나 흥미에 따라 장난감을 선택하고 놀이할 것이다. 이 과정에서 보이는 주요 정서를 파악할 수 있다. 즉, 즐거워하는지, 긴장하고 있는지, 흥분 상태인지 본다. 행동은 소극적인지, 산만한지, 적극적인지 살펴본다. 가지고 노는 장난감은 다양한지, 제한적인지 보고, 놀이상황을 말로 표현하는지, 특별한 행동을 보이는지 관찰할 수 있다. 부모는 아동에게 허용적인지, 일방적인지, 방관적인지 등등 관찰할 내용은 매우 다양하다.

상담자는 놀이평가에서 의미 있게 관찰한 내용을 평가기준에 따라 이해하여 아동의 발달 정도를 파악할 수 있어야 한다. 아동의 문제 행동과 연관된 정보를 알아야 부모에게 말해 줄 수 있다. 부모도 평가 결과에 따라 차기상담 여부를 결정할 것이다.

③ 놀이평가는 왜 유용한가

놀이는 아동이 가장 좋아하고 부담을 느끼지 않는 활동이다. 그래서 언어가 충분히 발달하지 않은 아동조차 자신의 생각과 감정을 표현하는 수단이 된다. 상담동기가 낮은 아동이라도 놀이에서는 자발적인 경우가 많다. 놀이평가를 통해 부모가 호소하는 아동의 문제를 이해할 수 있는 객관적인 자료를 얻을 수 있다. 놀이를 이용한 아동의 평가방법은 아동이 자신의 발달 정도를 놀이상황에서 보다 자연스럽게 드러낼 때 더 유용하다.

신체적 결함이나 인지적 능력이 덜 발달한 아동은 정상 발달에 있는 아동과 놀이에서 차이를 보인다. 그래서 정상 발달과 발달지연 상태에 있는 아동을 구분할 수 있다. 놀이평가를 활용하여 아동의 발달 정도뿐 아니라 발달의 이상 유무와 장애 정도를 확인해 볼 수도 있다. 특히, 언어발달이 느린 아동의 발달 상태를 관찰하는 데 보다 효과적이다.

놀이평가를 할 때 평가 질문지를 이용하면 도움이 된다. 별도의 기준이나 양식이 있는 것은 아니지만 아동의 평상시 놀이발달을 이해하기 위한 내용으로 구성할 수 있다. 필자는 송영혜 등(2005)의 일부 내용과 부모면담에서 활용했던 질문내용을 토대로 놀이평가 질문지 내용을 구성하였다. 구성 내용은 '놀이종류, 놀이방법, 놀이대상, 놀이장소' 네 가지로 구분하였다. 각각에 포함된 내용을 살펴보자(부록5 참조).

첫째, 놀이종류에 대한 것이다.

평상시 아동이 좋아하는 장난감과 싫어하는 장난감이 있는지, 있다면 무엇이고 그 이유는 무엇인지, 나이에 맞는 장난감을 가지고 있는지, 그에 맞는 놀이를 적절하게 하는지, 책이나 영상 매체를 장난감처럼 활용하는지에 대한 내용을 포함할 수 있다. 아동이 자신의 발달에 맞는 장난감에 관심을 보이는지 여러 종류의 놀이가 가능한지를 알아볼 수 있다.

둘째, 놀이방법이다.

아동이 주로 어떤 놀이를 하면서 보내는지, 선호하는 놀이는 무엇인지, 장난감의 용도나 기능에 맞는 놀이방법을 이해하고 있는지, 신체 놀이를 적절히 하는지, 다른 사람과 함께 놀이하고 싶어 하는지, 놀이를 그만해야 할 때 어떻게 하는지에 대한 것이다. 놀이방법을 통해 아동의 활동성과 이해능력, 정서 표현 방법에 대한 것을 알 수 있다.

셋째, 놀이대상에 대한 것이다.

놀이할 때 함께 어울리는 대상이 있는지, 있다면 누구인지, 주로 어울리는 대상이 사람인지 사물인지, 친한 놀이친구가 있는지, 친구와 어떻게 노는지, 혼자 하는 놀이와 함께하는 놀이가 모두 가능한지, 놀이친구를 어떻게 대하는지 등이다.

아동이 어릴 때에는 주로 부모와 같이 제한된 사람과 자신의 장난감을 이용하여 놀이를 한다. 하지만 점차 성장하면서 장난감뿐 아니라 스스로 놀이 도구를 만들고 방법도 찾는다. 부모와만 놀다가 또래, 이웃과 어울려 놀이하는 것을 좋아한다.

놀이대상에 대한 관심이 늘어날수록 언어 및 사회성 발달도 좋아진다. 아동이 놀이대상을 어떻게 인식하고 있는지를 알면 사회성 발달, 또래 및 대인관계가 어떠한지 확인할 수 있다.

넷째, 놀이장소다.

아동이 자주 노는 장소가 있는지, 있다면 어디인지, 안전한 놀이장소가 주변에 있는지, 실내놀이와 바깥놀이를 적절하게 찾는지, 집 이외에 놀이공간으로 어디를 주로 가는지, 어느 정도 멀리까지 가서 놀 수 있는지에 대한 것이다. 아동이 어릴 때에는 가정에서 부모와 가족과 주로 어울려 놀이한다. 그러나 점차 집이 아닌 다른 곳과 더 크고 넓은 놀이장소를 찾는다. 이로 인해 부모는 아동의 안전한 놀이를 위해 적절한 놀이장소를 마련해 주고 개입한다.

아동의 놀이장소에 대한 관심과 부모의 개입 여부는 부모자녀관계와 사회성 발달을 이해하도록 돕는다.

놀이평가는 일반 아동 이외에 언어표현은 부족하지만 놀이로 자신을 표현할 수 있는 대상을 이해하는 데 더 유용하게 사용될 수 있다.

놀이평가를 할 때 아동에게 어떻게 안내하는 것이 좋을까? 우선, 아동이 놀이할 수 있는 상담실을 소개해 보자.

예시 4 이곳에서 유진이는 선생님(혹은 부모)과 원하는 놀이를 해 볼 수 있어. 여기에는 여러 가지 장난감과 보드게임이 있단다. 약속한 시간 동안 유진이가 하고 싶은 놀이를 하면 돼.

아동이 놀이를 시작하면 상담자는 놀이를 방해하지 않으면서 평가해야 한다. 아동이 상담자와 함께 놀이하는 것을 원하지 않을 때에는 조금 물러난 위치에서 아동의 놀이를 지켜보는 것이 좋다. 남다른 행동 특성이나 의미 있는 놀이내용은 기록한다. 부모에게 아동의 특이한 행동과 관찰된 내용을 탐색할 수 있다. 주 호소 내용과 연관성이 있는 행동인지 확인하고 아동의 놀이평가 내용을 설명해 준다.

부모와 같이 들어가는 상황을 아동에게 안내해 보자.

예시 5 아빠엄마랑 이곳에서 놀이할 수 있어. 먼저 누구랑 해 볼까? 아, 엄마랑 먼저 들어가고 싶다고. 그럼, 엄마랑 먼저 놀이하고 아빠는 나중에 하자. 선생님은 다른 곳에서 기다릴 거야. 놀이가 다 끝나면 아빠엄마는 다시 선생님이랑 이야기를 해야 해. 그때 대기실에서 한 번 더 기다려 줄래? 자, 이제 들어가 볼까?

안내에 따라 부모와 아동이 놀이를 시작하면 필요한 내용을 잘 관찰하여 평가한다.

지금까지 접수상담에 대한 전반적인 내용을 살펴보았다. 접수상담은 상담자와 내담자 모두에게 매우 중요한 첫 시간이다.

상담자는 상담의 주춧돌이 될 접수상담을 잘 수행하도록 그 역할을 담당해야 한다. 아동상담의 특수성 때문에 더 전문성이 요구된다. 많은 사람이 아동상담에 대해 매력을 느껴 필자가 처음 그랬던 것처럼, 아동상담자의 길을 걷고자 한다. 접수상담이 아직 익숙하지 않아 어렵게 느끼는 상담자가 있을 것이다. 아동의 삶에 긍정적인 변화를 주고 성장을 돕는 의미 있는 상담은 분명히 매력적이고 보람된 일이다.

아동상담자가 전문가로서 만족스러운 접수상담을 할 수 있는 기술을 갖추길 바란다. 이를 위해 아동상담자의 전문성을 위해 각자의 상담 기술을 꾸준히 계발(啓發)하는 자세가 필요하다.

지금까지 다룬 내용들은 실제 접수상담 상황에서 활용할 수 있어야 한다. 이제 마지막 '제5장 접수상담의 사례'를 통해서 스스로 접수상담자라고 생각하고 접수상담 기술을 익혀보면서 자신감을 가져 보자. 이미 접수상담자의 역할을 하고 있다면 다양한 내담자에 대한 이해를 높혀 이전보다 더 자신감 있게 접수상담을 하길 바란다.

제5장

접수상담의 사례

1. 아동과의 접수상담
2. 부모와의 접수상담

접수상담과 관련된 사례는 「개인정보 보호법」 준수를 위하여 교육 목적으로 아동의 특성을 이해하기 위해 실제 사례를 기반으로 가명처리하여 재구성하였다. 사례는 아동과 부모가 함께 온 경우, 아동 없이 부모나 보호자만 온 경우로 구분하여 실었다.

각 사례는 내담자에 대한 간략한 정보, 의뢰과정, 주 호소 내용, 상담 이유, 내담자에 대한 첫인상, 주요 관찰 내용, 면담내용, 내담자에 대한 상담자의 느낌 및 소견, 추후상담에 대한 협의와 계획 순으로 정리하였다.

1. 아동과의 접수상담

아동과의 접수상담은 놀이평가, 놀이관찰, 면담 위주로 상담한 사례를 순서대로 실었다. 놀이평가와 놀이관찰 사례도 부모와 아동 모두 면담을 하였으나 주가 된 시간은 놀이 위주였다는 뜻이며, 면담 위주는 놀이활동을 부분적으로 했지만 이야기 중심으로 상담한 것을 말한다.

1) 놀이평가 사례

사례 강○○ 특정 행동을 반복하고 또래 보다 말이늦은 5세

(1) 아동에 대한 정보

강○○, 남아, 유치원생(접수상담 당시 만 4세)

부모의 맞벌이로 친조부모가 인근 지역에 거주하며 돌 이후부터 양육을 도움.

(2) 의뢰과정

어린이집 교사가 또래보다 말이 늦고 특이한 행동을 한다고 부모에게 전하며 상담을 권유하여 전화로 상담을 문의함. 접수상담 당일 아동과 부모가 나란히 내방함.

(3) 접수상담 내용 요약

상담자가 사전에 부모와 짧은 면담 후, 자유로운 형태로 부모와 아동의 놀이평가를 진행함. 놀이평가 후 부모와 추가로 면담을 함.

① 주 호소 내용

또래보다 말이 늦고, 연필과 같은 긴 막대기를 쥐고 있을 때가 많으며, 흥분하면 몸을 점프하듯이 뛰면서 혼자서 박수를 치는 경우가 잦음.

② 상담 이유

1년 이상 언어치료를 하고 있음에도 말이 늘지 않아서 발달 상태가 궁금함.

③ 내담아동의 첫인상

또래보다 약간 큰 키와 보통 체격으로 순해 보이는 인상임. 유치원 체육복 차림이었으며, 바지의 하단을 한 뼘 정도 접어 입었음. 왼쪽 손등에 만화 주인공 스티커를 붙이고 있었음. 주변에 대한 경계가 없음. 상담자의 안내와 인사에 반응이 거의 없었고, 혼잣말로 중얼거렸으며 알아듣기가 어려웠음. 간단한 질문에도 바로 대답하지 못했으며, 발음이 어눌하고 부정확하여 의사소통의 어려움이 예상되었음.

④ 주요 관찰 내용

새로운 곳에 대한 경계와 관심이 없어 보였음. 대기실에서 큰 소리로 혼잣말을 하고 갑자기 점핑하듯 제자리에서 뛰어올라 손뼉을 침. 소파 위에 올라서서 부가 내려오라고 지시했으나 따르지 않아 손을 잡아 바닥으로 억지로 내려오게 함. 내려온 뒤에도 대기실 중앙의 탁자 주변을 빙빙 돌며 착석하지 않았음. 기다리는 동안 입고 온 체육복과 비슷한 색깔의 장난감을 발견하면 반복적으로 색깔을 부정확한 발음으로 소리 내고 산만하게 돌아다님.

⑤ 놀이평가 내용

대기실에서 상담실로 이동할 때 주변 상황에 대한 관심 없이 앞만 보고 따라감. 상담자가 상담실의 문을 열자 곧장 들어가 기차 바구니를 내려 기차를 꺼냄. 부가 상호작용 놀이를 위해 질문하거나 함께 놀이하기 위해 여러 장난감을 제시하였지만 관심을 보이지 않음. 가끔씩 장난감의 이름과 색깔 정도를 부의 질문과 상관없이 혼자서 말함. 이후 다른 장난감이 있는 곳을 보긴 했으나 살짝 만지는 정도였고, 낮게 엎드려 기차만 굴림. 여러 개의 기차 중 두 개만 붙이고 기찻길도 서너 개만 연결하고 중단함.

모와의 놀이에선 모가 주도적으로 여러 가지 사물의 이름을 영어와 우리말로 반복해서 알려 주려 했지만 아동은 별 관심을 보이지 않음. 모가 따라해 보라고 하면 부정확한 발음으로 모가 말한 단어나 끝의 발음만 따라하고 다시 혼자 놀이에 빠짐. 모가 아동의 이름을 부르면 느리게 쳐다봤지만 눈맞춤은 부자연스러움. 대부분 부르기 전엔 쳐다보지 않음. 자발적으로 상호작용하는 놀이는 거의 없었음. 놀이평가시간 대부분 상체를 바닥에 닿을 듯이 낮게 엎드린 자세로 혼자 웅얼거리는 모습이었음.

⑥ 부모와의 주요 면담내용

강○○은 생일이 늦은 편이라 또래보다 발달이 조금 늦을 뿐이라고 생각해 왔음. 작년에 어린이집 교사가 말이 또래보다 많이 느리다고 해서 언어치료를 시작했으나 생각보다 늘지 않는다는 생각을 함. 그러나 언어치료사가 치료실에선 잘하고 있다고 해서 좋아질 거라 믿고 계속 다니고 있음.

유치원 종일반에 다님. 방과 후와 주말에도 불규칙한 부모의 일 때문에 대부분 친조부모가 도맡아서 돌봐 줌.

강○○은 어릴 때부터 순하고 무던한 아이라는 말을 많이 들었는데 돌이켜보니 옹알이가 많지 않았고, 또래에 대한 관심도 적었음. 부모보다 더 아기 취급하는 조부모와 생활하는 시간이 많다 보니 의존적이고 생일이 늦어 또래보다 말이 더딘 것은 당연하다고 여겼음.

최근 지인이 자폐성 장애 가능성에 대해 조심스럽게 이야기를 했지만 부모는 단 한 번도 생각하지 않았음. 그러나 언어치료를 1년 동안이나 했는데도 말이 늘지 않는다면 이상이 있는 것 같아 상담을 하기로 함.

부모는 아동이 평소 간단한 지시는 따르고, 대답은 안 하지만 말귀를 알아듣는다고 생각했음. 또래보다 어려 보이지만 신체발달은 빨라서 큰 걱정을 하진 않았음.

작년에 실시한 언어평가 결과, 또래보다 2년 정도 늦는다는 것을 알게 되어 살짝 놀람. 하지만 또래보다 생일이 늦기 때문에 주 1회 언어치료를 하면 금방 좋아질 것이라고 믿었음. 시간이 지나도 기대만큼 언어발달이 되지 않아 조금씩 고민이 됨. 최근 소아과 의사가 발달지연이 보인다며 치료가 필요하다는 소견을 보여 초등학교 입학을 유예할지에 대한 걱정이 있음.

⑦ 내담자에 대한 상담자의 느낌 및 소견

부정확한 발음과 단어 위주로 말을 하는 아동은 신체발달을 제외한 발달 전 영역에서 또래보다 지연된 모습이었음. 대기실에서 보인 점핑과 박수를 치는 행동은 발달장애 아동들의 상동행동과 유사해 보임. 자발적인 의사표현이 거의 나오지 않은 채 혼잣말을 하며, 관심 있는 것만 하려는 모습을 고려해 볼 때 자폐성 장애의 가능성을 배제하기 어려워 보임. 하지만 아동의 나이와 양육환경을 고려해 볼 때, 섣불리 단정 지을 수 없고 부모가 그 가능성에 대해 받아들이기 어려울 것 같아 우선 종합심리검사를 통해 아동의 발달 정도를 파악하기로 함. 초등학교 유예 여부는 심리검사 결과를 본 후 생각하도록 함. 입학 이후에도 부모가 직접 교육과 양육에 전념하기 어려워 보여 유예보단 입학하는 것이 나을 듯함. 이는 학교환경에서 제공되는 여러 가지 교육 및 또래 경험이 아동발달과 성장에 더 도움이 되기 때문임.

⑧ 추후상담에 대한 협의와 계획

의사소통이 어렵고, 독특한 행동 특성이 관찰되는 점으로 볼 때 자폐성 장애 아동으로 진단될 가능성이 있어 정확한 진료와 검사가 필요함을 전달함.

⑨ 접수상담 이후 상담과정

자폐성 장애 여부를 확인하기 위해 부모가 종합병원 진료를 예약함. 언어치료기관은 타 기관으로 바꾸었고 주 1회 놀이치료를 시작함.

종합병원에서 진료 및 발달검사를 실시함. 검사 결과, 자폐성평정척도(Korea-Childhood Autism Rating Scale: K-CARS)가 28점으로 자폐성 장애가 의심되고, 인지능력은 Mild MR(Mental Retardation), 사회성숙도검사(Social Maturity Scale: SMS)도 또래보다 2세 정도 지연된 상태였음. 아동은 발달이 늦은 상태로, 전반적 발달장애(Pervasive Developmental Disorder: PDD)로 진단됨.

(4) 놀이평가를 통해 본 아동의 발달 상태

① 언어발달

아동은 또래보다 수용 및 표현 언어 모두가 지연된 상태임. 놀이평가에서 주로 단어로만 말하고 사용 어휘도 매우 빈약함. 스스로 문장을 만들어 의사소통하지 못하고 타인과의 대화에도 관심이 적어 보임. 발음 역시 부정확하고(예를 들어, 동그라미 → 도그라미, 소방차 → 소바차), 말로 하는 지시를 잘 따르지 못하였음. 언어발달의 지연으로 대화 내용을 이해하지 못하고, 의사표현방법을 익히지 못해 매우 단순하고 제한된 대화만 가능해 보임. 지속적인 언어치료가 요구됨.

② 인지발달

주변 상황에 대한 관심이 낮아 사물을 폭넓게 탐색하고 상호 연관성이나 특징 등을 이해하지 못함. 소량의 장난감만을 분류, 서열화하는 단순한 형태로만 놀이함. 상징적인 놀이와 타인과의 상호작용 놀이는 거의 나타나지 않음. 이상으로 볼 때, 낮은 인지발달 상태에 있어 지적발달을 촉진하는 교육이 필요해 보임.

③ 정서 및 사회성 발달

타인과의 관계에서 필요한 적절한 눈맞춤이 어렵고, 타인의 감정 변화를 알아채고 관심을 표현하는 모습이 적어 정서 표현도 자연스럽게 발달하지 못한 것으로 보임. 독백 형태로 중얼거리며 특정 행동을 반복하고, 혼자서 웃거나 뛰는 등 자폐성 장애의 상동행동과 유사한 모습이 자주 관찰됨. 다만, 놀이평가 시 부모의 얼굴과 손을 만지거나 무릎에 앉히면 잠시 안겨 있고, 스스로 궁금하면 "이거 뭐야?"와 같은 질문을 하는 등 관계에 대한 욕구가 전혀 없는 것은 아님.

또래보다 생일이 늦는 것을 감안하더라도 다양한 정서가 분화되지 않는 점은 인상적임. 향후 다양한 사회적 경험과 관계 속에서 배워야 할 정서발달에 신경 써야 할 것으로 생각됨. 특히, 또래관계를 확장시켜 언어발달, 정서 및 사회성 발달을 촉진하는 것이 필요해 보임.

<TIP 1> 발달이 늦은 아동에 대해 이해하기

부모가 자녀의 발달 상태에 대해 의심이 되면 대부분 또래와 비교한다. 또래 발달의 평균치와 비교해 보아도 차이가 현저하게 나면 발달 이상으로 여겨 상담하는 경우가 있다. 발달이 늦은 아동을 상담하기 위해서 현재 발달 정도를 확인하는 것은 중요하다. 먼저 정상 발달에 대한 기준을 상담자가 알고 있어야 한다. 상담에 오는 발달지연 아동의 특성에 대해 살펴보자.

1. 또래보다 신체적인 발달이 늦다. 예컨대, 매우 작거나 어려 보이고, 운동발달 면에서 둔하고 서툰 모습을 보인다. 간혹, 침을 지나치게 많이 흘리거나 걸음걸이가 부자연스럽고, 기저귀를 늦은 나이까지 차고 있다.

2. 언어발달의 지연이다. 의사소통의 어려움이 있고 또래들보다 낮은 수준의 단어, 어휘, 제한적인 단어로만 말을 한다. 전체적인 발음이 부정확하거나 이탈이 심하다.

3. 사회성 발달이 부족하여 사회적인 상황을 알아채지 못한다. 인사를 하거나 지시에도 무슨 말인지 이해하지 못한다. 주로 혼자서 하고 싶은 대로 행동한다. 예컨대, 혼자 웃기, 자기 관심거리만 보기, 주변을 의식하지 않고 마구 돌아다니기, 눈맞춤이 안 되거나 부자연스러움, 멍한 표정 짓기, 특정한 말이나 행동을 반복하기, 한 가지 사물이나 일에 집착하기 등이다.

생후 4~71개월 아동은 국가의 지원으로 이루어지는 영유아건강검진에서 발달 상태를 확인할 수 있다. 검사 시기가 된 아동은 가까운 소아과에서 무료로 검사를 받도록 안내한다. 발달에 이상 소견이 있다면 발달검사와 언어평가기관에서 필요한 검사를 하는 것이 좋다. 상담자는 가족 중에 발달지연이나 발달장애 대상자가 있는지 확인해 본다.

사례 고○○ 부부의 양육갈등으로 혼란스러운 3세

(1) 아동에 대한 정보

고○○, 남아(접수상담 당시 만 2세 3개월)

부모와 얼마 전에 태어난 남동생과 생활함.

(2) 의뢰과정

모가 전화로 상담 문의와 예약을 하였으며, 상담일에 모가 아동과 내방함.

(3) 접수상담 내용 요약

모와 아동의 자유로운 놀이활동을 통해 놀이평가를 한 뒤 모와 면담함.

① 주 호소 내용

또래와 만나면 얼어 있는 듯 경직되고 자신보다 어린 아이가 다가오기만 해도 겁을 먹음. 두 돌 이전에 한글과 영어교육을 시켰을 땐 흥미를 보였지만 1~2주 전부터 싫어하고 정신없이 돌아다님.

② 상담 이유

이전과 달라진 아동의 행동에 대한 원인을 알고자 함.

③ 내담아동에 대한 첫인상

보통 키와 마른 체형, 편한 옷차림이었으며, 낯설어하고 심하게 경계하였으며, 손에 자동차 열쇠를 꽉 쥐고 있었음. 모가 상담자에게 인사하라고 지시했으나 두리번거리기만 함.

④ 주요 관찰 내용

실제 자동차 열쇠를 아동이 들고 있는 이유를 모에게 묻자 아동이 좋아하고 잘 잃어버리지 않아서 평소에도 달라면 준다고 함. 귀가 직전 아동이 더 놀고 싶어 하며 떼를 쓰고 울음. 옆에 있던 모는 아동의 감정을 공감하거나 달래기, 제한하기와 같이 상황에 맞는 지시나 지도를 하지 못한 채 쩔쩔매는 모습이었음.

⑤ 놀이평가 내용

아동은 주변을 경계하고 매우 느린 걸음으로 상담자의 안내에 따라 모와 입실함. 입실 후 모가 옆에 있음에도 주위를 살피고 천천히 반응함. 주변을 보며 '엄마'를 자주 부르고 모에게 바짝 다가앉는 등 밀착된 모습임. 연령에 적합한 유모차, 경찰차, 소꿉놀이 등에 관심을 보임. 장난감의 버튼을 살짝 눌러 소리가 나자 웃더니 이어 마구 버튼을 누르기도 함. 오작동으로 소리가 안 나자 모를 불러 도움을 요청함. 그러나 모는 뒤쪽에서 직접 해 보라는 말만 하고 도와주거나 함께 놀이하지 않음.

여러 번 오작동으로 장난감에서 소리가 나지 않자 아기인형의 손을 잡고 대신 작동하려 함. 소리 나는 장난감의 버튼을 잘 누르지 못하자 아동은 입으로 소리를 대신 냄. 놀이 중 동행하지 않은 아빠를 여러 번 부르는 모습이 관찰됨. 요구사항이 있을 때 대부분 '엄마'라고 불렀지만 모가 민감하게 반응하지 않음. 원하는 대로 안 되면 다른 놀이로 이동하고 빨리 포기함. 모는 계속 아동의 주변에 앉아 있었지만 상호작용을 하거나 아동의 놀이를 촉진시키는 반응은 거의 없었음. 전반적으로 모는 지치고 무기력한 모습이었음.

⑥ 모와의 주요 면담내용

모가 둘째를 출산한지 몇 개월 되지 않아 친정어머니가 집에 와서 아동의 양육을 돕고 있음. 아동의 부는 지시적이고 통제적인 편으로, 자신이 지시하는 것을 따를 때까지 아동에게 정해진 규칙을 반복적으로 말함. 평소 남편에게 강박적인 성격이 있다고 느낌. 모는 위험한 경우를 제외하고 아동이 원하는 것을 다하도록 내버려 두는 편이고, 외조모 역시 모와 비슷하게 아동의 요구대로 해 주는 편임.

외조부모와 이모가 아동의 양육을 많이 도와주고 있음. 부부간 양육방법의 차이가 큰 편이어서 부부싸움이 잦음. 이로 인해 최근 아동은 부모랑 있을 때 위축되었다가 원하는 것을 하지 못하면 심하게 울거나 고집을 피우는 경우가 많아지고 있음. 모는 대부분 남편의 성격 때문에 아동이 겁을 내고 또래와 잘 어울리지 못한다고 생각함.

⑦ 내담자에 대한 상담자의 느낌 및 소견

고○○는 장난감의 기능에 따라 작동할 줄 알고 재미를 이해하는 등 인지능력의 문제는 크게 없어 보임. 다만, 자기 필요에 따라서만 말하고 유난히 경계가 많아 긴장감이 높고 불안해 보임. 이는 아동을 둘러싸고 있는 여러 명의 양육자 간의 차이가 커 아동이 규칙의 일관성을 알고 배우지 못해 혼란스럽기 때문으로 생각됨. 특히, 지시적이고 통제적인 부와 지나치게 자유분방하고 자기 편의적으로 아동을 이해하고 있는 모와의 갈등이 아동의 정서에 영향을 주고 있어 불안정한 정서 탓에 타인에 대한 경계가 심한 것으로 보임.

놀이평가에서 관찰된 모의 모습과 모 스스로 이야기하는 성격과 양육자로서의 모습이 일치하지 않아 보였음. 둘째 출산 후 산후우울증을 이유로 양육을 외가식구에서 전담하게 하고 아동에게 필요한 양육을 못하고 있었음. 둘째 출산 이전에 주로 아동에게 한글과 영어 교육에만 치중함. 아동은 여러 명의 양육자에 의한 양육, 부부갈등으로 불안정한 환경에서 생활하다 보니 작은 소리와 변화에도 예민하게 반응함. 타인과의 관계에서 쉽게 위축되고 불안하여 자신보다 어린 아동만 봐도 겁을 먹는 것으로 보임. 최근 동생의 출생으로 모가 동생 위주로 양육하자 정서적 교류가 줄어 외부 환경을 더 경계함. 심하게 위축되어 아동이 잠재된 능력을 발휘하지 못하는 것으로 생각됨.

⑧ 추후상담에 대한 협의와 계획

아동상담보다 부부상담이 필요해 보임. 모가 아동의 발달에 대한 이해와 적합한 양육 정보가 부족해 양육상담을 권고함.

(4) 놀이평가를 통해 본 아동의 발달 상태

① 언어발달

상담자와 모가 말하는 내용을 알아듣고 행동으로 수행할 수 있지만 자기표현은 극히 제한적임. 이는 심리적으로 불안정한 상태에 있기 때문임. 특히, 상황에 맞는 적절한 언어를 찾아 사용하기보다 대부분 엄마나 아빠의 호칭만 불러 의사표현을 대신하고 있었음. 향후 부모가 적절한 양육환경을 제공해 주고 심리적 안정을 돕는다면 의사소통의 어려움은 없을 것으로 보임. 현재는 자연스럽게 자신의 생각과 감정을 언어로 구사하지 못함.

② 인지발달

새로운 장난감에 대한 관심을 보이고 작동이나 놀이방법을 빨리 모방함. 연령에 맞는 놀이를 찾고 방법을 습득할 줄 알고 있는 바, 인지적 문제는 크게 없어 보임. 그러나 지나치게 주변을 경계하고 예민한 반응이 많아 자연스럽게 자신의 지적인 욕구를 충족하지 못하고 있음. 이는 부모가 아동에게 필요한 것을 제대로 인식하여 적절한 환경을 제공하지 못하여 인지능력이 저평가되기 때문임.

③ 정서 및 사회성 발달

부모의 성격 및 양육 가치관의 갈등이 커 아동의 정서에 영향을 주는 것으로 보임. 현재 부부갈등이 고스란히 아동에게 표현되고 양육의 책임을 부부가 서로에게 전가하는 등 미숙한 부모역할로 아동이 정서적으로 불안정함. 아동은 새로운 환경에서 타인에 대해 경계, 경직, 위축, 눈치 보기와 같은 정서를 많이 나타냄. 이로 인해 타인이나 주변에 대한 관심 표현이 적고, 상호작용을 하지 못하여 사회성이 저하되어 보임.

<TIP 2> 양육에 대한 가치관 차이로 갈등이 심한 부모상담

부부가 서로 다른 생각을 하는 것은 너무나 당연하다. 결혼 전까지 서로 다른 환경에서 생활해 온 성인들이 가정을 이루었으니 하루아침에 모든 것이 일치할 수는 없다. 자녀에 대한 양육도 마찬가지다. 한 자녀를 같이 키우더라도 다른 가치관을 보일 수 있다. 하지만 매번 서로의 양육에 대한 이견으로 협의하지 못하면 그 영향은 고스란히 자녀에게 미칠 것이다. 부부가 양육 가치관 차이가 심해 상담을 권해도 이견을 좁히지 못하는 경우가 많다. 예를 들면, 아내는 자녀가 상담이 필요한 상태라고 생각하지만 남편은 전혀 문제가 없고, 오히려 그런 생각을 하는 아내의 문제가 심각하다고 느낀다. 반대인 경우도 있다. 이런 상황이 모두 나쁜 것은 아니다. 이해하기 어렵지만 서로 다른 가치를 인정하는 자세가 필요하다. 부모가 심하게 부딪힌다면 자녀상담 이전에 부부상담을 먼저 권한다. 양육문제로 부부갈등을 겪는 부모와 상담할 때 신경 써야 할 내용을 살펴보자.

1. 부부는 양육 가치관이 일치해야 한다는 생각을 가지지 않는다. 부부는 어린 시절부터 서로 다른 환경에서 오랫동안 살다가 한 가정을 이루었기에 여러 면에서 차이를 보이는 게 당연하다. 양육도 마찬가지여서, 서로 다른 차이를 존중해 주어야 한다. 자녀에게도 서로 다른 부모의 생각이 이상한 것이 아님을 이해하도록 돕는다. 즉, '아빠의 생각은 이렇고, 엄마의 생각은 이래. 우린 어떻게 하면 좋을까?'란 자세로 자녀와 가장 좋은 방법을 찾으려는 노력을 보여 주는 것이 바람직하다. 부모의 공감과 존중의 태도는 자녀가 타인의 다른 가치를 보다 빨리 인정하는 자세를 배우게 한다.
2. 서로 시시비비를 가리며 싸우는 모습을 보여 주지 않는다. 부부싸움을 하면 어느 한쪽의 의견을 관철하려는 태도를 보이는 부모들이 있다. 이런 태도는 힘이 세거나 강한 주장을 펼친 어느 한쪽의 결정이 당연시되어 아동 역시 갈등 상황에서 자기가 원하는 대로만 하려는 경향을 배울 수 있다. 각자 입장이 다르듯이 상대방의 주장도 당연한 것이라는 생각을 가져야 한다. 특히, 힘이 세거나 고집을 피우면 원하는 것을 가질 수 있고 밀어붙이는 식의 문제해결을 하지 않도록 양육하는 것이 중요하다.
3. 부부갈등으로 싸우게 되더라도 싸움 후 화해나 협의로 다시 안정된 상태라는 것을 전달해야 한다. 갈등의 결과는 공동체에서 보다 바람직한 결정을 내리고 안정된 정서를 유지하는 쪽으로 되어야 한다. 갈등이 안 좋은 상황을 만들기도 하지만 대부분은 부부가 서로가 의견을 존중하여 보다 편안한 가정 분위기가 되는 것을 아동이 알도록 해야 한다.

사례 구○○ 퇴행으로 공격성을 보이는 4세

(1) 아동에 대한 정보

구○○, 남아, 유치원생(접수상담 당시 만 3세 6개월)

부모와 연년생 동생과 생활함.

(2) 의뢰과정

지인의 소개라며 친조모가 상담 문의와 예약을 대신함.

접수상담일에 아동과 부모가 함께 내방함.

(3) 접수상담 내용 요약

아동과 부모와의 놀이평가 후 부모면담을 함.

① 주 호소 내용

동생 출생 후 원하는 물건에 집착하고, 모에게 유난히 떼를 쓰며, 모가 다른 일을 하지 못할 정도로 요구사항이 많음. 요구를 들어 주지 않으면 때리거나 물건을 집어던지는 공격적인 행동을 함.

② 상담 이유

공격적인 행동으로 동생에게 위협을 가할까 염려되어서 돕고자 함.

③ 내담아동에 대한 첫인상

또래보다 약간 작은 키, 마른 체형으로 소심하고 경직된 모습이었음. 부모가 아동의 근처에 있음에도 주변을 자주 두리번거림. 헛기침 같은 소리를 간헐적으로 내고 있었음.

④ 주요 관찰 내용

낯설어서인지 대기실의 장난감을 살짝 만지기만 하고 작동하진 않음. 공을 '궁'으로 발음하는 등 발음이 다소 부정확함. 말을 시키면 간단하게 대답 하였지만 대화에 적극적으로 참여하진 않음. 함께 온 동생이 자신이 먼저 고른 장난감을 만지자 순간적으로 화를 내고 곧바로 때림. 반면, 동생이 만들어 놓은 블록을 아동이 말없이 가져감. 이에 동생도 아동의 팔을 때리자 즉시 동생을 밀치고 또다시 때린 뒤 미안해하지 않음.

⑤ 놀이평가 내용

입실 후 곧장 자동차가 있는 쪽으로 이동함. 자동차를 꺼내서 바닥에 나열하더니 주로 굴리기만 함. 검은색 승용차를 들어 "아빠 차!"라고 말하자 모가 아빠 차랑 다르다고 반응했으나 신경 쓰지 않고 다른 자동차를 꺼냄. 자동차를 나열하며 '소방차, 경찰차, 버스, 트럭' 등 명명하고 벨소리 기능을 작동함. 모가 재밌겠다며 고리던지기와 종이벽돌을 꺼내자 처음엔 관심을 보이지 않다가 모의 시연 후 서서히 따라함. 그러나 힘이나 높이 조절을 하지 않고 무조건 멀리 세게만 던짐. 한 가지 놀이에 머무는 시간이 매우 짧았음.

부와의 놀이를 위해 모와 분리를 시도하자 복도 중간까지 따라 나왔으나 부가 가까이 다가오자 잠시 서서 모를 본 후 재실함. 부가 들어서자 모와 하던 자동차놀이를 말없이 다시 함. 바닥에 놓인 청소차, 소방차, 유치원 버스 등을 연신 밀거나 굴림. 부가 기차를 꺼내 "전에 아빠가 사 준 거랑 똑같은 거네."라며 관심을 나타내자 기차 이름을 말함. 부는 점잖은 태도와 말투로 아동의 뒤나 마주앉은 채 말로만 놀이하고 움직이지 않는 모습임. 아동은 모와의 놀이 때보다 말을 더 많이 하고 편안해 보였지만 부는 지루한지 고개를 숙이고 멀찍이 물러앉아 아동의 놀이를 쳐다보기도 함.

⑥ 부모와의 주요 면담내용

둘째 임신 전부터 모가 힘들어해 친가에서 함께 생활하고 있음. 친조부모의 사랑을 많이 받은 아동은 친조부에게 유난히 매달림. 동생 출생 후 이유없이 가끔 엉엉 울어 모를 당황스럽게 함. 부는 내성적이며 소극적인 편이나 아동의 말을 잘 들어 주고 참는 성격임. 모도 부와 비슷한 성격임.

최근 아동이 모에게서 안 떨어지려 해 동생의 모유 수유를 강제로 중단함. 어린이집에 보내고 있으나 등하원 시 모에게 짜증과 화를 많이 내서 힘들어 잠시 쉬고 있음. 어린이집 교사는 적응에 별다른 문제를 보이지 않는다며 모에게 유별난 것이 아니냐고 반문함. 모는 집 밖에서 전혀 다른 행동을 하는 아동을 이해하지 못하겠으며 양육이 버겁다고 함. 부는 회사일로 바빠 이른 출근과 늦은 퇴근으로 육아에 대한 상황을 잘 모름.

⑦ 내담자에 대한 상담자의 느낌 및 소견

부모는 둘 다 순한 성격으로 보이지만 놀이평가에서 보면 아동에게 필요한 적절한 반응을 못하는 것으로 보임. 둘 다 아동의 놀이를 방해하지 않지만 아동의 발달을 이해하고 놀이를 촉진하지 못함. 상호작용 놀이방법을 잘 모르고 있으며, 양육에 대한 지식도 부족해 보임.

구○○는 동생 출생 이후 변화된 양육환경 때문에 모에게 유난히 짜증과 화를 내며 불편한 정서를 표현하고 있음. 동생의 사소한 행동에도 즉각적으로 화난 마음을 표현하며 밀거나 때리는 등 위협적인 행동을 해 모가 걱정함.

모와 분리하는 것에 어려움이 없음에도 자기 마음에 들지 않으면 분리를 거부하거나 갑자기 울음과 떼쓰기를 해 어린이집 등원시 문제를 보여 중단을 결정한 것으로 생각됨.

⑧ 추후상담에 대한 협의와 계획

동생의 존재를 이해하고 부정적인 감정 처리를 보다 안전하게 하도록 자기 조절 훈련을 배우기 위해 놀이치료와 부모양육상담을 권함.

⑨ 접수상담 이후 상담과정

구○○와 동생 모두 어려 놀이치료를 받고 싶지만 상담비용과 상담시간 할애에 대한 부담으로 상담을 보류함. 접수상담에서 들은 내용을 토대로 부모가 함께 노력해 보겠다고 하고 귀가함.

(4) 놀이평가를 통해 본 아동의 발달 상태 요약

① 언어발달

자유롭게 자신의 생각을 언어로 표현하는 것은 부족해 보였지만 지시를 듣고 따르는 데 어려움은 없음. 발음이 다소 부정확(예를 들어, 공 → 궁, 비행기 → 비잉기)하긴 하지만 정확한 발음도 자주 나오는 바, 추후 언어발달에 대한 관찰이 요구됨. 동생 출생 이후 퇴행으로 자신의 기분에 따라 말을 하고 부정적인 정서를 동생에게 자주 표현하지만 의사소통의 문제는 크게 없을 것으로 생각됨.

② 인지발달

동생 출생 이후 질투와 관련된 정서문제로 자신의 지적 발달이나 인지능력에 맞는 행동을 일부러 하지 않고 퇴행을 보임. 이로 인해 부모 앞에선 보다 어린 아동처럼 행동하고 있으며, 자신의 잠재능력을 충분히 발휘하지 못하고 있음.

③ 정서 및 사회성 발달

주변 사람들이 동생에게 관심을 더 많이 보이자 부모에게 요구가 많고, 동생과의 사소한 갈등에도 바로 화를 내며 공격적으로 대함. 현재 질투심이 강하게 나타나고 있음. 동생을 돌보는 모에게 유난히 짜증을 내고 기분에 따라서 성마른 행동을 보여 정서적인 문제가 나타남. 또래관계 및 어린이집 생활이 제한적으로 이루어짐. 이로 인해 사회성 발달에도 부정적인 영향을 주고 있음.

<TIP 3> 퇴행 행동에 대한 이해

퇴행 행동은 여러 가지 이유로 자신의 발달 상태보다 오히려 어려지는 역행행동을 말한다. 주로 동생이 태어난 아동들에게서 흔하게 보인다. 동생 출생 이후 하지 않던 행동을 하여 부모를 당황하게 하는 아동들이 있다. 이런 퇴행 행동에 대해 이해해 보자.

1. 퇴행 행동의 가장 일반적인 예는 어리광 부리기, 손톱 빨기, 오줌 싸기 등이다.
2. 퇴행 행동의 원인은 부모나 주변인에게 독차지했던 사랑이 동생에게 향하면서 자신도 동생처럼 어리게 행동함으로써 직간접적으로 다시 애정을 기대하는 효과를 얻어내는 것으로 질투의 감정 때문이다.

3. 부모의 대처방법으로는 큰 아이가 질투 감정으로 동생에게 공격적인 행동을 하지 않도록 신경 써야 한다. 모든 자녀에게 애정을 골고루 주고 있다고 느끼도록 해야 한다. 이를 위해 각 아이에게 맞는 인정이나 애정을 얻을 수 있는 활동이나 관계를 맺어 사랑받고 있음을 자주 알게 해야 한다.
4. 동생과의 관계는 임신 때부터 미리 준비시키는 것이 좋다. 곧 태어날 아기의 존재를 자연스럽게 받아들이도록 하고, 출생 후에는 동생을 돌보는 일에 참여하도록 해 준다. 가족의 일원으로 동생에 대한 돌봄을 함께하도록 해 큰 아이 스스로 기쁨을 느끼도록 해 준다. 참여시킬 수 있는 일의 예는 동생 달래기, 분유 타기, 기저귀 심부름, 아기 옷 챙기기 등이다.

2) 놀이관찰 사례

사례 김○○ 뜻대로 안되면 소리를 지르고 우는 5세

(1) 아동에 대한 정보

김○○, 남아, 유치원생(접수상담 당시 만 4세 2개월)

부모와 두 살 아래 남동생과 생활함. 동생 출생 이후 모가 동생을 돌보는 시간이 많아지면서 유치원 등원 시 가끔씩 안 떨어지려고 함.

(2) 의뢰과정

어머니가 전화로 문의 후 당일 바로 예약함. 상담기관 정보는 홈페이지로 이미 확인한 상태라며 지속적으로 상담을 하게 될 경우 상담시간과 상담비용이 어떻게 되는지만 문의함.

(3) 접수상담 내용 요약

아동과 어머니만 내방함.

모와 먼저 면담한 후 상담자가 김○○를 모와 분리하여 자유로운 놀이를 관찰한 후 모와 다시 면담함.

① 주 호소 내용

자신의 뜻대로 되지 않으면 소리를 지르고 울며 유치원에서는 비슷한 상황이 생기면 활동에 참여하지 않을 때가 많음.

② 상담 이유

최근 유치원 교사가 같은 반 친구들이 자기 맘대로 하는 김○○와 놀기 싫어한다고 전해 또래관계가 걱정됨.

③ 내담아동에 대한 첫인상

또래보다 작은 키와 마른 체형, 둥근 머리 모양으로 목에 손수건을 두르고 있었음. 체형보다 큰 티셔츠를 입어 여러 번 소매를 걷었고, 커다란 눈과 유난히 긴 속눈썹 때문에 귀여운 인상을 줌. 자발적인 말이 많고 또래보다 높은 수준의 어휘를 사용하여 긴 문장으로 대화가 가능함. 이해능력과 언어발달이 우수해 보였음. 간헐적으로 눈을 깜박임.

④ 주요 관찰 내용

처음 왔음에도 김○○는 낯설어하지 않고 대기실에 준비된 장난감에 관심을 보이며 환호함. 소파에 앉아 상담신청서를 작성하는 모를 향해 “엄마, 이것 좀 봐요.○○을 만들었어요.”라며 자주 말을 시킴. 모에게 관심을 끌려는 행동이 많았고, 상담자를 여러 차례 부르며 궁금한 것을 바로 질문함. 자신이 만든 것에 대해 구체적으로 묘사함.

⑤ 놀이평가 내용

모에게 인사까지 하고 바로 상담자를 따라 쉽게 입실함. 처음 보았다며 장난감을 꺼내 상담자에게 어떻게 하는 건지 물음. 상담자의 시연 후 바로 모방하면서 재밌다며 즐거운 감정을 말로 표현함. 장난감을 정렬하며 자신만의 규칙에 따라 순서대로 맞추었고 조금이라도 흐트러지면 형태를 다시 잡으려 애씀. 장난감을 탐색하며 "이건 ~인가 봐!"와 같이 말하며 강한 호기심을 보였고 끊임없이 이야기를 함.

여러 가지 기능의 자동차를 작동하며 각각 다른 의성어로 표현함. 견고한 장난감 조작이나 세밀한 작동이 필요한 장난감도 능숙하게 사용방법을 익히고 다룸. 상담자의 도움 없이 자기 주도적으로 규칙과 방법을 만들어 놀이함. 놀이시간 종료를 알리자 더 놀겠다며 퇴실을 지연. 상담자가 다음에 약속하면 또 올 수 있다고 하자 "지금……."하면서 살짝 신경질적으로 말하더니 징징거림. 상담자가 먼저 일어나 준비하자 몇 차례 더 버티다가 일어서서 퇴실함. 모를 만나자마자 조금밖에 못 놀았다며 투정함.

⑥ 모와의 주요 면담내용

김○○는 평소 주변 사람들에게 말을 매우 잘하고 똑똑하다는 평가를 들음. 유치원에서도 또래보다 우수한 편이라고 함. 부모도 인지능력의 우수함은 인식하고 있음. 클수록 자신이 선택한 방식을 고수하고 뜻대로 안 되면 화를 바로 내고 소리치거나 울기도 해 걱정임. 최근엔 원하는 대로 안 되면 고집을 부리는 일이 많아져 유치원에서 또래들과 갈등이 있음. 집에선 동생이 자신의 물건을 조금이라도 만지거나 관심을 보이면 심하게 화를 냄. 모가 동생은 어려서 그럴 수 있으니 이해해 주라고 하면 오히려 양보를 더 안 하고 못 만지게 하여 자주 나무라게 됨.

동생의 출생 전까진 지인들이 김○○에 대한 애정과 칭찬일색이었음. 하지만 동생이 성장하면서 동생도 자기 맘대로 행동해 요즘엔 어쩔 수 없이 김○○와 부딪힘. 동생이 요즘 유난히 형 장난감에 관심을 보이자 화를 내고, 성에 안 차면 우는 상황이 반복됨. 어른들이 안 보면 동생을 도와주는 척하며 괴롭힘. 꽉 끌어안거나 구석으로 몰아 못 나오게 하여 더 혼날 때가 있음. 이 과정에서 다시 기분이 나빠지면 동생 때문이라며 화를 내고 몰래 또 괴롭힘.

유치원 교사는 김○○가 머리가 좋고 새로운 놀이를 잘 만들어 내지만 자신이 하고 싶은 놀이만 강하게 주장하고 말이 너무 많아 힘들어하는 또래가 있다고 함. 친구보다 담임교사와 이야기하는 것을 선호함. 이런 특성 때문에 향후 또래관계가 어려워질 것 같다며 유치원 교사가 걱정함.

⑦ 내담자에 대한 상담자의 느낌 및 소견

동생 출생 이후 부모의 애정이 분산되면서 질투와 욕구불만이 증폭됨. 동생을 향한 복합적인 감정이 불규칙하게 나타나고 있음. 인지능력이 우수하여 동생을 몰래 괴롭히고 또래와의 놀이에서도 주도적이고 자기주장이 강해 또래관계에서 어려움이 생기고 있음.

김○○는 지적인 호기심이 많아 자신이 좋아하는 놀이를 또래에게 하도록 지시함. 갈등이 조율되지 않으면 친구들에게 불편한 정서를 바로 드러냄. 특히, 또래보다 작은 체격의 아동이 언어와 인지능력의 우수함으로 주로 말로 상대를 이기려고 하다 보니 잔소리꾼처럼 비춰지고 예상하지 않은 갈등이 자주 유발되는 것으로 생각됨. 현재 자기 뜻대로 안 되면 즉각적으로 화나 짜증, 울음으로 표현하는 것으로 볼 때 급한 성미도 엿보임. 다방면으로 우수하고, 애정과 인정욕구도 높지만 때때로 성급한 행동으로 실수와 같은 우발적인 상황이 생기면 못 참음. 감정 조절과 관계 개선을 위한 노력이 필요함.

⑧ 추후상담에 대한 협의와 계획

주 1회 놀이치료를 하기로 함. 김○○의 지속적인 상담을 위해 동생을 맡기고 와야 해서 일정은 추후 전화로 협의하기로 함.

⑨ 접수상담 이후 상담과정

주 1회 놀이치료를 시작함.

<TIP 4> 아동기의 고집 부리는 행동에 대한 올바른 이해

아동은 발달상 거절이나 거부의 말을 많이 하는 시기가 있다. 만 3세 전후의 아동으로, 자아중심성이 강해질 때다. 주로 자신의 뜻대로 안 되면 "싫어!" 혹은 "아니야!" 라고 말한다. 또는 "내가 먼저 할 거야."라고 하거나 "그거 안 할래."와 같이 자기 의지를 강하게 밝힌다. 원하는 것을 들어 주지 않으면 심하게 소리를 지르거나 발버둥치고 심지어 바닥에 들어 누워서 꼼짝하지 않는다. 이런 아동들이 상담에 오기까지 부모는 상당한 시간 동안 나이가 들면 좋아질 것이라며 지켜봤을 것이다. 고집을 부리는 아동의 행동에 대한 이해가 필요하다.

1. 고집을 부리는 행동의 원인은 자아의 발달 때문이다. 즉, 원하는 대로 할 때 느껴지는 만족과 기쁨을 통해 행복을 경험한다. 하지만 아직은 상대방과 의견을 조율하는 힘과 감정을 표현하는 능력이 미숙하여 자기 입장에서만 많이 하려고 애쓴다. 이

때문에 갈등이 유발되면 자주 부정어를 사용하여 거부감을 더 드러낸다.

2. 부모의 대처방법으로는 아동이 하고자 하는 행동에 초점을 두기보다 원하는 것을 하고 싶은 마음을 이해해 주는 것이 바람직하다. 고집을 부리는 행동 대신 원하는 것을 상대방에게 말하고 서로 다른 입장을 고려하여 정확하게 말로 전달하는 연습을 시키는 것이 필요하다.
3. 고집은 꺾어 놓아야 한다는 생각을 하지 말아야 한다. 고집을 부리는 아동을 거칠게 양육하는 부모들이 있다. 애초에 고집을 꺾어 놓지 않으면 더 심해진다는 생각 때문이다. 하지만 부모의 강력한 대처나 일방적인 태도는 아동의 고집을 더 늘어나게 하고 공격적인 행동을 더 유발시키므로 주의해야 한다. 들어줄 수 없는 요구라면 거절의 말과 태도를 유지함으로써 고집을 부려도 어쩔 수 없다는 결과를 인식하게끔 하여 더 이상 고집을 부리지 않도록 돕는다.
4. 고집을 심하게 부리는 아동 중 일부는 부모의 훈육방법을 모방한다. 일방적으로 자녀에게 지시하거나 보상 중심의 훈육을 자주 사용하여 상대방의 의견을 존중하는 태도보다 무조건 강하게 주장하면 된다는 식의 결론을 보여 준 경우다. 따라서 부모가 평소 이견을 조율하고 서로 협의하는 태도를 보여 주는 것이 중요하다.

사례 나○○ 화장실에 자주 가는 초등학교 1학년

(1) 아동에 대한 정보

나○○, 여아, 초등학교 1학년(접수상담 당시 만 7세 2개월)

부모와만 사는 외동이. 부모의 맞벌이로 5세까지 외가에서 생활함. 유치원 입학을 앞두고 부모의 집으로 오게 됨.

(2) 의뢰과정

지인의 자녀를 상담했던 접수상담자를 지정하여 문의함. 지인으로부터 접수상담과 관련된 정보를 이미 알고 있어 별도의 안내는 요구하지 않음. 전화로 상담일정만 조율함.

(3) 접수상담 내용 요약

아동과 어머니만 내방함. 먼저 모와 면담한 뒤 아동의 놀이를 관찰하면서 면담함.

① 주 호소 내용

초등학교 입학 후 시간당 적으면 한두 번, 많으면 최대 다섯 번 정도 화장실에 감.

② 상담 이유

소아과에서 진료를 받았으나 심리적인 문제라고 하여 상담하기로 함.

③ 내담아동에 대한 첫인상

보통 키와 보통 체격, 놀란 눈과 긴장된 얼굴 표정으로 모에게 바짝 붙어 있었음. 매우 가까운 위치에 있어도 목소리가 들리지 않을 정도로 입속말로 대답함. 자발적인 언어는 거의 없었고, 질문에 고개를 끄덕이거나 짧은 단어만 사용함.

④ 주요 관찰 내용

모 옆에 아주 가까이 앉은 채 책에만 시선을 둠. 상담자의 환영과 인사에도 언어적인 반응을 보이지 않음. 모와 면담을 시작하려 하자 갑자기 모의 겉옷을 잡아끌어 모가 "화장실?"하고 묻자 고개만 끄덕여 다녀옴. 이후에도 두 차례 더 화장실에 감. 대화 중 자신의 옷자락을 돌돌 말거나 머리카락을 꼬아서 잡아당김.

질문에 말로 대답하지 못해 수줍어하는 것 같았지만 상담자와 마주앉아선 시선을 피하지 않고 얼굴을 빤히 쳐다봄. 자주 양 볼 사이에 바람을 넣고 입술을 오므리는 모습을 보였음.

⑤ 놀이평가 내용

안내에 따라 앞서 입실은 하였지만 눈만 굴리고 가만히 선 채 한동안 장난감이 있는 선반만 바라봄. 집에 있는 장난감이나 해 본 것이 있는지 묻자 고개만 끄덕여서 "어떤 거예요?"라고 묻자 보드게임 하나를 손짓으로 가리킴. 말이 없는 것에 비해 보드게임 시 놀이방법을 빠르게 숙지하고 손놀림이 빨랐음. 그러나 상담자의 차례를 기다리지 못해 연거푸 자신의 순서로 오인하는 등 성급하게 행동함.

⑥ 모와의 주요 면담내용

집에서 화장실에 자주 가는 편인데, 외출을 하면 더 빈번해짐. 소변을 볼 때도 있지만 대부분은 그냥 앉았다 나오는 것처럼 느껴짐. 자기 생각을 말로 하기보다 주로 손짓으로 부탁하거나 직접 해결함. 원하는 대로 안 되면 소리 없이 울 때가 많음. 모가 속상해서 그러냐고 물으면 대답 없이 계속 울기만 해 어머니도 화가 날 때가 있다고 함.

새로운 장소에 가거나 모르는 사람을 만나면 말을 전혀 하지 않음. 또래들과 있을 때에는 말이 많지 않지만 짧게 대화하고 신체 활동 중심의 놀이는 잘

하는 편임. 나○○의 부는 내성적인 성격으로, 모와 달리 딸이 아직 어리고 자랄 땐 누구나 화장실에 자주 갈 수 있다며 상담을 반대함.

⑦ 내담자에 대한 상담자의 느낌 및 소견

나○○는 외부 자극에 대해 주관적으로 이해하여 과도하게 두려움을 느끼고 사소한 일에도 긴장하는 것으로 보임. 이로 인하여 신체 기능이 원활하지 못해 빈뇨 증상이 나타나고 있음. 내향적이지만 인지능력은 우수해 이기거나 잘하고 싶어 하는 마음이 커 성급하게 행동할 때가 있어 보임. 종종 실수로 기대한 만큼의 결과를 얻지 못하면 속상해하고 울기도 함. 불편하고 불안한 상황이나 익숙하지 않은 환경에 대한 경계가 많아 긴장이 높아질 때 화장실에 가는 것으로 보임. 그러나 긴장된 상태를 잠시 이완해 보지만 다시 불안해져서 빈번하게 화장실을 찾는 것으로 생각됨.

첫인상은 수줍음이 많고 불안한 아동으로 보였지만 놀이할 때 상담자를 빤히 쳐다보거나 덤덤하게 놀이하는 모습이 부자연스러움. 다양한 사회적 상황에 대한 이해와 타인과의 정서적 교류에 필요한 적절한 시선과 정서 표현을 하도록 돕는 것이 필요함.

⑧ 추후상담에 대한 협의와 계획

나○○의 심리 상태를 이해하기 위해 종합심리검사가 필요하지만 새로운 환경에서 긴장이 높아 먼저 놀이치료를 권고함. 추후 상담자와의 관계가 편안해지고 화장실에 가는 횟수의 변화를 살펴보면서 종합심리검사 여부와 시기를 결정하기로 함. 학교와 집에서 하루 동안 화장실에 가는 평균 횟수를 확인해 보기로 함.

⑨ 접수상담 이후 상담과정

주 1회 놀이치료를 시작함.

<TIP 5> 화장실에 자주 가는 아동의 행동에 대한 이해

대소변을 잘 가리게 된 이후에 다시 소변을 자주 보는 아동들이 있다. 거의 매일 밤 소변 실수를 하는 야뇨에서부터 제때 화장실에 가지 못하거나 빈번하게 화장실에 가는 경우 등 소변과 관련된 문제는 아동기에 적지 않게 나타난다. 일부러 실수하는 것이 아니기 때문에 야단치지 말고 아동의 신체적인 건강 상태와 정서적인 문제 여부를 확인하는 것이 필요하다.

1. 야뇨와 같이 자신이 원하지 않을 때 소변 실수를 하는 것은 의지와 상관이 없기 때문에 꾸중이나 체벌을 하면 안 된다. 빈번해진 상황이라면 우선 방광근육의 이상 여부를 확인하는 게 중요하므로 전문의를 찾아가 진료를 받는다.
2. 심리적인 원인이라고 진단이 나왔다면 애정과 돌봄에 대한 상황, 불안 정도를 살펴봐야 한다. 부모자녀관계가 어떠한지, 아동이 수행하기 버거울 정도로 과다한 활동을 하고 있는지 등 긴장이나 불안과 같은 정서에 영향을 줄 수 있는 상황이 있는지 확인해 본다. 부모의 애정을 충분하게 느끼지 못한 경우나 적당한 휴식이 없을 정도로 바쁜 일과를 보내고 있다면 심리적인 어려움으로 불안이 유발되고, 불안을 해결하지 못하면 일부는 소변 문제로 나타날 수 있기 때문이다.
3. 이전 시기에 대소변 훈련을 적절하게 잘했는지 살펴보는 것도 중요하다. 간혹, 너무 이른 시기에 기저귀를 떼도록 강압적이거나 일방적으로 훈련을 한 경우에 다시 소변 문제를 보일 수 있다. 대소변 가리기는 신체적인 발달이 동반되어야 조절이 가능해져 훈련할 수 있다. 그러나 너무 이른 시기에 훈련을 하도록 시키면 실수가

잦아져 수치감을 느끼거나 공격적인 행동으로 나타날 수 있다.

4. 전문의의 치료가 필요한 경우, 적절한 진료 후 약물치료를 한다. 심리적인 문제라면 그 원인에 따라 생활을 개선하고 당분간 이완하는 놀이활동을 증가시키는 것이 도움이 된다.

사례 노○○ 등교를 거부하는 초등학교 3학년

(1) 아동에 대한 정보

노○○, 남아, 초등학교 3학년(접수상담 당시 만 8세 10개월)

부모와 다섯 살 많은 누나와 생활함. 최근 몇 년 동안 모의 질병으로 방과 후에는 주로 친척과 누나와만 지내는 시간이 많았음.

(2) 의뢰과정

노○○의 친구 엄마의 소개로 전화문의 후 바로 예약함. 상담실 전화번호 이외의 정보는 알지 못해 접수상담 전반에 대해 안내함. 접수상담 때 심리검사를 같이 하는지 질문함. 심리검사가 필요하면 접수상담 후 별도로 실시한다고 알려 줌.

(3) 접수상담 내용 요약

부모와 함께 온 아동은 상담에 협조하지 않음. 이에 부모만 면담하고, 다른 날 방문하여 추가로 아동을 면담함.

① 주 호소 내용

학교와 가정에서 매사 귀찮아하는 일이 많아짐. 최근 열흘 넘게 등교를 거부하고 있음.

② 상담 이유

담임교사가 학습활동에 거의 참여하지 않아 걱정이라고 함. 아동 역시 최근에 학교를 왜 가야 되냐고 물으며 등교에 대한 거부감을 보임. 결석이 잦아 체험학습을 내고 있으나 습관이 될까 봐 걱정됨.

③ 내담아동에 대한 첫인상

또래보다 약간 작은 키와 마른 체형, 시큰둥한 표정임. 상담자의 질문에 대답하지 않고 자기가 하고 싶을 때에만 말함. 모가 예의를 지키고 지시 따르기를 재촉하자 아랑곳하지 않고 혀를 살짝 내밀며 장난하듯 행동함. 대부분의 지시를 거부하고 맘대로 하는 모습이었음.

④ 부모에 대한 첫인상

부모가 노○○를 억지로 데리고 와서인지 계속 거부적 태도를 보임. 부가 짜증난 얼굴로 못마땅하게 아동을 쳐다봄. 모는 아동이 지시를 연거푸 따르지 않자 남편이 아동에게 화를 낼까 봐 마음을 조리며 안절부절못하는 모습이었음.

⑤ 주요 관찰 내용

아동은 대기실의 소파에 길게 누워 상담자의 말에 협조하지 않음. 중앙의 탁자 아래로 기어다녀 상담자가 부모와 먼저 상담하겠다고 하자 모의 다리를 양팔로 붙잡아 못 가게 함. 부모가 그러면 더 오래 기다리게 될 거라고 하자 "몇 시 몇 분 몇 초 동안 더 기다리는데?"라며 말꼬리를 잡고 이야기의 본질에서 벗어나 계속 자기 얘기만 함.

부모와의 면담을 끝내고 나오자 재빨리 탁자 밑으로 숨듯이 들어감. 부모가 나오라고 하자 스스로 애벌레라며 느리게 기어다님. 부가 화난 목소리로 빨리 나오라고 한 뒤 인상을 쓰자 오히려 자신을 찾아보라며 다리를 상체에 바짝 붙여 몸집을 줄여 탁자에 더 밀착시킴.

⑥ 아동과의 주요 면담내용

상담자의 질문에 대부분 단답형으로만 대답함. 반면, 가족에 대해 묻자 모두를 부정적으로 표현하고 자기가 하고 싶은 말만 길게 함. 최근에 미세먼지 때문에 모가 외출을 못하게 한다며 '엄마는 자기 맘대로 하는 사람'이라고 표현함. 누나는 자신을 싫어해 바보라고 부를 때가 있고, 귀찮은 심부름을 자주 시켜서 가족 중 제일 마음에 안 든다고 함.

상담자가 하고 싶은 놀이를 해도 좋다고 하자 혼자 돌아다니며 장난감만 만지작거림. 이에 보드게임을 좋아하면 함께해 보면 어떠냐고 제안하자 맞은편에 앉음. 여러 개의 보드게임을 소개하자 그 중 하나를 선택함. 놀이방법을 아는지 물었으나 대답 없이 상자를 열고 내용물을 뒤적임. 설명서를 봐도 좋고 상담자가 하는 방법을 알려 줄 수 있다고 했지만 듣지 않고 내용물을 대충 훑어본 뒤 혼잣말로 "아, 알겠다."라며 임의대로 게임 말을 움직임.

우연 게임이어서 정해진 카드에 따라 승부가 엎치락뒤치락하자 흥미를 보임. 재밌는지 웃기도 하여 상담자가 "이 놀이를 하는 어떤 애들은 재미있다고 해."라고 말한 뒤 아동에게도 즐거워 보인다고 하자 바로 "하나도 재미없는데."라고 대답함. 수동공격적인 모습과 부정적인 태도로 관심을 끄는 모습이었음.

⑦ 부모와의 주요 면담내용

아동은 다른 사람의 지시를 따르는 것을 싫어하고 자신이 하고 싶은 것만 하려는 경향을 보임. 이로 인해 최근 학교와 가정에서 지도하기가 어려움. 담임교사가 수업에 방해되는 행동을 자주 하고도 아동이 잘못을 반성하지 않아 또래들과 갈등이 생긴다고 함. 책상 밑으로 들어가거나 멍 하니 딴 생각을 하고 체육시간에는 혼자서 운동장을 돌아다니며 활동에 참여하지 않음. 주변 상황을 전혀 신경 쓰지 않는다고 함.

몇 주 전부터 아침마다 사소한 이유로 등교를 거부하고 있어 담임교사가 늦게라도 오라고 배려해 주자 늦은 시간에 가도 괜찮다며 일부러 지각함. 등교 후에도 재미없다며 집에 가겠다고 허락없이 조퇴함. 점점 더 심각해질까 봐 걱정이 됨.

집에서도 자기가 하고 싶을 때에만 움직이고 대부분 혼자서 책을 보거나 멍하니 있을 때가 많음. 얼마 전, 아동의 생일을 맞아 외식을 갔음에도 지루해하고 사소한 일로 마음이 바뀌어 혼자 말없이 주차장으로 가버려 부가 몹시 화가 남. 아동을 심하게 꾸짖자 이후 아예 친구들이 놀자고 불러도 안 나가고 외출이 귀찮다며 혼자 집에 있겠다고 버팀. 아직 어려 혼자 집에 두고 갈수 없는 상황이 많아 모가 힘들다고 함. 유치원 때 친구 중 현재 같은 반인 아동과 노는 것을 좋아하지만 자주 결석을 해서 친구관계에서 어려움이 예상되고 학습을 따라가지 못할까 봐 염려하고 있음.

⑧ 내담자에 대한 상담자의 느낌 및 소견

아동은 거부적이고 비협조적인 모습으로 주위의 관심을 끌고 있음. 타인의 말이나 행동에 대해서 시시하거나 시큰둥한 반응을 보이며 평가절하하고, 자신은 사소한 것도 다 알고 있는 것처럼 말하고 행동함. 자기 방식으로 우월함을 표현하며, 사회적인 상황에서 필요한 적절한 대처방법을 익히지 않고 미성숙하고 자기중심적인 행동을 보여 교사와 부모가 지도에 어려움을 느끼고 있음.

학습에 필요한 기본적인 이해능력과 지적인 발달은 비교적 잘 갖추어진 것으로 보임. 그러나 학습동기가 낮고 외부 환경과 타인에 대한 부정적인 정서표현이 많아 학교에서 부적응하고 등교를 자주 거부하는 것으로 생각됨.

이는 초등학교 입학 이후 모가 질병 치료를 위해 자주 아동과 헤어져 생활하여 충분한 정서적 교류와 생활지도를 못한 것이 부정적으로 작용한 때문으로 보임. 그동안 아동은 무료하게 혼자서 독서를 하거나 멍 하니 공상을 하면서 보낸 적이 많았음. 주로 혼자서 습득한 지식을 자기식으로 표현해 갈등이 유발됨. 부정적인 정서를 담은 자기중심적인 태도를 보이고 타인의 지시에 거부적인 모습을 자주 나타냄. 그 결과, 친사회적인 행동보다는 자기 멋대로 하고 부정적인 행동으로 주목받는 것에 더 익숙해짐.

초등학교 3학년에 올라와 생활규칙을 준수하고 지시에 따라 해야 할 학습과 활동을 교사가 강조하자 충분히 훈련이 안 된 아동이 재미없다는 이유로 참여하지 않고 거부적 태도를 보임. 학습에 대한 흥미가 낮아지자 등교하기 싫어하고, 결석일수가 늘어나자 등교까지 거부함. 학교 적응에 대한 도움이 필요함.

⑨ 추후상담에 대한 협의와 계획

종합심리검사를 실시한 후 결과에 따라 상담의 방향을 정하기로 함.

⑩ 접수상담 이후 상담과정

종합심리검사를 실시함. 검사 결과 확인 후 주 1회 놀이치료와 개별 부모상담을 월 1회 하기로 함. 담임교사와 전화상담을 통해 아동의 학교생활의 적응을 돕기로 함.

⑪ 부모와의 면담 일부 축어록

주 호소 내용에 대해 모가 주로 말하고 부는 부연하는 과정의 상황임.

상담자1: 담임교사의 상담 권유가 있었네요? 어떤 부분인지 말씀해 주시겠습니까?

모1: 최근 학교는 왜 가야 되냐고 계속 물어보면서 자기는 학교에 가기 싫다고 합니다. 코를 킁킁거리기도 하는데, 남편은 틱 증상이라고 하고 저는 비염 때문인 것 같아요.

부1: (모의 말을 받아) 비염은 원래 있지만 그건 틱이라니까. (모를 향해 인상을 찌푸린다)

상담자2: 틱 증상에 대해 두 분의 생각에 차이가 있군요. 오늘은 등교를 어떻게 했나요?

모2: 1교시 끝나는 시간에 등교를 했는데 급식 먹기 전에 왔습니다.

상담자3: 학교 결석에 대해 이야기해 주시겠습니까?

모3: 자주 안 가려고 해서 현장체험학습으로 돌리고 있는데 늦게라도 가라고 합니다. 담임선생님도 결석 대신 조금 늦게라도 학교에 보내라고 하세요. 늦게라도 오면 출석을 인정해 주겠다고 배려해 주시고 있습니다만……. (씁쓸한 얼굴 표정을 한다)

상담자4: 담임교사가 상담을 권한 이유에 대해 더 듣고 싶습니다.

모4: 수업시간에 혼자만 해야 할 일을 하지 않는답니다. 주로 멍하니 있거나 지시를 여러 번 해도 잘 따르지 않아서 선생님도 힘들다고 합니다. 자기가 원하지 않으면 안 하려는 태도가 강해서…….

상담자5: 네, 그렇게 생활하고 있군요. 구체적으로 무엇 때문에 그러는지 얘기해 주신 게 있나요?

(중략)

부2: 작년에 말을 하도 안 들어서 혼낸 적이 있습니다. 사과를 하면 용서해 주겠다고 했는데 사과를 끝까지 안 하는 거예요. 억지로 하는 것이 싫은 것은 알지만 지가 잘못한 게 분명한데 잘못했다고 말을 안 하고 버티는 거죠. 그래서 손들고 벌을 세웠습니다.

모5: 그런데 끝까지 사과하는 말을 하지 않았어요. 아빠가 사과 안 하려면 계속 손들고 벌을 서라고 하면 보통 아이들은 팔이 아파서라도 사과하잖아요.

부3: 몇 시간 동안 팔을 들고 버티는 걸 보고 둘 다 놀랐습니다. 아마 세 시간쯤. 물론 방에서 벌을 세웠으니까 중간에 내렸는지는 모르겠지만……. 가끔씩 사과할 마음이 있나 확인하러 들어가면 여전히 손만 들고 있는 겁니다. 그때 '이건 아니구나!'란 생각이 들었습니다. 이 사람이 아플 때 저도 제 일로 바쁘고 병원도 다녀야 해서 많이 못 챙겨준 게 있어서 그런가 싶기도 하고……. (안타까운 표정)

(이후 부모는 아동과 있었던 최근 에피소드를 나열하였다).

<TIP 6> 등교 거부를 하는 아동을 어떻게 도와줄까

새로운 학기가 되면 유치원이나 학교에 가기 싫어하는 아동들이 자주 상담에 온다. 특히, 출근시간이 정해져 있는 부모들은 여러 가지 이유로 등교를 거부하는 자녀 때문에 하루하루가 전쟁과 같다고 표현할 정도다. 이유를 물어도 "그냥"이라고만 하거나 출근하는 줄 버젓이 알면서 “엄마랑 있고 싶어. 엄마 가지 마.”라고 하는 유아도 있다. 억지로 달래거나 혼을 내면 겨우 가기도 하지만 다음 날 반복되기 일쑤다. 등교 거부의 이유는 다양하다. 그 원인을 찾아 적절한 도움을 주는 것이 필요하다.

1. 마음에 들지 않는 교사나 친구가 있을 때 등교를 거부할 수 있다. 신학기에 새로 만나는 교사나 또래들에 대해 부정적인 인식을 하거나 적응하기도 전에 누구 때문에 못 가겠다며 거부감을 드러낸다. 주변에 좋은 선생님과 친구들도 많이 있다는 사실을 알도록 도와주어야 한다.
2. 변화된 환경에 부적응하는지 살펴봐야 한다. 상급 학년으로 올라가면 길어진 수업시간, 늘어나는 교과목, 어려워지는 학습내용과 숙제 등으로 많은 아동이 힘들어한다. 힘든 상황을 회피하기 위해 등교를 거부할 수 있다. 그러나 학습과 환경의 적응은 일정 시간 동안 견디고 지속적으로 수행해야 다음 단계로 이동할 수 있다. 학습에 어려움이 있다면 구체적으로 학습을 지원하거나 보충할 수 있는 지도방법을 찾아본다. 보다 오래 머물러야 하는 수업시간은 차츰 익숙해질 것이고 다른 아이들도 비슷하다고 이해하도록 도와야 한다. 대부분 부적응은 적응에 대한 두려움이 앞서기 때문인데, 새로운 환경에 익숙해지도록 지지하고 격려하는 것이 필요하다.
3. 괴롭히는 친구나 특정 수업에 대한 부담이 있는지 살펴봐야 한다. 만약, 괴롭힘을 당하고 있다면 학교와 해당 부모에게도 알려 적절한 대처로 괴롭힘을 당하지 않도록 하고, 아동의 권리가 침해되지 않도록 도와주어야 한다. 음악이나 체육, 영어와 같이 재능이나 능력에 따라 흥미가 달라질 수 있는 과목이 있다. 평가에 예민한 아동이라면 잘 따라가지 못한다는 이유로 등교를 거부할 수 있다. 교과목별 차이를 알려 주고 아동이 꼭 잘해야만 그 활동을 하는 것은 아니라는 사실을 이해하도록 한다.

3) 아동면담 사례

사례 마○○ 주로 혼자 노는 초등학교 6학년

(1) 아동에 대한 정보

마○○, 여아, 초등학교 6학년

부모와 일곱 살 많은 오빠와 생활함. 어려서부터 터울 많은 오빠와 바쁜 부로 인해 모와만 친밀함. 같은 아파트에 사는 한 명의 친구와만 어울리고 학교에서는 주로 혼자 다니는 편임.

(2) 의뢰과정

전화로 상담 문의 및 예약, 상담과 관련된 내용 전반에 대한 안내가 이루어짐.

(3) 접수상담 내용 요약

아동과 어머니만 내방함.

① 주 호소 내용

저학년 때부터 또래들에게 사차원이란 말을 들었고, 친구에 대한 관심이 적었으나 아동은 불편함을 잘 느끼지 못함.

② 상담 이유

담임교사가 중학교 진학 이후 또래관계의 어려움이 예상되고 학교생활이 힘들어질 수 있다고 상담을 권유함.

③ 내담아동에 대한 첫인상

보통 키와 마른 체형으로, 허리까지 오는 긴 머리를 하나로 묶고 머리띠를 했으며, 얼굴에 약간의 여드름이 있었음. 상담자의 말에 다소 퉁명하고 성의없이 대답함. 양팔을 펼쳐 어깨를 으쓱거려 모르겠다는 뜻을 자주 표현함. 말끝을 흐리거나 중얼거리듯 말함.

④ 주요 관찰 내용

휴대 전화의 동영상을 보는 것에 관심이 집중되어 있었으며 이어폰을 꽂은 채 주변에 대한 관심을 차단하는 듯이 앉아 있었음. 모가 상담자와의 인사를 지시하자 이어폰을 꽂은 채 고개만 까닥하고 다시 휴대 전화로 시선을 돌림.

상담자가 먼저 아동면담을 권하자 자신은 안 해도 된다며 엄마만 하라고 함. 엄마 때문에 한 번만 따라온 것이라고 말함. 어차피 왔으니 엄마랑 얘기한 후 상담자랑 대화하자고 하자 고개를 좌우로 흔들어 거부의사를 밝히더니 다시 휴대 전화에 집중함.

⑤ 아동과의 주요 면담내용

엄마가 아침에 어딜 가자고 해서 오긴 했는데 왜 왔는지 모르겠음. 엄마의 입장에서 생각해 보도록 하자 중학교에 가서 공부를 못 따라갈까 봐 온 것 같다며 짐작한 것을 말함. 혹시 학습에 어려움이 있냐고 묻자 별로 없고, 다니는 학원도 없지만 중학교 입학 후에도 다니고 싶은 마음은 없을 것이라고 함. 자신이 공부를 많이 싫어해서 방학 때부터 학원에 보내려고 엄마가 데려온 것 같다고 함. 그런 어머니의 결정에 대해 어떤 생각이 드냐고 하자 '그냥 그렇다'라고 대답함. 학습에 대한 동기 및 흥미가 낮아 스스로 공부를 못하는 것으로 인식하고 있었음. 모가 자신의 학습을 촉진하기 위해서 상담에 온 것으로 이해함.

⑥ 모와의 주요 면담내용

아동은 평상시 친구들과 어울리기보다 자신이 좋아하는 동영상을 보면서 시간을 보냄. 초등학교 내내 새로운 친구를 사귀기보다 한 친구와만 겨우 어울림. 그 친구가 다른 친구와 약속이 없을 때에만 아동과 어울려 아동이 혼자만 친한 친구로 인식해서 안타깝게 보임.

남편은 회사일로 평상시에도 매우 바쁘고 나이 차이가 많은 오빠가 있지만 어려서부터 주로 모와만 친하게 지내서 의존적이고 남에 대한 배려가 적음. 때가 되면 친구들과 잘 어울릴 거라 생각했지만 학년이 올라가도 친구에 대한 관심이 없어 이젠 걱정이 된다고 함.

얼마 전, 담임교사와의 상담을 통해 학습에 대한 흥미도 없지만 또래에 대한 관심이 적은 것이 더 큰 문제라고 들음. 평상시 모도 느끼고 있었지만 어떻게 도와줄지 모르겠음. 저학년 때부터 학습에 대한 관심이 적고 원하지 않아 강제로 시킨 적은 없었음. 그 때문인지 공부에 대한 흥미가 낮아 하고 싶어 하지 않음. 유치원 때부터 또래보다 발달이 느린 것 같다고 생각함. 중학교 입학 후 친구들과 어울리지 못해 힘들어할까 봐 도움을 주고 싶음. 마냥 어린 아이처럼 철없이 행동해 가끔은 답답할 때가 있음.

⑦ 내담자에 대한 상담자의 느낌 및 소견

대화 시 동떨어진 반응을 하거나 상대방의 질문을 대수롭지 않게 여겨 또래와 잘 어울리지 못하고, 현재 관계의 필요성을 인식하지 못하는 것으로 보임.

아동의 시큰둥한 태도와 성의 없는 반응 때문에 친구들도 아동에 대한 관심이 적고 무미건조한 느낌을 주어 사차원이라는 별명이 생긴 것으로 생각됨.

어려서부터 모와 집에서만 보내는 시간을 많이 가져 외부와 주변인에 대한 관심이 적었던 것으로 보임. 혼자 하는 활동에 집중해 또래 및 다른 사람과의 관계에 관심이 거의 없음. 현재 친구들에게 따돌림을 당하는 상황은 아니지만 자발적으로 교우관계를 형성하지 않는 것으로 생각됨.

⑧ 추후상담에 대한 협의와 계획

또래보다 언어 및 인지 발달이 느리고, 학습능력도 저하되었을 가능성이 있어 종합심리검사를 권유함.

⑨ 접수상담 이후 상담과정

종합심리검사를 실시함. 검사 결과에 따라 주1회 놀이치료로 정서적 교류와 표현을 촉진하기로 함.

〈TIP 7〉 친구 사귀기와 사회성 발달

유치원 때까지는 부모가 자녀에게 친구를 소개하고 만나서 놀 수 있도록 하면 곧잘 어울릴 수 있다. 하지만 학년이 올라갈수록 스스로 친구를 사귀고 관계를 유지하는 것이 필요하다. 일부 아동들은 친구에 대한 별다른 관심을 보이지 않아 부모의 속을 태운다. 친구문제는 학교생활 전반에 영향을 줄 정도로 매우 중요하다. 초등 저학년 때까지는 친구가 적거나 없어도 그런대로 학교생활을 할 수 있다. 하지만 고학년부터는 친구가 없거나 어울리기 힘들어하면 학교생활 자체에 대한 흥미가 낮아져 적응 문제로 이어질 수 있다. 특히, 또래들끼리 많이 어울리는 시기에도 교우관계에 대한 관심이 부족하고 관계도 좋지 않다면 사회성 발달을 확인해 봐야 한다.

1. 교우관계 문제는 우선 친구에 대한 관심이 적은 것인지, 사귀지 못하는 것인지 그 이유를 찾아야 한다. 친구에 대한 관심이 적다고 말하는 아동 중에는 실제 친구와 잘 사귀지 못해 동물이나 다른 취미활동에 몰입하는 경우가 많다. 친구와는 지속적으로 정서를 교류하고 의사소통을 해야 하는데 사회성이 발달하지 못하면 어렵다. 이 때문에 심리적인 부담이 적은 다른 대상과의 관계로 이목을 돌리는 것이다.
2. 친구를 사귀는 기술이 부족한 아동은 다수보단 소수로 천천히 어울릴 수 있는 기회를 만들어 준다. 또래집단이 커지면 자기 목소리를 잘 내지 못하고 소극적인 아동들은 적응에 부담을 느끼고 힘들어할 수 있다. 이런 경우, 한두 명만 집이나 밖에서 따로 만나 놀도록 해 주는 것이 좋다. 차츰 익숙해지면 보다 많은 친구와 어울리도록 지지해 주고, 또래관계를 확장시키도록 돕는다.
3. 친구와의 갈등 이유나 갈등 시 주로 어떻게 처리하는지 살펴봐야 한다. 친구를 잘 사귀었다가 얼마 안 되면 친구가 떠나가는 아동들이 있다. 주로 자기주장이 너무 강한 아동, 사소한 일에 짜증이나 화를 쉽게 내는 아동, 자기 기분에 따라 행동하는 아동, 또래보다 많이 미숙한 아동들이다. 친구와 놀이하는 모습을 살펴보면 또래관계와 사회성 발달 정도를 확인할 수 있다. 갈등을 적절하게 대처하거나 해결하지 못해 사귄 친구를 잃는 아동 중 사회성이 부족한 경우가 많으므로 사회성 발달에 신경 써야 한다. 타인에 대한 이해, 공감능력과 같이 친구를 사귀고 유지하는 기술을 익히도록 돕는다.

사례 박○○ 반복적으로 거짓말을 하는 초등학교 5학년

(1) 아동에 대한 정보

박○○, 남아, 초등학교 5학년. 부모와 여동생이 있음.

(2) 의뢰과정

전화로 주 호소 내용이 상담이 필요한 정도인지 자세히 묻더니 생각할 시간을 갖겠다고 한 뒤 일주일 후에 예약함.

(3) 접수상담 내용 요약

아동과 어머니만 내방

① 주 호소 내용

초등학교 1학년 때부터 사소한 거짓말을 자주 하였으나 대수롭지 않게 여김. 작년부터 거짓말로 인해 또래관계에서 다툼이 생김. 최근 거짓말로 같은 반 친구의 어머니가 학교에 문제를 제기하여 곤란한 일을 겪음.

② 상담 이유

같은 반 친구의 어머니가 아동이 친구에게 거짓말로 자기욕구를 채우는 등 괴롭히는 것으로 인식하여 교사에게 연락해 학교에서 일이 커질 것 같다며 모에게 아동의 상담을 권함.

③ 내담아동의 첫인상

또래보다 매우 큰 키와 큰 체격으로 중학생처럼 보였음. 상담자에게 예의 바른 말과 태도를 보였으며, 자신의 생각을 비교적 잘 표현함.

④ 주요 관찰 내용

함께 온 동생이 책을 보며 궁금한 것을 묻자 친절한 태도로 대답해 줌. 모는 걱정스러운 시선으로 쳐다보고 있었지만 아동은 의식하지 못함.

⑤ 아동과의 주요 면담내용

모가 며칠 전에 상담하는 이유를 말해 주어 오게 됨. 거짓말이 나쁘다는 것은 알지만 혼날까 봐 자꾸 거짓말을 하게 된다고 함. 계속 하다 보니 이젠 버릇처럼 된 것 같다고 함.

얼마 전, 같은 반 친구에게 나중에 음료수를 사 주겠다고 약속한 뒤 먼저 과자를 사 달라고 요구해서 같이 먹음. 그러나 그 친구가 아동에게 강제로 돈을 빼앗긴 기분이 들었다고 자신의 어머니에게 말해 친구의 어머니가 담임교사에게 연락해 문제가 된 것 같다고 함. 친구의 어머니가 학교에 와서 아동에게 직접 자기 아들에게 전에도 돈을 요구한 적이 있는지, 왜 그랬냐고 물어봐서 그런 적이 없다고 대답함. 순간적으로 다그쳐 물어 당황하여 거짓말을 한 것이 문제가 될 줄 몰랐다고 함. 부모를 실망시킨 것 같아 미안하고, 특히 아빠가 알게 되어 마음이 안 좋다고 함.

이전까진 거짓말을 해도 엄마가 다시는 그러지 말라고 말로만 야단쳤고 안 그러겠다고 약속하면 끝났다고 함. 최근 친구와의 일로 아빠가 많이 속상해하며 실망했다고 말해 앞으로는 안 그래야겠다는 생각이 들었다고 함.

⑥ 모와의 주요 면담내용

거짓말을 했을 때 주로 말로 타이르고 행동에 대해선 주의를 주어 훈육함. 시부모가 어릴 때 한두 번씩은 그런 일이 다 있다며 그냥 두라고 해서 모도 심하게 야단친 적은 없었음. 모가 조부모나 남편이 실망하게 될까 봐 그동안 있었던 아동의 일을 세세하게 언급하지 않았음.

최근 학교에서 있었던 일을 아동이 스스로 알아서 처리하겠다고 해서 믿었는데 친구의 어머니를 통해 이전에도 비슷한 일이 여러 번 있었다는 것을 알게 됨. 친구가 엄마에게 용돈을 더 달라고 요구해 이유를 물어보는 과정에서 의심이 들어 친구의 어머니가 담임교사에게 전달함. 친구의 어머니가 아동에게 사과할 것을 요구했으나 아동은 친구가 자진해서 사 준 것이고, 음료수만 나중에 사 주겠다고 말해 오히려 더 문제가 됨.

아동은 이 일도 대수롭지 않게 여기고 그냥 넘어갈 것이라고 생각한 것 같음. 친구에게 직접 돈을 달라거나 뺏은 적이 없다고 주장하지만 친구의 어머니는 아동의 태도 때문에 뻔뻔하다며 화를 냈다고 함. 친구의 어머니가 학교에 와서 아동에게 직접 사실을 확인하는 과정에서 아동은 그런 적이 없다고 거짓말로 대답해 담임교사까지 알게 됨.

모가 친구의 어머니에게 전화통화로 대신 사과하고 마무리됨. 하지만 평소 아동이 장난처럼 거짓말하는 습관 때문에 중학교 진학 후 혹시라도 학교폭력의 가해자로 지목될까 봐 염려하는 마음이 생김. 부모가 아동이 필요한 것이면 대부분 사 주는 편인데 왜 친구에게 얻어먹으려고 하는지 도저히 이해가 되지 않는다고 함.

⑦ 내담자에 대한 상담자의 느낌 및 소견

아동은 규범적이고 완벽주의적 성향이 있는 부와 예민하고 말로만 타이르고 통제하는 모와 생활하면서 사소한 거짓말을 빈번하게 해 온 것으로 보임. 모가 남편의 성격 때문에 아동의 문제를 정확하게 전달하고 대처하지 않은 채 자신의 선에서 늘 잘못을 덮어 주듯이 해결해 오면서 적절한 교육을 하지 못해서 최근 불미스러운 일까지 생긴 것으로 보임.

또래보다 큰 신체적 조건과 발달된 인지능력으로 친구들 사이에선 형 같은 느낌을 주는 아동은 우월한 위치에서 행동해와 친구가 아동의 요구를 쉽게 거절하지 못한 것으로 보임.

아동은 거짓말을 놀이하듯이 자주 했지만 거짓말로 인한 불이익을 받은 적이 크게 없어서 습관적으로 하는 것으로 보임. 근본적인 원인은 상대방의 감정을 공감하고 조망하는 능력이 부족하여 즉흥적으로 처리하기 때문으로 보임. 위축되고 소심한 성격의 친구들은 아동에게 불만과 불편을 느끼더라도 직접 거절 의사를 표시하지 않아 그동안 아동의 행동의 변화가 없었던 것으로 생각됨. 아동은 즉시 꾸며낸 말로 임기응변식 대처를 하다 보니 거짓말이 늘고, 반성하고 자기성찰을 할 기회를 갖지 못한 것으로 보임.

⑧ 추후상담에 대한 협의와 계획

아동은 상담에 대한 동기가 없고 모 역시 거짓말로 인한 상담을 지속하는 것을 부담스러워함. 특히, 가족과 지인들이 아동의 일에 대해 알게 될까 봐 염려하여 일부러 거주지보다 먼 상담실을 이용함. 이에 거짓말과 관련된 생활지도방법을 알려 주고 주 호소 내용이 개선되지 않으면 재방문하거나 가까운 상담실을 꼭 이용할 것을 당부함. 모에게 주변 사람의 시선을 의식하기보다 아동의 성장에 무엇이 도움이 될지 잘 판단하여 지도하도록 함.

⑨ 접수상담 이후 상담과정

아동과 모가 차기상담에 대한 동기가 없어 단회기로 마무리함.

<TIP 8> 아동기에 흔히 있는 거짓말과 도벽에 대한 올바른 이해

거짓말과 도벽은 관련성이 높다. 일부 부모들은 아동기에 도벽 행동을 한두 번 보이는 정도는 당연하게 바라본다. 부모가 도벽 행동을 알게 되면 아동들은 대부분 거짓말로 곤경을 피하려고 한다. 이 때문에 부모도 아닐 것이라고 믿고 넘어간다. 아동기에 흔하게 나타나는 도벽은 문제 행동이지만 절대 그냥 넘어가거나 범죄행위처럼 무겁게 다루어서는 안 된다. 아동들은 상황판단이 미숙하므로 도벽이나 거짓말과 같은 문제 행동이 반복적으로 나타나지 않도록 적절한 교육과 지도를 하는 것이 필요하다.

1. 도벽의 원인은 다양하다. 첫째, 즉시 욕구를 해결하기 위해서다. 당장에 무언가 먹고 싶거나 갖고 싶을 때 충동적으로 행동한다. 둘째, 결핍에 대한 보상이다. 애정이나 관심이 충분하지 못하면 훔치는 행위로 자기 스스로에 대한 사랑을 채우거나 주변 사람에게 부정적인 모습으로라도 관심을 받으려고 한다. 셋째, 모방에 의한 행동이다. 일부 아동들은 도벽하는 친구의 행동을 따라하거나 자신이 더 강해 보이기 위해서 남들이 하지 않는 과감한 행동을 한다. 청소년기에는 친구들이 도벽을 하면 그 무리 속에서 소외당하지 않기 위해서 함께하는 경우가 있다.
2. 도벽에 대안 대처방법은 원인에 따라 다르게 접근한다. 첫째, 소유에 대한 개념을 발달시킨다. 모든 물건에는 주인이 있음을 분명히 알려 주고 잃어버린 사람의 입장을 헤아리도록 한다. 도벽 사실을 알게 되면 부모는 주인에게 반드시 사과와 함께 되돌려 주거나 변상하게 한다. 변상할 수 없는 상황이라도 훔친 물건을 사용하지 않도록 한다. 둘째, 욕구를 조절하는 힘을 키워 준다. 충동적으로 욕구를 해결하면 순

간적으로는 기쁘지만 사회적으로 용인되지 않아 수치심과 죄책감을 느낄 수 있다. 따라서 정당한 방법으로 욕구를 충족하는 방법이 중요함을 알게 해 준다. 셋째, 도벽 행위 이면에 감추어진 사랑과 애정, 소속에 대한 욕구를 적절하게 채워 준다. 무조건 남의 행동이나 또래집단을 따라 하지 않도록 지나친 우월감과 소속을 느끼지 않도록 하고, 건강한 자기신념과 가치를 유지하도록 평상시 건전한 생각을 나눈다.

사례 송○○ 자살충동을 느낀 적이 있는 초등학교 4학년

(1) 아동에 대한 정보

송○○, 남아, 초등학교 4학년. 부모와 한 살 많은 형과 생활함.

(2) 의뢰과정

홈페이지 온라인 상담을 이용하여 상담을 신청하고 의뢰함.

(3) 접수상담 내용 요약

아동과 어머니만 내방함.

① 주 호소 내용

스트레스를 받으면 누군가 패 주고 싶고 가끔씩 '왜 태어난 거지?'란 생각이 든다고 함.

② 상담 이유

담임교사가 최근 학교에서 실시한 설문조사에서 스트레스 지수가 높고 자살충동을 느낀 적이 있다고 응답하여 상담을 권유함.

③ 내담아동의 첫인상

또래보다 작고 마른 체형으로, 짧은 스포츠형 머리에 검은 뿔테 안경을 씀. 상의 지퍼를 턱밑까지 바짝 올린 모습이 인상적임.

④ 주요 관찰 내용

모와 약간 떨어진 자리에서 조용히 책만 읽고, 주변에 대해 시선이나 관심을 주지 않았음.

⑤ 아동과의 주요 면담내용

스트레스를 받는 것이 있는지 묻자 바로 "주 스트레스의 원인은 형!"이라고 짧게 대답함. 형과의 관계를 말해 달라고 하자 한 살 많은 형과 거의 만날 싸운다며 형과 싸우면 주로 엄마에게 자신만 혼난다고 함. 엄마가 겉으로만 자기 편을 들고, 실제로는 형의 편인 것 같다며 갑자기 눈물을 글썽임. 엄마는 형제간에 다툼이 생기면 자신에겐 "형에게 그만 까불어라"라고 말하고, 형에겐 "약한 동생을 괴롭히면 어떻게 하냐?"라고 말한다고 함. 엄마가 형의 편일 수도 있고, 아닐 수도 있는 말 같다고 하자 엄마는 형이 거짓말을 해도 믿어 준다며 섭섭해함.

아빠는 어떠냐고 묻자 바로 "거의 내 편!"이라고 대답함. 스트레스 때문에 힘들어 죽고 싶은 생각을 한 적이 있는지 묻자 바로 "있어요."라고 말함. 이어 형이 자꾸 때리면 싸우게 되는데 그럴 때마다 '난 왜 태어난 거지?'란 생각이 든다고 함. 또한 화가 나면 순간적으로 '계단이나 옥상 같은 곳에서 뛰어내리면 과연 죽을까?'란 생각까지 들기도 함. 언젠가 계단에서 뛰어내려 죽는지 보려고 했는데 인대만 늘어나 깁스를 했다고 함.

형이랑 싸우는 이유는 취향이 안 맞아서라며 자기 일에 누구도 참견하지 않았으면 좋겠다고 함. 자신이 뭔가 할 때 참견하는 사람이 제일 싫어서 여럿이 있는 것보다 혼자 있는 게 좋고, 친구들과 있을 때에도 시간을 뺏기는 것 같아서 싫을 때가 많다고 함.

혼자 있을 땐 주로 책을 읽고 최근에는 모험소설을 보고 있다고 함. 아동에게 상담이 도움이 될 것 같다고 하자 "기회가 있으면……."이라고 어른처럼 말하고 말끝을 흐림.

⑥ 모와의 주요 면담내용

담임교사로부터 학교에서 실시한 설문조사에서 아동의 스트레스 지수가 매우 높고, 자살에 대한 생각도 있다고 연락을 받음. 모는 그 사실이 믿어지지 않음. 얼마 전, 학교에서 인대가 늘어난 적이 있는데 놀다가 그런 것이려니 했지만 나중에 알아보니 아동이 계단에서 뛰어내리면 진짜 죽는지 실험하다 생긴 일이라 놀람. 도대체 왜 아동이 자살에 대해 응답했는지 이해가 되지 않음. 일시적인 마음이라고 여겼지만 아동이 최근 과제물을 잘 안 내고 멍하니 딴 생각을 하는 적이 많다며 담임교사가 걱정하며 상담까지 권함.

모는 아동이 형에 대한 스트레스가 있는지 못 느꼈다고 함. 형은 중학생으로 볼 정도로 또래보다 키가 크고 체격 조건이 좋아 운동을 잘하고 친구들이 많음. 반면, 아동은 또래보다 키가 작고 마른 체격으로 평소 신체에 대한 콤플렉스가 있음. 하지만 형보다 말을 많이 하고 성적도 좋음.

상담에 오기 전, 아동과 대화를 하다 친구들이 놀릴 때 화가 나면 누구라도 막 패 주고 싶다고 해서 놀람. 2학기 들어 준비물을 더 못 챙기고 수업 태도까지 좋지 않음. 친구들과도 어울리지 않는다고 담임교사가 걱정함. 담임교사는 최근 아동에게 마음의 변화가 있는 것 같은데 무엇인지 궁금할 뿐이라고 함. 평소 원하는 것이 즉시 안 되면 울거나 과하게 행동하는 경향이 있음.

⑦ 내담자에 대한 상담자의 느낌 및 소견

아동은 연년생 형의 신체적 조건이 좋은 것을 부러워하고 콤플렉스를 느끼며, 서로 다른 기질로 잦은 다툼이 있는 것으로 보임. 다툼 시 주로 말로 많이 따지는 아동에게 힘으로 제압하는 형에 대한 불만이 커지면서 형제 갈등이 증폭된 것으로 생각됨. 이로 인해 지적 호기심이 많고 다소 충동적이고 성급한 성향의 아동은 갈등 상황에서 벗어나기 위해 즉흥적으로 죽음에 대한 생각을 떠올린 것으로 생각됨.

평소 여러 분야의 독서활동이 많고 혼자서 공상하며 보내는 시간도 길어 아동이 순간 화나는 것을 잊기 위해 계단에서 뛰어내리는 등 미숙하게 대처하는 것으로 보임. 말보다 몸이 먼저 나가는 형과의 갈등을 잘 처리하지 못하자 스트레스가 높아짐. 적절한 대처를 통해 자신의 불만족을 해소하지 못하는 것으로 보임. 학교에서 또래와 어울리는 것보다 혼자 독서하면서 흥미가 낮아져 학습 활동도 잘 참여하지 않고 있음. 또래와의 관계에서도 불편하면 회피함. 불만족이 있는 상태에서 설문조사가 이루어져 높은 스트레스 지수와 자살충동 가능성이 있다는 결과가 나온 것으로 보임.

⑧ 추후상담에 대한 협의와 계획

부모가 학교의 검사 결과를 심각하게 생각하지 않고 있어 형제갈등이 아동의 입장에선 괴롭고 불편하다고 느낄 수 있으므로 아동의 심리 상태를 이해하는 것이 필요해 보여 종합심리검사를 권고함.

⑨ 접수상담 이후 상담과정

종합심리검사와 관련된 정보를 듣고 생각해 본 후 상담 유무까지 결정하겠다고 하였으나 이후 종합심리검사나 상담 모두 이루어지지 않음.

<TIP 9> 형제관계의 갈등 중재

형제간에 기질이나 성향이 비슷한 경우도 있지만 외모나 성격의 큰 차이로 갈등이 많은 경우가 있다. 형제간에 갈등이 생겼을 때 부모는 어느 한쪽의 편을 들지 말아야 한다. 그렇다고 둘 다 혼내는 것도 좋지 않다. 이런 방법은 부모의 상황과 감정에 따라 임시방편적인 해결이고, 부모가 재판관의 역할을 하는 것이다. 힘을 가지면 유리한 방법으로 해결할 수 있다는 생각을 갖지 않도록 하고 관계를 회복하는 것에 중점을 두어야 한다. 형제갈등이 심할 때 어떻게 도와주는 것이 좋을지 생각해 보자.

1. 부모는 먼저 형제갈등이 존재할 수 있다는 것을 인정하자. 갈등이 생기면 서로 다른 입장을 충분히 교류하도록 한다. 부모가 옳고 그름을 따지거나 판단하지 않는다. 서로의 입장에 대해 말할 기회를 주면 된다. 처음엔 자기 잘못은 줄이고 상대편의 잘못만 부각할 것이다. 그래도 이 과정을 통해 각자의 입장, 상대방으로 인한 답답함과 억울함 등을 표현하고 차츰 갈등을 해결하기 위해 노력한다. 무엇보다 행동보단 말로 표현하는 연습에 익숙해진다.
2. 서로가 원하는 방법을 제시하도록 해 준다. 갈등의 목적은 해결이다. 서로에게 바라는 것을 직접 전달하게 한다. 상대가 들어 주면 좋겠지만 그렇지 않아도 원하는 것을 말하도록 해 준다. 이 과정을 통해 상대방이 말할 때 경청하는 자세를 익히고 화난 감정을 누그러뜨릴 수 있는 시간을 얻어 감정을 조절하게 된다.
3. 불쾌한 감정을 어떻게 처리하면 안정이 될지 찾아본다. 동일한 갈등이 생길 때 다

음에는 어떻게 처리할지 서로에게 기대하는 바를 전한다. 이런 과정이 쌓이면 감정 조절 훈련이 되어 부정적인 정서도 잘 처리할 수 있게 된다.

처음에 형제간에 이런 대화를 하면 오히려 또 다른 싸움이 될 수 있다. 하지만 상대방의 이야기를 듣고 자신의 입장을 잘 전달하는 시간을 계속 가지면 반추하는 능력이 생긴다. 갈등 당사자 간의 해결책으로 합리적인 대안을 찾는 연습을 주로 하게 되므로 갈등이 생겨도 부정적인 감정이 남지 않아 싸움의 횟수는 줄고 문제를 해결하는 능력은 점차 발달한다.

2. 부모와의 접수상담

아동을 동반하지 않고 부모나 보호자만 와서 접수상담을 한 사례다. 어머니와 아버지가 각각 혼자 온 경우, 친조부모가 보호자로 온 사례로 나누어 정리하였다.

1) 어머니만 온 면담 사례

사례 신○○ 둘이서만 어울리는 3세의 딸 쌍둥이

(1) 내담자에 대한 정보

신○○, 30대 초반의 회사원, 자녀는 쌍둥이 여아(2세 8개월)만 있음. 쌍둥이 출산 후 1년 간 육아 휴직을 냄. 인근 아파트에 사는 친정 어머니와 함께 양육하다 복직했고, 여전히 친정의 도움을 받는 상태임. 주말엔 거의 남편과 쌍둥이 돌보는 일에만 전념하고 있음.

(2) 의뢰과정

모의 직장 동료가 상담자를 소개하여 모가 직접 전화문의 후 내방함.

(3) 접수상담 내용 요약

모만 내방하여 면담을 함.

① 주 호소 내용

딸 쌍둥이가 어린이집에서 다른 친구들이 끼어들지 못할 정도로 둘이서만 어울려 교우관계가 걱정이 됨.

② 상담 이유

쌍둥이를 키워 본 모의 직장 동료가 또래관계를 넓혀 주는 게 필요하다며 상담을 권유함.

③ 어머니의 첫인상

보통 키와 보통 체격으로 수수한 옷차림이었으며, 정확한 시간에 맞춰 도착함. 상담신청서를 빠르게 작성하였으며, 피곤한지 지친 얼굴 표정이었음.

④ 어머니와의 주요 면담내용

맞벌이로 쌍둥이는 친정어머니가 가까이에 살면서 25개월까지 돌봐 줌. 이후 아파트 단지 내의 가정어린이집에 보내고 있으며, 오후 3시 정도에 하원하면 부모가 퇴근할 때까지 집에서 친정어머니가 돌봐 줌. 평소 둘이 잘 노는 편인데 어린이집에도 둘이서만 어울리려고 해 다른 친구가 끼어들지 못함. 큰 아이가 주로 작은 아이를 따라다니며 놀고 다른 친구가 오면 밀어내서 이젠 둘 사이에 친구들이 오지 않는다고함. 둘만 너무 붙어 있어서 걱정임.

내년에 규모가 큰 어린이집으로 옮길 예정인데 지금처럼 계속 같은 반에 두어야 할지, 다른 반으로 떼어 놓아야 할지 궁금함. 둘이서만 친해서 새로운 친구를 못 사귀게 될까 봐 염려함.

지인들에게 조언을 구하면 어떤 사람은 같은 반이 좋다고 하고, 또 다른 사람은 다른 반이 더 낫다고 하는 등 종잡을 수가 없어 전문가에게 듣고 싶어 왔다고 함. 초등학교 입학 이후에도 계속 둘이서만 어울리면 또래관계가 더 좁아질까 봐 걱정이라 어떻게 도와줄지 알고 싶음.

⑤ 내담자에 대한 상담자의 느낌 및 소견

신○○는 쌍둥이 딸의 교우관계가 확장되지 않을 것에 대해 걱정함. 주변인들에게 조언을 구하고자 했으나 의견이 분분하여 상담을 의뢰함. 쌍둥이 특성상 둘만이 공유하는 것이 많아 더 친밀할 수 있고, 독립된 인격체로 각각의 친구 및 사회적 관계를 만들어 주는 것도 필요해 보임. 최근에는 언니와 동생으로 구분 짓기보다 쌍둥이를 친구처럼 서로의 이름을 부르며 키우기도 하고, 비슷하거나 다른 성향을 보이는 쌍둥이도 있음을 이해하도록 함. 저마다의 특성을 존중하는 편이기 때문에 쌍둥이가 동등한 관계로 어린이집에서 생활하는 것이 바람직해 보임. 현재 같은 반으로 다른 친구가 끼어들 여지가 없다면 내년엔 다른 반에서 생활해 보는 것도 괜찮아 보임. 다른 반에 있으면 자연스럽게 여러 친구와 어울릴 수 있고, 집에서는 여전히 둘이 잘 놀 수 있기 때문에 큰 어려움은 없어 보임.

⑥ 추후상담에 대한 협의와 계획

쌍둥이와 함께 차기상담을 하도록 함. 두 딸의 성향 및 행동 특성을 평가하여 어떻게 교우관계의 확장을 도울 것인지 구체적으로 생각해 보자고 함.

⑦ 접수상담 이후 상담과정

쌍둥이와 내방해 차기 상담을 함. 이후 부모가 쌍둥이와 한 번씩 교대로 오거나 모두 와서 놀이관찰을 통해 질의응답 형식으로 양육상담을 함.

<TIP 10> 쌍둥이 형제에 대한 이해

쌍둥이는 성장 과정을 거치면서 서로 다른 환경에 노출이 되면 여러 면에서 차이를 경험할 수 있다. 유전적인 요인이 비슷하지만 살아가는 환경이 보다 많은 영향을 주기 때문에 다른 인격체로 성장한다.

쌍둥이는 서로에게 좋은 친구다. 앞 사례의 쌍둥이처럼 다른 친구들이 둘의 관계에 쉽게 들어오기 어려운 경우가 있다. 쌍둥이는 둘이서 어울리는 것에 익숙하다. 하지만 더 큰 사회에서 각자가 선택한 삶을 살아가야 하므로 조금씩 다른 사람과의 관계를 확장하는 것이 좋다. 어차피 집에서는 둘이서 잘 어울릴 것이므로 밖에서만큼 새로운 친구와 어울리도록 돕는 것이 필요하다. 주변 친구들에게 쌍둥이라도 차이나는 부분이 있음을 알려 주고 서로 다른 인격체로 다가갈 수 있도록 해 준다. 쌍둥이가 더 많은 친구와 사귀고, 교우관계를 확장하도록 돕는다.

사례 유○○ 자위행위를 하는 5세 남아

(1) 내담자에 대한 정보

유○○, 30대 중반의 공무원, 둘째 출산 후 육아 휴직 중임. 내년에 복직을 고려하고 있음.

(2) 의뢰과정

친척의 소개로 상담기관과 상담자를 지정하여 전화문의 후 바로 예약함.

(3) 접수상담 내용 요약

모만 내방하여 면담함.

① 주 호소 내용

아동이 바닥에 자주 엎드려 자위행위를 오랫동안 하는데 최근에는 땀까지 흘리며 이름을 불러도 못 들은 척함. 이를 지켜보는 것이 민망하고 괴로움.

② 상담 이유

최근 어린이집에서도 성기를 만지는 모습이 자주 관찰된다며 교사가 자위행위에 대해 직접 언급하며 모에게 상담을 권유함.

③ 어머니의 첫인상

큰 키와 마른 체형으로 편안한 옷차림이었으며, 순한 인상이었음. 시간보다 일찍 도착함. 상담신청서 작성에 대한 안내를 했음에도 어떻게 적어야 할지 모르겠다며 고민하는 신중한 모습이었음. 아동의 인적사항만 적고 말로 해도 되냐고 물어 원하는 대로 하라고 함. 간단한 인적사항과 상담 온 이유에 대해 '자위행위'라고만 기록함.

④ 어머니와의 주요 면담내용

15개월 된 동생이 있어 큰 아이는 어린이집에 계속 보내고 있음. 몇 달 전부터 아동이 앉아서 놀지 않고 주로 엎드려 있어 피곤한 줄 알았음. 최근 자위행위임을 알았고, 방과 후 집에서 자주 일어나지 않고 끙끙대거나 땀을 흘리기도 해 놀람. 비슷한 또래를 키우는 지인에게 말했더니 그럴 수 있다고 해 금방 없어질 것이라 생각하고 모른 척했음. 그러나 6개월이 지나 가고 있으며, 이젠 거의 매일 하다시피 하여 그런 모습을 보는 모가 더 괴롭다고 함. 남들이 보는 곳에서 하면 서로 민망할까 봐 염려됨.

남편은 남자애들은 그럴 수 있다며 대수롭게 여기지 않지만 모는 너무 어린 나이라서 그냥 두어도 될지 고민이 됨. 지난 주 어린이집 교사가 따로 불러 집에서의 생활을 물어보며 조심스럽게 자위행위를 부모가 아는지 말해 당황스럽고 창피했다고 함. 어린이집 친구들이 있는 곳에서도 그렇게 하고 있다고 상상만 해도 싫다며 어떻게 도와줘야 할지 모르겠다고 함.

자위행위를 하는 자녀에 대해 상담하는 부모가 종종 있다고 안심시키고, 아동의 하루 일과를 탐색함. 아동은 직장생활로 바쁜 부와는 거의 정서적 교류가 없고, 방과 후에는 동생 위주로 양육을 하는 모의 손길이 부족해 주로 혼자 책이나 영상물 시청, 블록 만들기 등 한 자리에서 하는 활동을 하며 시간을 보내고 있었음. 모가 집안일을 할 때 동생과 아동을 함께 봐야해서 거실에 앉아서 하는 놀이나 활동을 주로 하라고 해 왔다고 함.

주말이나 휴일에도 남편은 피곤을 이유로 대부분 잠을 자거나 혼자서 스포

츠 동영상을 봄. 장 보러 가는 일 이외에는 남편은 외출도 하지 않음. 형제를 모가 홀로 양육하다시피 하여 아동에게 소홀해질 때가 있음. 아동은 주로 심심할 때 자신의 성기를 통해 만족감을 느끼고 있는 것으로 보임. 이에 적절한 신체활동을 함께하는 것이 필요해 보여 아동의 발달에 맞는 놀이를 소개함.

피곤한 남편을 이해하지만 부부가 집안일을 분담해야 하고, 남편의 퇴근 후나 주말에 모도 휴식시간을 확보하도록 함. 두 자녀와 교류하는 시간을 부가 갖도록 부부간에 협의가 필요함을 강조함. 부모가 두 자녀와 교차하여 일대일로 놀이하고, 짧은 시간이라도 아동과 밖에서 뛰어놀 수 있도록 할 것과 아동의 활동 변화를 위한 지도방법을 알려 줌.

모가 양육 스트레스를 줄이고 아동과 적절한 놀이시간을 갖도록 부모가 함께 노력해야 됨을 강조함. 이에 부모가 함께 상담을 오는 것이 효과적이라고 설명함.

⑤ 내담자에 대한 상담자의 느낌 및 소견

유○○는 혼자서 두 자녀를 양육하면서 신체적 · 정신적 피로감이 누적된 상태로 보임. 이는 남편이 직장생활에서 오는 피곤을 이유로 육아나 가사에 거의 참여하지 않고 있기 때문에 더 가중된 것으로 파악됨. 체력이 약한 유○○는 지치면 아동에게 주로 영상물 시청이나 제한된 공간에서 할 수 있는 장난감을 제공하여 아동이 쉽게 지루해하고 무료함을 느낌. 아동은 우연히 발견한 감각적이고 즉각적인 만족감을 얻을 수 있는 자위행위를 놀이처럼 인식하고 집중한 것으로 생각됨.

아동의 연령에 맞는 다양한 놀이환경을 제공하고, 방과 후 시간의 활용을 개선하는 것이 요구됨. 부모가 집안일을 분담하고, 부모가 두 자녀와 교차로 시간을 보내는 방법을 통해 아동이 자위행위 이외에 재미있는 활동이 많다는 것을 알도록 돕는 것이 필요함.

⑥ 추후상담에 대한 협의와 계획

남편과 아동이 함께 와 상담하도록 함.

⑦ 접수상담 이후 상담과정

가족 모두가 내방하여 아동의 놀이평가와 부모상담이 이루어짐. 주 1회 놀이치료와 월 1회 부모상담을 자위행위가 사라질 때까지 진행함.

<TIP 11> 유아기의 자위행위에 대한 올바른 이해

자녀의 자위행위로 놀라 상담에 오는 부모를 가끔씩 만난다. 아마도 성적인 문제로 받아들인 때문일 것이다. 이런 행위를 다른 사람들이 보는 장소에서 했다면 더 걱정스러웠을 것이다.

유아기의 자위행위는 어른들이 생각하는 성적인 문제와는 다르다. 따라서 성인의 성적인 문제로 바라보지 않아야 한다. 생식기는 신체의 일부분으로 손을 잡으면 좋은 느낌을 주는 것처럼 자위행위로 우연하게 좋은 경험을 한 뒤 반복했을 가능성이 높다. 생식기의 구조에 따라 주로 남아는 성기를 만지고, 여아들은 어떤 물체에 비비는 식으로 자위행위를 하는 경향이 있다. 부모가 어떻게 도와줄지 생각해 보자.

1. 유아기의 자위행위는 성적인 문제가 아니라 놀이일 수도 있다고 이해해야 한다. 그러므로 야단치거나 부모가 더 놀라 숨기려고 하는 것은 좋지 않다. 자연스러운 행위 중 하나이지만 사람들이 많은 유치원이나 공공장소에서 하는 것은 사회성 발달 면에서 주의가 필요하므로 적절하게 교육한다.

2. 감각적 자극으로 유아들도 쾌감을 느낄 수 있다. 높은 불안이 있거나 심심한 상태에서 즉각적인 쾌감을 얻으면 불편한 것이나 힘든 것을 잠시 잊을 수 있다. 긴장이 풀리고 이완되어 유아들도 좋은 느낌을 갖는 것이다. 하지만 성기는 다른 신체 부위보다 예민한 조직으로 자주 접촉하면 감염으로 질병이 생길 수 있다. 따라서 가급적 생식기를 직접 만지는 것으로 즐거움을 얻기보다 다른 놀이나 활동을 통해 긴장을 풀고 불안을 줄이도록 해야한다. 이를 위해 적절한 신체활동과 즐거운 놀이를 찾도록 도와주어야 한다.
3. 공공장소에서의 자위행위를 예절과 연관 지어 설명한다. 예를 들면, 남녀 모두 수영복을 입었을 때 가려지는 신체 부위는 남들 앞에서 보여 주거나 보려고 하지 말아야 함을 알려 준다. 여러 사람이 다 같이 즐겁게 살기 위해 약속하는 것이 예절이라고 말해 준다. 예절을 지키는 연습이 중요하기 때문에 자위행위는 가급적 혼자 있을 때나 참는 노력이 필요함을 알려 준다. 만약, 참기 어렵다고 하면 혼자 있는 곳에서 짧은 시간만 하도록 허용하고, 사람들이 있는 곳에서는 참는 연습을 점차 늘려 보도록 격려한다. 가능하면 다른 즐거움이 있는 놀이나 활동으로 만족을 얻도록 돕는다.

사례 윤○○ 어린이집 교사에게 학대받은 7세 아들

(1) 내담자에 대한 정보

윤○○, 30대 후반의 회사원, 아동의 학대 사건으로 퇴직을 고민 중임.

(2) 의뢰과정

여러 상담실에 아동학대 피해자 관련 상담이 가능한지 문의함. 아동보호전문기관 및 아동학대와 관련된 피해아동상담의 중요성을 알려 줌. 네 차례 전화를 걸어 상담절차에 대해 문의한 후 가장 친절하게 알려 준 기관이라며 상담을 예약함.

(3) 접수상담 내용 요약

어머니만 내방하여 면담함.

① 주 호소 내용

지난 해 아동이 어린이집 교사로부터 정서적 · 신체적 학대를 받은 후 외상 후 스트레스 증상을 보임. 외부 소리에 지나치게 민감해져 쉽게 놀라거나 새로운 환경에서 쉽게 짜증을 내고 집중하지 못함. 최근 두려움이 커지면 책상이나 탁자 밑에 숨어 대화를 회피함.

② 상담 이유

아동학대 사건으로 신고되어 피해자에 대한 상담이 지원됨.

③ 어머니의 첫인상

보통 키와 마른 체형으로 수수한 차림과 차분한 느낌의 외모임. 그러나 급하게 온 듯 화장을 거의 하지 않았으며, 야구 모자를 눌러 써 눈이 잘 보이지 않았음.

④ 어머니와의 주요 면담내용

최근 같은 어린이집에 보내는 자모에게 연락을 받고 반 아동들이 지속적으로 담임교사에게 학대받은 상황이 확인됨. 아동도 학대 피해자라고 알게 되어 충격을 받음.

아동이 가끔씩 어린이집에 가기 싫다고 등원을 거부할 때마다 참고 가야 한다고 말한 것이 미안하다며 눈물을 흘림. 아동은 현재 등원을 중단한 상태로 외조모가 급하게 와서 돌보고 있음. 어린이집 교사에 대한 수사가 진행 중이고 일부 아동들은 다른 반이나 다른 기관으로 옮김.

아동학대의 사례를 보면 대부분 교사가 실형을 사는 경우는 극히 드물고, 교육적인 상황에서 훈육했다고 인정이 되면 벌금형만 받게 된다며 이번 일도 그렇게 될까 봐 걱정이라고 함. 무엇보다 자신이 다른 자모들보다 늦게 알고, 출근을 이유로 아동을 더 오랫동안 등원시키는 바람에 더 많이 아팠을 것 같아 괴롭다고 함.

아동이 학대에 대한 기억 때문에 정서적으로 불안해하는 데 어떻게 도움을 주어야 할지 자문이 필요하다고 함. 현재 어린이집 근처만 가도 겁을 내고 "저기 나쁜 선생님 아직도 있어?"라고 묻기도 함. 아동학대를 뉴스로만 접했지 정작 내 아이가 피해자가 되었다는 사실에 놀라서 퇴직을 고려하고 있음. 되돌릴 수 없는 아동에 대한 상처는 엄마가 잘못 선택한 어린이집 때문이라는 죄책감에 계속 힘들다고 함.

심리적으로 우울하고, 가슴이 답답하고, 소화도 안 된다고 함. 퇴직할까 고민하였으나 다행히 휴직할 수 있어 조만간 쉴 예정임. 아동의 불안정한 심리상태에 대한 상담자의 소견서를 법원에 제출하고 싶다며 가능한지 질문함.

⑤ 내담자에 대한 상담자의 느낌 및 소견

아동학대 피해자가 된 것에 대한 심한 분노와 자기책임으로 우울감과 신체화를 경험하고 있는 것으로 보임. 자녀의 심리적 회복에 초점을 두어 상담을 하는 것이 당연하지만 모가 죄책감을 너무 많이 표출하면 아동이 더 힘들 수 있음을 전달함. 모가 휴직 후 당분간 집에서 아동과 함께 있도록 함. 법적 자문은 관련 기관에서 받는 것이 도움이 되며, 다른 자모들과 연대하여 사건을 처리하는 것이 도움이 될 것으로 생각되어 아동학대 피해자 관련 대처방법 정보를 제공함.

⑥ 추후상담에 대한 협의와 계획

학대에 따른 아동의 심리 상태를 확인하기 위해서 아동상담과 종합심리검사를 권유함. 모가 여러 가지 신체화를 호소하여 정신과 진료를 함께 권함.

⑦ 접수상담 이후 상담과정

아동에 대한 접수상담과 종합심리검사가 실시됨.

<TIP 12> 아동학대와 가정폭력 피해아동의 상담

아동을 대상으로 한 폭력은 범죄행위에 해당된다. 아동학대란 보호자를 포함한 성인이 아동의 건강 또는 복지를 해치거나 정상적인 발달을 저해할 수 있는 신체적·정신적·성적 폭력이나 가혹행위, 또는 아동의 보호자가 아동을 유기하거나 방임하는 것을 의미한다. 그럼에도 아동을 여러 가지 이유로 일시적 혹은 상습적으로 학대하는 어른들이 있다. 만약 이런 사실을 알고 어떻게 처리해야 하는지 문의한다면 적절한 조치에 대해 알려 주어야 한다. 학대 의심이나 학대 사실이 확인되면 아동보호기관이나 112로 즉시 신고해야 한다.

피해아동에 대한 상담은 아동보호전문기관에서 할 수 있다. 만약 민형사 사건으로 처리할 경우라면 관련 기관에 아동의 심리 및 정신적인 상태에 대한 확인서 및 소견서로 아동의 외상 후 스트레스 증상을 입증하고 도움을 받도록 행정 절차에 대해서 알려 준다.

피해아동이나 부모가 상담을 하고자 한다면 부모의 상담목적에 따라 상담자들은 관련 정보와 적절한 도움의 방법을 신속하게 제공해 줄 의무가 있다.

2) 아버지만 온 면담 사례

사례 이○○ 부모의 이혼을 받아들이지 못하는 초등학교 4학년 아들

(1) 내담자에 대한 정보

이○○, 40대 중반의 회사원, 아내와 이혼 후 아들과 생활함. 중학생 딸은 엄마와 지냄.

(2) 의뢰과정

부가 전화문의 후 예약함.

(3) 접수상담 내용 요약

부만 내방하여 면담함.

① 주 호소 내용

둘째인 아들이 최근 3~4개월 전부터 순간적으로 화를 참지 못하고 폭언과 공격적인 행동을 함. 잘 지내다가 누군가 건드리면 못 참겠다고 하여 힘들어함.

② 상담 이유

학교 상담교사가 부모의 이혼으로 힘들어한다며 아동의 상담을 권유함.

③ 아버지의 첫인상

보통 키와 마른 체형으로 통명하고 화난 얼굴 표정임. 아동의 최근 변화된 감정에 대해 이야기하면서 부 역시 이혼으로 인한 분노감이 남아 있는 듯 흥분된 목소리였음.

④ 아버지와의 주요 면담내용

부부간 성격 차이로 다툼이 잦았고, 별거한지 1년 만에 합의 이혼함. 이혼 후 두 자녀를 엄마가 키우다가 아내가 큰 딸만 키우겠다고 해서 둘째인 아들을 6개월 전에 데리고 왔음. 이 과정에서 모가 사는 곳으로 아동이 전학을 갔다가 현재 학교로 다시 전학을 왔음. 원래 다닌 학교에 다니고 싶다고 해서 부가 있는 곳으로 오게 됨. 부모의 이혼 사실을 주변에 숨기기 위해 자꾸 거짓말을 하는 것이 불편하다고 함.

아동은 학교 친구들과 사소한 이야기를 하다가 다툼이 생기면 감정이 폭발함. 이유를 물으니 자신만 불행한 것 같아 화가 나고 질투가 난다고 함. 부모가 같이 살 수 없는 상황을 이야기하면 원래대로 돌려놓으라며 소리침. 혼자 분노를 삭이지 못하고 부를 향해 "결혼하지 말지 그랬어? 왜 날 낳았어?"라고 고함을 치기로 함. 달래도 보지만 소용이 없고 화가 가라앉을 때까지 그냥 두는 편임. 감정이 폭발하면 부에게조차 "시끄러워. 아무 말도 하지 마!"라며 계속 분노를 표출하고, 엄마에게 전화해서 한바탕 쏟아부어 걱정임.

⑤ 내담자에 대한 상담자의 느낌 및 소견

이○○는 부모의 이혼 후 변화된 환경에 적응하기 힘들어하는 아들에 대한 걱정과 생활지도의 어려움을 겪고 있음. 아동은 한쪽의 부모와만 생활해야 하는 상황을 받아들이지 못해 슬픔과 외로움을 느끼며, 부모의 이혼 후 달라진 환경을 친구들이 알게 될까 봐 걱정하는 마음이 커 주로 참았다가 분노로 표출함. 이로 인해 부모 모두 아동을 보는 것을 어려워하고 있으며, 부도 참고 있지만 때때로 감정이 격해지고 있어 염려함. 아동이 사춘기와 청소년기를 어떻게 보내게 될지 걱정하고 아버지로서 무엇을 돕고 지도해야 할지 막막해하고 있음.

친구들이 부모의 이혼 사실을 모르길 바라는 마음을 부가 공감하지만 부부갈등으로 이혼한 아내에게 적절한 부모역할을 기대하는 것은 어려워 보임. 아동이 부모의 이혼 때문에 자주 화가 나고 자신만 불행하다고 느끼고 있어 이혼에 대한 현실적 이해가 필요함.

부모에 대한 원망보다 자신의 긍정적인 강점을 찾아 학교생활과 교우관계에서 더 만족하고, 서서히 부모 이혼 이후 바뀐 환경에 적응해야 됨. 변화된 환경에만 집중하지 말고 아동이 선호하는 운동이나 활동을 하도록 도움이 필요해 보임.

⑥ 추후상담에 대한 협의와 계획

부모가 이혼을 했지만 아동을 위해 부모가 함께 도와야 될 일이 있으므로 아내에게 아동의 상태를 전하도록 함. 하지만 부는 직장생활을 이유로 모와의 협력이나 추후상담이 어렵다며 계획하지 않음. 아동이 학교에서라도 상담을 계속 받을 수 있도록 담임교사와 협의할 것을 부탁함.

<TIP 13> 부모의 이혼으로 힘들어하는 아동을 어떻게 도울까

부모의 이혼 전후로 상담을 하는 아동들이 있다. 이혼 전이나 직후에 자녀에게 부모의 이혼 사실을 어떻게 이야기해야 하는지 알고자 부모가 상담을 하기도 한다. 이혼 전후 자녀의 정서가 어떤 상태인지 알고 싶거나 부모의 이혼을 받아들이는 데 도움을 주기 위해서다. 이혼한 부모들은 대부분 자녀의 상처를 최소화하고 자신의 입장을 자녀가 이해해 주길 바라는 마음이 크다. 이혼율이 증가하고 있다는 정보를 접해도 아동들은 자기 부모가 이혼할 것이라고 생각하지 않는다.

많은 부부가 이혼진행과정 동안 싸움을 한다. 이 과정을 지켜보는 자녀는 부모가 헤어질지도 모른다고 느끼지만 이혼만은 하지 않길 바란다. 이혼 이후에 어느 한쪽 부모와 살게 되면 헤어진 부모로부터 버림받았다는 상처로 매우 혼란스러워한다. 이혼가정에 대한 선입견으로 괴로움과 열등감도 느낀다.

부모의 이혼을 쉽게 받아들이는 자녀는 없다. 이혼이 불가피하다면 자녀에게 이혼에 대해 숨기거나 거짓말로 전하지 않는 게 좋다. 배우자에 대해서 안 좋은 생각을 갖도록 자녀에게 말해서도 안 된다. 이혼과정에 있을 때 자녀에게 해야 할 일과 하지 말아야 할 일이 있다.

1. 이혼 이유에 대해 솔직하게 말한다. 자녀의 연령을 고려하여 이혼이 자녀 때문이 아닌 것을 분명이 밝히고 부모의 문제임을 알려 준다. 이혼으로 상처를 입겠지만 부모 이혼 후에도 부모자녀관계가 유지된다는 것을 꼭 말한다. 부모가 계속해서 싸우며 사는 것보다 따로 사는 것이 서로에게 나을 것 같아서 결정된 일이고 부모의 책임과 선택으로 자녀에겐 미안한 일임을 전한다.
2. 이혼 후에도 같이 살지 않는 부모와 면접교섭을 할 수 있다는 사실을 알려 주어야 한다. 정기적으로 만나는 것이 정해지면 구체적인 일정과 방법에 대해서 말해 준다.
3. 주변에서 이혼가정이란 말을 하고 때때로 불편한 시선을 주더라도 아동이 책임질 일이 아님을 말해 준다. 속상하고 슬퍼할 수 있지만 부모의 이혼 때문에 반드시 적응에 어려움이 생기는 것은 아니다. 부모가 따로 살겠지만 부모역할은 계속 수행하니까 아동이 부모 때문에 힘들어하지 않길 당부한다.

이혼가정에 대한 시각이 많이 바뀌고 있지만 여전히 한 부모에 대한 편견은 존재한다. 따라서 부모의 이혼 사실을 감추지 말고, 아동이 건강한 생활을 하도록 부모역할은 지속할 것이라고 약속해 주고, 심리적 상처를 최소화해 준다. 부모 역시 이혼 이후라도 가능한 한 자녀의 양육을 함께 책임져야 한다. 주 양육자가 지정되면 배우자는 양육비를 지급하고, 친권을 양육자가 가지도록 하여 양육활동의 어려움이나 부부갈등이 더 생기지 않도록 하는 것이 중요하다. 부부가 이혼을 했어도 서로 자녀의 부모로서 끝까지 존중해 주는 노력이 필요하다.

사례 임○○ 엄마와의 사별 후 힘들어하는 초등학교 3학년 딸

(1) 내담자에 대한 정보

임○○, 40대 초반의 회사원, 초등학교 3학년 딸과 일곱 살 아들을 두었음. 아내가 작년에 암 발병 후 투병하다가 합병증으로 최근 사망함.

(2) 의뢰과정

부가 전화문의 후 예약함.

(3) 접수상담 내용 요약

아버지만 내방하여 면담함.

① 주 호소 내용

엄마와 사별한 자녀가 곧 개학을 하면 어떻게 등교를 시켜야 할지 고민임. 아들은 아직 사별의 의미를 모르는지 별 반응이 없는데 딸은 말도 안하고 방에 들어가서 나오지 않으려 함. 앞으로 엄마에 대해 물으면 어떻게 대답할지 막막함.

② 상담 이유

아내의 장례식 이후 친척들이 아이들의 심리 상태를 걱정하며 상담을 권유함.

③ 아버지의 첫인상

보통 키와 보통 체격으로, 검은 뿔테 안경을 쓰고 점잖은 말투와 자세로 감정을 누르는 모습임. 아내와의 사별에 대한 슬픔을 최대한 억제하는 느낌을 받음.

④ 아버지와의 주요 면담내용

작년에 아내가 암 진단 후 투병하다 합병증으로 입원치료 중에 사망함. 가족 모두 급성으로 진행된 아내의 질병과 사망으로 깊은 슬픔에 빠짐. 입원 중 여러 차례 두 자녀와 병문안을 다녔지만 임종을 지키지 못했음.

아내의 유언에 따라 살던 곳에서 계속 살기로 해 이사하지 않음. 곧 개학을 하면 부가 간병 휴직을 끝내야 하는데 엄마의 존재에 대해 물으면 뭐라고 해야 할지 막막함. 특히, 딸은 엄마를 잃은 슬픔 때문인지 좀처럼 말을 하지 않고 자기 방에서 잘 나오지 않고 있음. 일부러 말을 시키거나 지켜보기만 할 수 없어 부가 매우 어렵고 힘들다고 함.

⑤ 내담자에 대한 상담자의 느낌 및 소견

임○○는 엄마와의 사별 후 힘들어하는 딸의 심리 상태를 이해하여 조금이라도 슬픔을 완화시켜 주고 학교생활에 다시 적응하도록 돕기 위해 상담을 의뢰한 것으로 보임. 아직은 엄마의 부재를 실감하지 못하겠으나 차츰 현실적인 돌봄 상황에서 빈자리를 느낄 것으로 생각됨.

아동의 연령에 따라 부모의 죽음을 애도하고, 그 의미를 이해하는 수준에 차이가 있고, 가족이 모두 애도의 기간을 충분히 갖는 것이 필요함을 알려 줌. 특히, 방학이 끝나기 전에 자녀들을 돌봐 줄 대상을 찾고, 이후 엄마의 부재에 대한 질문 시 어떻게 대처할지에 대한 깊은 고민이 있어 보임. 부 역시 아내와의 사별로 그리움, 외로움, 슬픔 등의 정서가 있지만 두 자녀로 충분한 애도기간을 갖지 못하고 있는 것으로 보임. 이후 부도 아내와의 추억을 떠올리며 고인에 대한 애도시간을 갖는 것이 필요해 보임.

⑥ 추후상담에 대한 협의와 계획

임○○는 딸이 엄마를 상실한 슬픔이 가시기도 전에 상담까지 하면 더 슬퍼할 것 같다며 당분간 자녀를 상담하게 할 생각은 없다고 함. 이에 필요할 때에만 부가 상담하도록 권유함.

<TIP 14> 부모와 사별한 아동과 애도하기

아동의 삶의 위기 중 부모의 죽음은 가장 고통스럽고 견디기 힘든 상황이다. 부모의 죽음 자체가 매우 충격적이고 사별 후 외상으로 인한 심리적 슬픔은 말할 수조차 없을 것이다. 이런 아동을 만나는 일은 상담자에게도 매우 힘든 경험이다. 부모와의 사별에 대한 의미조차 이해하기 어려운 어린 아동일 때에는 더욱 그렇다. 한쪽 부모의 죽음은 남은 배우자에게도 깊은 슬픔을 준다. 그럼에도 자녀를 혼자 잘 양육해야 하기 때문에 사별에 대한 슬픔과 충분히 애도하기가 쉽지 않다.

부모의 사별로 아동상담을 하는 경우가 있지만 앞 사례처럼 남은 배우자가 상담하기도 한다. 자녀와 애도와 추모를 어떻게 할지 물어볼 수 있다. 배우자 사별과 자녀 양육에 대한 주제로 상담을 해야 할 때 더 신경 써야 할 내용에 대해 생각해 보자.

1. 아동은 인지발달 정도에 따라 부모의 죽음을 이해하는 것이 다르다. 자녀의 나이와 인지능력, 사별에 대한 반응을 고려하여 죽음의 원인을 알려 준다.
2. 사별한 부모에 대한 애도와 추모의 마음을 표현할 수 있도록 한다. 사랑하는 부모의 죽음은 당연히 슬픈 일로 그리워할 수 있어야 한다. 간혹, 갑작스러운 질병이나 사고로 죽음을 맞이한 부모에 대해 말하는 것조차 금기시하는 가정이나 가족을 보게 된다. 이것은 오히려 자녀가 부모의 죽음에 대한 억측이나 궁금증만 유발하여 이후 심리적 상처와 적응 문제를 야기할 수 있다.
3. 사별 부모에 대한 애도시간을 충분히 갖도록 하는 것이 중요하다. 그렇지 않으면 처리하지 못한 슬픔과 그리움으로 우울해질 수 있다. 이런 정서는 이후 성장 전반에 심리적인 상처를 남길 수 있다. 따라서 남은 가족은 죽은 부모에 대해 함께 이야기를 나누고, 서로 위로하며 추모하는 시간을 갖는다. 부모의 부재로 생길 수 있는 변화와 현실적인 양육문제를 어떻게 할 것인지에 대해서 협의한다. 한쪽 부모의 사별은 자녀뿐 아니라 남은 배우자를 슬픔에 빠지게 하므로 유족이 함께 추모하는 시간을 통해 상실로 인한 정신적 활동을 나누는 것이 필요하다.

3) 친조부모가 온 면담 사례

사례 장○○ 손녀의 양육을 대신하며 힘들어하는 친조모

(1) 내담자에 대한 정보

장○○, 70대 초반, 아들 부부의 양육 소홀로 두 손녀딸을 대신 돌보며 힘들어하고 있음.

(2) 의뢰과정

친조부모가 직접 방문하여 양육에 대해 상담이 가능한지 문의하고 예약함.

(3) 접수상담 내용 요약

친조부모가 함께 내방하였으나 주로 친조모만 이야기함.

① 주 호소 내용

아들 부부가 분가한 이후에도 손녀에 대한 양육을 소홀히 하며 자주 조모에게 맡겨 놓고 집을 비움. 최근에는 연락도 없이 며느리가 외박까지 해 답답함.

② 상담 이유

두 손녀를 맡기고 외출해 버리는 며느리 때문에 양육에 대한 스트레스를 받아서 어떻게 할지 고민임.

③ 친조부모의 첫인상

친조부는 작은 키와 보통 체격으로 근심이 가득한 얼굴이었고 말을 거의 하지 않음. 친조모는 보통 키와 마른 체형으로 답답한 듯 가슴을 자주 두들기고 한숨을 쉼. 이야기 도중 눈물을 흘리기도 함.

④ 친조모와의 주요 면담내용

아들 부부는 혼전 임신으로 준비 없이 결혼하여 본가에서 함께 생활했음. 큰 손녀가 어린이집에 다닐 무렵, 인근에 집을 얻어 분가시킴. 이후 불규칙한 아들의 출퇴근과 경제적 어려움을 이유로 부부싸움을 하면 며느리가 친정에 자주 가곤 함. 그때마다 며느리가 두 손녀를 두고 가는 바람에 아들의 전화를 받고 어쩔 수 없이 친조부모가 돌봄. 아들 부부의 불화가 걱정이 되어 생활비를 계속 지원해 주고 있지만 그때뿐이고 여전히 싸움이 잦음.

어린이집에서 손녀가 등원하지 않았다며 친조모에게 전화를 해서 집에 가보면 며느리는 술을 마셨는지 자고 있기도 함. 아들은 안 들어왔는지, 일찍 나갔는지 알 수 없고, 집도 어수선하여 며느리가 술이 깰 때까지 손녀를 집으로 데리고 와 돌봐 주는 적이 종종 있음. 어린이집 등원을 대신해 주다 보니 의례 그러려니 하는 것 같음.

얼마 전, 큰 손녀가 어린이집에 간 사이 둘째를 친조부에게 맡기고 외출한 며느리가 귀가시간이 지나도 오지 않아 데리고 잠. 아들은 현재 이혼하겠다고 하지만 두 손녀를 위해 다독이고 있음. 둘 다 철딱서니 없는 부모라며 혀를 참. 앞으로 어떻게 해야 할지 막막함. 아들의 이혼 여부와 상관없이 손녀의 양육을 전담하는 상황이 될 것 같아 걱정이 많음. 정작 아들 부부는 심각성을 모르고 있음. 이로 인해 가슴이 답답하고 심리적으로 안정이 안 된다고 함.

큰 손녀는 어린이집 등원을 싫어하고 할머니와만 있으려 함. 달래서 보내고 있지만 활동에 잘 참여하지 않고 또래들에게 함부로 한다고 함. 어린이집 교사가 참여를 유도하거나 친구들과 어울리도록 하면 갑자기 소리를 지르고 책상 밑에 들어가거나 구석에 쭈그리고 앉아서 지시를 따르지 않음. 손녀에게 상담이 필요하지만 상담비 부담으로 어렵다고 함.

⑤ 내담자에 대한 상담자의 느낌 및 소견

장○○는 부모 됨의 준비 없이 결혼한 아들과 며느리로 인해 두 손녀를 대신 양육하는 시간이 점차 많아지면서 스트레스를 느끼고 있음. 손녀들이 측은하게 보여 자주 양육을 돕고 경제적인 지원도 해 주지만 언제까지 해야 할지 막막하고 최근 가슴 통증의 신체화가 나타남. 가장 먼저 아들 부부의 변화가 필요하지만 현실적으로 어려워 보임. 다시 합가를 해야 하는 상황까지 생각하고 있지만 이 방법도 시부모 입장에선 원하는 바가 아니어서 아들 부부의 변화 없이는 개선이 어려워 보임. 아들 부부의 손녀에 대한 안정적인 보호와 양육이 절실해 보임.

⑥ 추후상담에 대한 협의와 계획

아들 부부의 문제로 아들이 먼저 상담에 올 것을 권함. 아들 부부와 손녀에 대한 상담이 필요하지만 상담비 부담과 부부가 필요성을 느끼지 못하면 어려움. 아동상담을 위해 상담비가 저렴한 상담실을 소개하고 관련 정보를 제공함.

⑦ 접수상담 이후 상담과정

어린이집 교사의 소개로 상담비가 저렴한 다른 상담실에서 손녀가 상담하게 되었다고 전화로 알려 옴. 그러나 아들 부부의 상담은 기대하기 어려워 보인다고 함.

<TIP 15> 부모 됨과 부모역할

부모가 되는 것에 대한 준비 없이 자녀를 낳고 키우면서 육아에 대한 스트레스를 많이 느끼는 부부가 있다. 앞의 사례처럼 부부의 지속적인 갈등은 부모자녀관계는 물론 가정생활 전반에 있어 위기다. 부모역할이 힘든 것이 당연함에도 감내하지 못한 채 육아에 소홀하고 자녀를 방임까지 한다.

누구나 처음 부모가 되면 부모역할과 육아는 힘들기 마련이다. 하지만 조금씩 양육에 대해 배워 가면서 부모역할을 수행한다. 부모 됨의 준비가 부족할수록 육아스트레스는 더 높다. 부부갈등과 낮은 결혼만족도는 자녀의 존재는 물론 결혼생활 자체를 짐처럼 느끼고 버거워할 수 있다.

자녀는 일반적으로 부모의 책임 하에 양육되어야 한다. 육아스트레스가 심하다면 우선 부부가 지혜를 모아 현실적인 양육방법을 찾아야 한다. 혼자서 해결할 수 없다면 양쪽 가족과 주변 지인들의 도움을 받아서라도 반드시 부모가 수행해야 한다. 비슷한 또래의 자녀를 키우는 사람들과 어울려 육아에 대한 정보를 공유하고 조력하는 방법도 찾는다. 요즘엔 온라인과 오프라인 상에 육아전문가와 상담할 수 있는 채널도 많으므로 적극적인 도움의 방법을 찾아 부모가 직접 해결해 나가야 한다.

부록

부록 1. 상담신청서 작성에 대한 안내문 예시

상담신청서 작성에 대한 안내문

* 상담신청서란?

상담신청서는 상담 전에 상담자가 내담자를 보다 빨리 이해하기 위해 작성하는 서류입니다.

* 작성 목적은?

상담신청서 작성의 목적은 정해진 시간 안에 효율적인 상담 및 심리검사에 필요한 정보를 얻는 것입니다.

내용을 가능한 솔직하게 기록해 주시면 상담에 도움이 됩니다. 만약 기록의 어려움이나 다른 불편이 있다면 상담자에게 직접 이야기해 주셔도 됩니다.

* 상담신청서 양식은 A4용지 한 장 분량으로 약 10분에서 15분 정도 소요됩니다. 뒷면에 '개인정보 수집 및 이용 동의서'도 함께 제공되오니 동의 여부를 기재해 주시기 바랍니다.

* 접수상담 이후 상담을 지속하거나 심리검사를 하게 될 때 상담신청서와 별도로 자녀 기록지와 같은 추가 서류를 작성할 수 있습니다.

○○상담센터

부록 2. 상담신청서 양식

상담신청서(아동용)

작성일: 년 월 일 * 상담자:

이름(성별)	(남/여)	생년월일	년 월 일	형제순위	남 녀 째
교육수준	유치원/어린이집	연락처	집 :		
학교 학년	학교 학년		휴대 전화: (부/모)		
주소					

* 다음 내용은 귀하의 자녀를 이해하기 위한 것입니다.

1. 현재 상담을 하고 싶은 가장 큰 이유는 무엇입니까? (행동이나 증상, 심리 상태 등)

2. 이런 모습은 언제부터 나타났습니까?

3. 이런 일로 부모는 어떻게 대처하셨습니까?

4. 이 일을 부모는 어떻게 느끼십니까?
   부: 매우 심각함 / 심각함 / 보통 / 심각하지 않음
   모: 매우 심각함 / 심각함 / 보통 / 심각하지 않음

5. 이 일에 대해서 주변 사람들(교사, 조부모, 친척 등)은 어떻게 이야기합니까?

6. 이전에 앞의 이유로 상담이나 치료를 한 경험이 있습니까? (예 / 아니요)
   있다면 언제: 어디서:
   어떤 내용으로:

당시 부모의 반응: 매우 만족 / 만족 / 보통 / 불만족 / 매우 불만족

(불만족이라면 그 이유는:)

당시 아동의 반응: 거부하지 않음 / 보통 / 거부함 / 매우 거부함

(거부했다면 그 이유는:)

7. 이번 상담을 통해 무엇을 기대하십니까? (혹은 자녀가 어떻게 달라졌으면 합니까?)

8. 현재 같이 사는 가족은 모두 몇 명입니까? 명

관계	이름	나이	학력(전공)	직업	종교	성격

☞ 뒷면에 '개인정보 수집 및 이용 동의서'도 작성바랍니다.

○○상담센터

부록 3. 개인정보 수집 및 이용 동의서 양식

개인정보 수집 및 이용 동의서

1. 개인정보의 수집 및 이용 목적
○○상담센터를 이용하는 동안 상담 및 심리검사에 필요한 내담자의 인적사항(이름, 성별, 생년월일, 주소, 전화번호, 교육기관, 가족사항, 생활사(발달, 양육, 교육내용), 상담 관련 정보(상담 이유, 타 기관 상담경험, 상담에서 얻고자 하는 것) 등의 개인정보를 수집하여 상담 지원 업무 전반에 개인정보를 이용하고자 합니다.

2. 수집하려는 개인정보의 항목
1) 일반정보: 이름, 성별, 생년월일, 주소 등
2) 사회정보: 아동 정보(학교와 학년), 부모 정보(이름, 나이, 학력 전공, 직업, 종교, 성격) 등
3) 통신정보: 연락처(집, 휴대 전화)

3. 개인정보의 보유 및 이용기간

개인정보 수집 및 이용에 동의하십니까? 수집된 개인정보는 본 수집 및 이용 목적 외 다른 목적으로 사용되지 않습니다.	ㅁ 동의함	ㅁ 동의하지 않음
고유식별정보 처리에 동의하십니까? 수집된 고유식별정보는 내담자 구분, 센터 정보 처리 및 운영 등에 활용됩니다.	ㅁ 동의함	ㅁ 동의하지 않음

이와 관련된 개인정보를 ○○상담센터에 제출하며, 「개인정보 보호법」「동법 시행령」「동법 시행규칙」에 의거하여 본인의 개인정보를 위와 같이 수집하고 이용하는데 동의합니다. 정보 이용 동의 거부 시 상담에 일부 제한이 있을 수 있습니다. 동의일로부터 상담 종료 후 5년 간 보유 및 이용합니다. 이용 기간 경과 후 자체 폐기합니다.

20 년 월 일

내담자: (서명)
보호자: (서명)

○○상담센터 귀중

부록 4. 아동에 대한 발달 기록지 양식

아동에 대한 발달 기록지(보호자 기록용)

1. 부모와의 관계에 대한 질문입니다.

1-1. 자녀는 현재 집안 환경이나 분위기를 어떻게 느끼고 있습니까?
만약 갈등이나 화목하지 않은 경우라면 그 이유는 무엇입니까?

1-2. 하루 중 부모와 보내는 시간은 어느 정도입니까?
부 : 시간 분 / 모 : 시간 분
1) 자녀와 주로 무엇을 하십니까?
2) 만약 함께 시간을 보내지 않는다면 그 이유는 무엇입니까?

1-3. 자녀를 야단친다면 주로 언제이며, 어떻게 하십니까?

부	언제 : 어떻게 : 자녀의 반응:
모	언제 : 어떻게 : 자녀의 반응 :

2. 임신 및 출산, 건강에 관한 질문입니다.

2-1. 임신 전 자녀에 대한 계획이 있었습니까? (계획함/ 계획 없이 임신함)

2-2. 출산까지 임신기간은 총 몇 주였습니까? ______주

2-3. 임신기에 산모의 정서 상태는 어떠했습니까? (안정/ 불안정)

불안정했다면 그 이유는 무엇입니까?

2-4. 출산의 형태는 어떠했습니까? 자연 분만/제왕절개(이유) :

1) 자녀의 출생 시 상태는 몸무게 : kg, 키 : cm

2) 출산 시 어려움이 있었습니까? (예 / 아니요)

있다면 그 내용은 무엇입니까?

(예를 들어, 난산, 자녀의 호흡 곤란, 질병, 황달, 기형 등 전반적인 건강 상태)

2-5. 현재 아동에게 치료 중인 질병이 있습니까? (예 / 아니요)

있다면(질병 : 치료기관 :)

3. 학습에 대한 질문입니다.

3-1. 현재 학습능력은 어느 정도라고 생각합니까? (상 / 중 / 하)

3-2. 한글은 몇 살 때 배우기 시작했습니까?

3-3. 학습에 대한 어려움이 있습니까? (예 / 아니요)

있다면 무엇입니까?

4. 성격 및 사회성에 대한 질문입니다.

4-1. 아동의 성격은 어떻습니까?

1) 독특한 습관이나 버릇이 있습니까? (예 / 아니요)

있다면 무엇입니까?

2) 평상시 기분은 어떻습니까?

3) 자주 느끼는 부정적인 감정이 있습니까? (예 / 아니요) 있다면 무엇입니까? (예를 들어, 화, 짜증, 울음, 징징거림)

4-2. 아동에게 친한 친구가 있습니까? (예 / 아니요)

있다면 몇 명 정도입니까? ______명

1) 친구들을 집에 데려오거나 친구의 집에 가기도 합니까? (예 / 아니요)

아니라면 이유는 :

2) 친구들과 놀 때 주로 무엇을 합니까?

4-3. 아동이 가장 오랫동안 하는 놀이나 활동은 무엇입니까?

5. 발달에 대한 질문입니다.

5-1. 초등학교 입학 전까지에 대한 것입니다.

1) 수면에 어려움이 있었습니까? (예 / 아니요)

있다면 내용은 :

2) 식습관에 어려움이 있었습니까? (예 / 아니요)

있다면 내용은 :

3) 선천적 질병이 있었습니까? (예 / 아니요)

있다면 내용은 :

4) 아동을 주로 양육한 사람은 누구입니까?

부모 외 주 양육자가 있다면 그 이유는 무엇입니까?

5) 돌보는 사람과 떨어져도 잘 노는 편이었습니까? (상 / 중 / 하)

6) 낯가림은 어느 정도였습니까? (상 / 중 / 하)

7) 원하는 것이 안 되면 어떤 행동을 보였습니까?

8) 양육 시 특별한 어려움이 있었습니까? (예 / 아니요)

있다면 내용은 :

5–2. 신체 및 감각 발달에 대한 것입니다.

1) 걷기는 언제 시작했습니까? 만 ___세 ___개월

2) 움직임은 어느 정도였습니까? (상 / 중 / 하)

3) 특정한 자극에 예민하거나 둔감한 것이 있습니까? (예 / 아니요)

있다면 내용은 :

5–3. 언어 및 인지 발달에 대한 것입니다.

1) 처음으로 말을 시작한 시기는 언제입니까? 만 ___세 ___개월

첫말 내용이 기억난다면 :

2) 현재 언어 수준은 어느 정도입니까? 표현력 (상 / 중 / 하) 이해력 (상 / 중 / 하)

5–4. 대소변 훈련과 관련된 내용입니다.

1) 소변은 언제 가렸습니까? 만 ___세 ___개월

어떤 방법으로 시도했습니까? 억지로 / 자연스럽게 / 기타( )

2) 대변은 언제 완전히 가렸습니까? 만 ___세 ___개월

방법은? 억지로 / 자연스럽게 / 기타( )

3) 기저귀를 뗀 시기는 언제입니까? 만 ___세 ___개월

5–5. 초등학교 입학 전에 유치원이나 어린이집에 다닌 적이 있다면 적어 주세요.

나이	기관명	보낸 이유	아동의 반응	교사의 반응

5–6. 초등학교 입학 직후 적응의 문제가 있었습니까? (예 / 아니요)

있다면 내용은 :

5-7. 초등학교는 몇 살에 입학했습니까? ___세

만약 입학이 빠르거나 늦었다면 그 이유는 무엇입니까?

1) 입학 때 아동의 반응은 어떠했습니까?

2) 현재 담임교사는 아동의 학교생활을 어떻게 말합니까?

5-8. 학습 및 운동 능력

1) 알림장을 써 오는 정도는 어떠합니까? (상 / 중 / 하)

2) 운동능력은 어떠합니까? (상 / 중 / 하)

구분	초등학교 1~3학년	초등학교 4~6학년
좋아하는 과목과 그 이유		
싫어하는 과목과 그 이유		

3) 현재 가장 좋아하는 운동이나 놀이활동은 무엇입니까?

5-9. 현재 방과 후 활동이 있다면 무엇입니까?

활동명	다니는 이유	아동의 반응	교사의 반응

5-10. 현재 학교생활에서 특별한 문제가 있습니까? (예 / 아니요)

있다면 내용은 :

– 감사합니다 –

부록 5. 놀이평가 질문지 예시

놀이평가 질문지

작성일 : 20 년 월 일 작성자 : 아동과의 관계 :

아동 이름 : 성별 : 남/여 생년월일 : 20 년 월 일

놀이평가를 위한 질문지입니다. 현재 아동의 상태나 최근 놀이와 관련된 내용입니다.
질문에 따라 표시하거나 직접 적어 주세요.

Ⅰ. 자녀가 좋아하는 장난감에 대한 것입니다(놀이종류).

1. 좋아하는 장난감은 무엇입니까? (우선순위로 세 가지 정도)

2. 가장 많은 장난감의 종류는 무엇입니까?

3. 싫어하는 장난감이 있습니까? 예 / 아니요
   있다면 그 이유는 무엇입니까?

4. 나이에 맞는 장난감은 충분합니까? 예 / 아니요
   아니라면 그 이유는 무엇입니까?

5. 책을 읽어 주는 것(책 보는 것)을 좋아합니까? 예 / 아니요
   아니라면 그럴 때 아동은 주로 어떻게 행동합니까?

6. 텔레비전이나 휴대 전화와 같은 영상을 즐겨 봅니까? 예 / 아니요

7. 좋아하는 영상 내용은 무엇입니까? (세 가지 정도)

Ⅱ. 자녀가 어떤 방법으로 놀이하는지에 대한 것입니다(놀이방법).

8. 주로 어떤 놀이를 좋아합니까?

9. 평상시 몸을 많이 움직이면서 노는 편입니까, 조용히 앉아서 노는 편입니까?
많이 움직이면서 논다 / 조용히 앉아서 논다 / 둘 다 비슷함

10. 몸을 많이 움직이면서 노는 편이라면 주로 어떤 놀이를 하는지 예를 들어 주세요.

11. 조용히 앉아서 놀이한다면 주로 어떤 놀이를 하는지 예를 들어 주세요.

12. 나이에 맞는 장난감을 가지고 놀이하는 편입니까? 예 / 아니요
아니라면 주로 어떤 놀이를 하려고 합니까?

13. 이야기를 꾸며서 하는 놀이를 합니까? 예 / 아니요

14. 이야기 주제가 있습니까? 예 / 아니요
있다면 무엇입니까?

Ⅲ. 함께 놀이하는 친구에 대한 것입니다(놀이대상).

15. 주로 누구와 놉니까?

16. 자주 어울리는 친구는 현재 몇 명 정도 있습니까? ___명

17. 또래와 같이 노는 적이 더 많습니까, 혼자 노는 경우가 더 많습니까? 함께 / 혼자

혼자 논다면 그 이유는 무엇입니까?

18. 또래와 놀 때 잘 노는 편입니까? 다투는 편입니까? 잘 논다 / 다툰다

다투는 편이라면 그 이유는 무엇입니까?

19. 친구와 놀이할 때 주로 어떤 위치에 있습니까?

리더(자기가 이끌어서 놀이) / 추종자(친구가 시키는 것을 놀이) / 둘 다 비슷함

20. 다른 아동이 이미 가지고 노는 장난감을 갖고 싶거나 놀고 싶을 때 상대에게 어떻게 대합니까?

21. 부모와 같은 성인과도 놀이를 합니까? 예 / 아니요

가장 좋아하는 성인을 순서대로 세 명 정도 적어 주세요(예를 들어, 엄마, 이모, 할머니).

Ⅳ. 놀이하는 장소와 공간에 대한 것입니다(놀이장소).

22. 주로 어디에서 놉니까?

23. 실내와 실외 중 어느 곳에서 노는 것을 더 좋아합니까?
    실내 / 실외

24. 실내에 있을 때, 자녀가 선호하는 놀이공간이 있습니까? 예/ 아니요
    있다면 어디입니까?

25. 집 주변에 안전한 놀이공간이 있습니까? 예 / 아니요
    있다면 주로 어디입니까?

26. 부모와 함께 다른 사람의 집에서 놀이하는 것이 가능합니까? 예 / 아니요
    아니라면 아동은 어떻게 합니까?

27. 부모 없이 다른 사람의 집에서 놀이하는 것이 가능합니까? 예 / 아니요
    아니라면 그 이유는 무엇입니까?

28. 혼자서 어느 정도 멀리까지 가서 놀이하는 것을 허용합니까?

○○상담센터

부록 6. 접수상담보고서 양식

○○상담센터 접수상담보고서	이름/성별/생년월일(학년)	김○○/남/○○○○.○○.○○(초등○)
	접수상담일	○○○○. ○○. ○○.
	접수상담자	박○○

주 호소 내용

배경 정보

첫인상 및 행동 관찰

접수상담 내용

1. 부와의 주요 면담내용

2. 모와의 주요 면담내용

3. 아동과의 주요 면담내용

4. 내담자에 대한 느낌

요약

상담자 소견 및 권고 사항

놀이심리상담사(자격 제○○호) 박○○

부록 7. 놀이평가보고서 양식

○○상담센터 놀이평가보고서	이름(성별/나이): 김○○(여/만 ○세 ○개월) 생년월일: ○○○○. ○○. ○○. 평가일: ○○○○. ○○. ○○.
평가 내용:	
평가 이유:	

배경 정보

첫인상 및 행동 관찰

놀이평가 내용

1. 부와의 놀이 및 특징

2. 모와의 놀이 및 특징

3. 눈맞춤 및 시선(eye-contact)

4. 언어발달

5. 인지발달

6. 정서 및 사회성 발달

요약

상담자 소견 및 권고 사항

놀이심리상담사(자격 제○○호) 박○○

부록 8. 접수상담 경험에 관한 어머니 인터뷰 발췌본

다음은 저자의 박사학위 논문의 부록에 수록된 일부 내용임. 접수상담 경험에 관한 현상학적 연구에 참여했던 어머니 중 한 명의 이야기임.

* Q: 연구자 질문의 식별 번호
  A: 연구참여자 대답의 식별 번호.
  K: 이야기의 중심이 된 접수상담자
  L: P상담실의 데스크 업무자
* 내용의 번호는 연구를 위한 것으로 실제 인터뷰 순서와 차이가 있음.
* 인터뷰 내용 안의 괄호( )는 연구자의 말이거나 부연 설명임.
* 연구참여자는 인터뷰 당시 30대 후반으로 두 자녀에 대한 접수상담 경험이 있었음. 직장 동료의 소개로 P상담실에 아이의 문제로 내방. 큰 아이가 학교에서 산만하여 생활이 안정되지 않는다는 담임교사의 보고로 상담을 시작함. 둘째 아이는 자기표현의 어려움과 틱(tic) 증상을 함께 보여 큰 아이를 상담했던 상담자를 다시 찾음. 큰 아이의 접수상담자는 P상담실의 S였음. 큰 아이에 대한 접수상담 후 차기상담을 진행하였으나 S의 개인적 사정으로 상담이 중단되어 임의 종결됨. 다음 해까지 상담을 중단했다가 P상담실의 다른 접수상담자(K)와 상담을 하고 합의 종결함. 이후 둘째는 집과 가까운 두 곳(Y, C)에서 상담을 함. 한 곳은 틱 증상 때문에 간 병원 부설 상담실이었고, 다른 한 곳은 일반 아동상담실이었음. 그러다 엄마가 더 신뢰할 만한 상담자를 찾기 위해 큰 아이를 상담했던 K를 찾아 상담실을 옮김. 연구참여자는 두 명의 자녀와 다섯 번의 접수상담 경험이 있음. 인터뷰 내용은 주로 접수상담자 K에 대한 경험임.

Q1 첫 상담이었을 때 어머니가 생각나는 것에 대해 얘기해 주시면 됩니다.

A1 첫 상담이었을 때 먼저 (상담자) 본인 소개를 하셨어요. 어디 어디에서 근무를 하셨고 어떻게 해서 이곳에서 서준(가명)이를 만나게 됐고, 서준이 또래의 아이들을 많이 상담하셨단 얘기를 하셨어요. 상담자에 대해 우선 첫 번째 가진 생각은 신뢰감이 있었어요. (중략)

엄마가 막연한 생각을 가지고 있었는데 그걸 캐치(catch)하셨는지 두 번째 시간부터 저랑 서준이와의 놀이과정이나 상호작용 부분을 녹화하시고 그걸 분석한 다음에 얘기를 해 주신다고 말씀해 주셨어요. 저는 그 부분이 가장 인상 깊었던 부분인데…….

(중략)

그 상황이 캐치(catch)가 되면 아이가 빠르게 "아, 이런 부분이 있었구나! 엄마는 이런 문제가 있구나!"를 알 수가 있는데…….

(중략)

'엄마에게는 이런 문제가 있고 아이는 이런 부분이 있다'라는 걸 직시하게끔 하는 과정이어서 그 두 번째 과정이 좋았던 것 같아요.

Q2 좋았던 것 중에서 더 떠오르시는 게 있으세요?

A2 그 두 가지가 인상 깊었던 것 같고. 그 다음에 〈잠시 침묵했다가 이어서〉 첫 만남에서는 그 두 가지가 기억이 나네요.

Q3 소개하는 걸 들으셨다고 했는데 그것은 어떤 느낌이셨어요?

A3 느낌은 상담선생님에 대한 신뢰가 저는 상담을 시작할 때 제일 중요하다고 들었거든요. 상담자와 내담자가 만났을 때 묘한 분위기가 있을 수 있잖아요? (하하하! 네!) 그런데 전 K 선생님의 가장 큰 장점 중 하나가 내담자의 마음을 편안하게 하는……. 본인을 솔직하게 오픈(open)하고 부드럽게 이야기를 하면서도 가식이 없다는 생각이 들었어요. 그래서 저도 편안한 마음이 들면서……. 사실 상담기관에 오기까지 엄마의 마음은 불편하잖아요. (네) 이 과정을 전적으로 믿어야겠지만 상담선생님이 본인을 오픈(open)하고 그 다음에 내담자와…….

정확하게 말할 수는 없는데요. 그 분위기 때문에 저도 "저희 아이에게 이러이러한 부분들이 있었어요."라는 게 금방 많이 오픈(open)이 되었던 것 같아요.

Q4 표현 중에서 묘한 분위기란 말을 쓰셨거든요. 묘한 분위기에 대해 조금 더 얘기해 주실 수

있을까요?

A4 사람과 사람이 처음 만나면 느껴지는 그런 분위기가 있잖아요. 그런 분위기였던 것 같은데요.

Q5 조금 더 구체적으로 묘한 분위기란 어떤 것인지요?

A5 구체적으로 말하면 어떤 사람과 사람이 만났을 때 어떤 사람은 기를 세우는 경우가 있기도 하고, 어떤 사람의 경우에는 사람이랑 얘기를 했을 때 편하게 '나를 이렇게 오픈(open)하고 얘기할 수 있겠다.'라는 생각이 들었는데요.

(중략)

K선생님을 만났을 때에는 사람을 편안하게 해 주는 그 무언가가 있었던 것 같은데, 그게 정확하게는……. 어떻게 표현해야 할지 모르겠어요.

Q6 가식이 없다는 표현도 쓰셨거든요. 그건 어떤 의미인지요?

A6 사람과 사람이 처음 만났을 때 보통 상담을 하는 선생님들은 여러 가지를 배우시잖아요? (네) 내담자와 어떤 표정을 해야 한다든지, 내담자와의 관계는 어떻게 하는지, 또는 말을 할 때에는 이렇게 해야 하는 것을 많이 배우셨잖아요? (네) 그 부분은 교육이 되는 부분도 있지만 상담선생님이 가지고 있는 기본 심성일 수 있고 성품일 수도 있는데요. (네) 그런 부분에서……. 〈잠시 침묵〉 솔직히 얘기를 해 주신 부분이 있었던 것 같아요. 제가 여러 가지를 고민하고 있었는데 그 당시 '휴직을 해야 하나? 말아야 하나?'란 고민이랑…….

(중략)

상황이 여의치 않다면 "그 여의치 않은 상황에서도 해결할 수 있는 방안을 마련하도록 노력을 해야지요."라는 얘기를 하셨어요. 그래서 '최선이 있지만 차선이 있을 때에도 그 부분을 해결할 수 있게 최선을 같이 다하자'라는 이런 말씀을 하셔서. 전 또 그 부분이 지금도 마음에 남기도 하고. (네)

Q7 그 얘기하시면서 성품이란 단어를 쓰셨거든요. 성품이라고 하면 어떤 것을 의미하는지요?

A7 〈잠시 생각하는 듯 멈추었다가〉 사람을 보는 기본적인 마음이 좋으신 것 같아요. (하하하하! 아! 네!) 사실 그게 제일 크겠지요! 저희 아이를 대할 때에도 '아! 정말 아이를 기본적으로 사랑하거나 또는 사람을 대할 때에도 기본적으로 열린 마음으로 사랑하는 마음이 있으시구나!'라는 걸 느꼈던 게 가장……. (중략)

(어머니가 그런 것을 느끼셨다고요?) 네. 사실 저는 그런 게 부족한 점이 있거든요. (호호호!) 저는 엄마이긴 하지만 객관적인 엄마, 차가운 엄마일 수 있는데 K선생님이랑 대화를 하면서 그런 부분을 많이 배운 것 같아요. 사람을 사람으로 대하는 그런 마음. 사람마다 기질적으로 다르긴 하지만 그걸 모두 다 따라할 수는 없지만. (그렇지요) 그게 상담선생님의 가장 큰 장점이었던 것 같아요. (그게 접수상담에서 느껴지셨어요? 사람을 사람으로 대하는 마음이라고?) 네. 음…… 그 부분이 사실 느껴져서 '나는 이 선생님으로 해야 되겠다'란 생각이 들었던 것 같아요.

Q8 사람을 사람으로 대하는 마음은 어떤 것인가요?

A8 네. 그 부분은 길게 가면서 계속 느껴졌던 거지요. (아! 네. 접수상담은 아니었지만……) 네. 접수상담은 아니지요.

Q9 접수상담에 대한 모든 거. 뭐든 다 괜찮아요. 아까 '오기 전에 엄마들은 다 불편하잖아요'라는 그런 말씀도 하셨는데?

A9 그렇죠. 하하하!

Q10 조금 더 구체적으로 얘기해 주시면 도움이 될 것 같아요.

A10 상담기관에 오기 전 엄마의 마음이란 게 그렇죠! 모든 엄마가 불편한 아이를 키울 때 불편한 감정이 있을 수 있잖아요? (네. 있을 수 있죠)

(중략)

가장 중요한 부분은 저희 아이랑 상담선생님, 그리고 엄마와 상담선생님과의 관계가 제일 중요하다는 생각을 했었는데요. 여러 기관 중 하나를 찾아서 정하는 부분도 어려울 수 있고. 그 다음에 모든 엄마가 상담기관을 찾아오진 않잖아요? (예) 불편한 감정이 있긴 하지만 (중략) 이건 제 마음일 것 같은데요. 상담기관에 찾아와서 정말 해결이 될까? 상담을 하는 동안에는 많이 좋아지는 게 분명히 있어요. (네, 있어요) 병원을 다녀도 그렇잖아요. 이렇게 제한된 공간에서 이야기를 하고 제한된 공간에서 놀이를 하고 제한된 공간에서 훈련을 받았을 때 아이들이……. (중략) 딱 그 정도에서 적응을 하지만 사회에 나오거나 문제환경에 접해졌을 때 또 다른 문제행동이 발생할 수 있을 때……. (중략) "상담기관에 다시 돌아오는 아이도 많은데 그런 부분은 어떻게 해결하면 좋을까요?"라는 얘기를 했었는데, 여러 번 해 주신 얘기 중의 하나가 뭐였냐면 〈잠시 망설이다〉 좀 다른 쪽으로……. (아! 괜찮아요. 상관없어요) 진행되는 것 같아서. (어머니가 하고 싶은 얘기를 하시면 됩니다.) 우리가 콩나물시루에 물을 붓듯이 하게 되면 썩는 콩나물도 있지만 어떤 거는 자라는 콩나물도 있고. 그냥 보기에는 얼마 자라지 않지만. 엄마도 그렇고 아이도 그렇고. 내공이 생길 수 있다는 거잖아요! (네) 그러다 보면 훈련이라고 표현하기엔 좀 그렇기는 하지만 아이도 여기에 오면서 '이제 약간 훈육? 훈련이 되나?' 그리고 엄마도 이야기를 하거나 아이와의 관계가 좋아지는 부분이 있는데, 결국은 밖에 나가서도 문제행동을 보이긴 하지만 엄마가 그 아이를 보는 마음이 제일 크게 변하는 것 같아요. 전에는 문제행동이 살짝만 보여도 사실 굉장히 크게 받아들여지고 '정말 큰일이다'라는 생각을 했었던 것 같은데. 이제 '지날 수도 있지, 저럴 수도 있지!'란 생각이 들고. 잘못된 행동을 고쳐 주긴 하지만 눈을 감아 주고 싶을 때에는 살짝 감기도 하거든요.

Q11 아! 상담하고 나서 그런 부분이 달라졌어요?

A11 네. 마음이 달라졌던 것 같아요. (아! 네) 그리고 불편했던 마음이란 것은 사실 의심일 수 있겠죠! '여길 와서 달라질 수 있을까? 또다시 똑같아지면 어떻게 될까?'라는 건데……. (중략) 상담선생님과 내담자랑 라포(rapport)가 중요하다는 게 그런 이유일 것 같아요.

Q12 아까 콩나물시루라는 표현은 누구의 이야기인지?

A12 K선생님이 항상 저한테……. (중략) 조급한 제 성향을 빨리 파악하셨겠지요! (하하하!)

그리고 '삼세번이다'라는 것을…….

Q13 삼세번이란 어떤 뜻입니까?

A13 두 번까지는 봐 주지만 세 번째도 안 될 때에는……. 아이와 약속을 할 때에도 두 번 정도는 봐 주지만 세 번째는 어떤 행동을 취하거나 단호한 결정을 하거나 하지만 '두 번 정도는 봐 줄 수 있는 그런 여유를 가지라'는 거랑……. (아, 네 어머니에게) 네. 콩나물시루에 물을 붓듯이 안 되는 것 같지만 그래도 시간이 지나고 나면 아이들은 이만큼 〈위로 자라는 손 모양을 하고는〉 커져 있을 거란 얘기를 하셨거든요.

Q14 그 얘기를 더 듣고 싶어요. '아! 진짜 이거 해결될까?' 그건 어떤 얘기인지요?

A14 다 큰 아이를 봐서 그런지는 모르겠지만 문제행동이 크게 변하지 않는 아이들을 보면……. (중략) 상담기관을 다닐 때 '내가 믿지 않으면 변화되지 않겠구나!'라는 생각을 했었는데, 그때 상담선생님의 역할이 아주 컸었던 것 같아요. (중략) 지금 변하지 않더라도 '언젠가는 좋아지겠지!' 그런 생각들이 결국…….

Q15 처음에 '어디를 갈까?'부터 고민이 됐다는 표현을 쓰셨잖아요. 오시기 전에…….

A15 기관을 선택할 때에는 주변의 도움이 제일 컸지요. 저 아는 분이 다녀 보시고 소개를 시켜 주셔서 오게 됐지요. 저희 동네도 아주 많거든요. (네. 동네도 많아요!) 하하하하! 믿을 수 있는 지인의 소개가 컸던 것 같고. 기관의 온화한 분위기가 작용한 것 같아요.

Q16 온화한 분위기란 어떤 느낌인지 얘기해 주실래요?

A16 엄마들은 어떤 기관이어도 성인이기 때문에 크게 부담을 갖지 않을 수 있어요. (중략) 어린 아이가 와도 크게 부담감이나 두려움을 느끼지 않는 그 분위기가 좋았었던 것 같아요. (중략) '따뜻한 방처럼!' 그게 분위기인 것 같아요. 마루 위에 앉아서 대기한다는 것. 그다음에 전체적인 톤이 연두색! 저는 그게 참 사람의 마음을 따뜻하고 편안하게 하는 게 좋았던 것 같아요. (중략) 다른 곳은 (아이가) 가길 싫어하는데……. 공간을 비교하긴 어렵

고……. 오래된 책, 장난감도 별로 없고, 딱딱한 테이블이며 소파. P상담실은 그냥 '따뜻한 놀이방!' 대기실의 분위기가…….

Q17 '따뜻한 방처럼' 이라고 하셨는데 그건 어떤 의미인가요?

A17 자유롭게 모여서 놀아도 크게 개의치 않아 하는 그런 분위기! (중략) 대기하는 상태에서 긴장을 풀고 들어오느냐에 따라서 상담의 질이 달라질 수 있을 것 같아요. 대기실의 분위기는 큰 역할을 한다는 생각이 들었어요. Y에서는 (둘째 아이가) 저한테 같이 들어가자고 했거든요. 거기선 무서워했고 (중략) 거기도 방으로 되어 있었고. 더 넓고, 장난감도 많았지만 마음에 썩 들지 않았어요.

Q18 어떤 차이가 있었던 것인지요?

A18 두 가지가 있었던 것 같아요. 첫 번째는 엄마의 마음이 가장 큰 차이가 있었죠. P는 큰 애가 상담한 곳이어서 (둘째 아이한테) 처음부터 다시 설명하지 않아도 되는 게 있었고, 그 다음에 서영(가명, 서준 동생)이가 Y에선 가만히 의자에만 앉아 있었고, (의자에만?) 네. 제 옆에만. 제가 아주 짧게 선생님이랑 상담하고 나왔음에도 불구하고 옆에 계속 있었던 것 같아요. (중략) 가장 큰 차이는 색깔의 차이가 컸던 것 같아요. 그 다음에 Y는 음악이 나오지 않았어요. P는 잔잔한 음악이 깔려 있어서 카페 같은 느낌! 공간은 넓지 않지만 자유롭게 앉아 있어도 되는……. (중략) 여러 곳을 갔었는데 세 곳은 다 비슷했어요. P에서는 상담 시작 전에 만나는 사람이랑 서영이가 편안해했던 분위기가 가장 컸었고. 저도 오랫동안 상담을 했었기 때문에 신뢰가 컸었던 것 같아요. 전에 오빠만 들어가서 (둘째 아이가) '저긴 어떤 곳이지?' 궁금했었던 것 같아요. 호기심 반으로 수월하게 들어가게 됐지요. (중략) P에서는 (기다리는 시간 동안) 제가 대신 "종이를 주세요! 색연필을 주세요!"라고 말한 적은 없었던 것 같아요. C에서는 책이 많았음에도 불구하고 자기가 가져간 책을 두 권 정도 보고 거기 있는 책은 아예 보지도 않고. 검사를 받을 때에도 자기 책을 봤었고. (중략) 새로운 공간에 와서 엄마가 아닌 모르는 상담선생님과 40분 동안 놀이치

료를 해야 하는 상황을 말로 표현하진 않았지만 긴장되는 상황이었을 것 같아요. 대기실의 분위기는 그래서 중요한 것 같아요.

Q19 상담 시작 전에 만나는 사람이란 누굴 얘기하는지요?

A19 상담하기 전에 절차가 중요한 것 같아요. C에서는 그냥 시간이 맞는 사람을 연결해 준 것 같아요. (중략) P에 서영이를 데리고 갔을 때에는 가장 편안해서. 아는 분 소개여서 그런 부분은 처음에 크게 중요하지 않았어요. 여러 곳을 가봐서 그중에……. (중략) 엄마로서 아이가 편하게 상담하고 마음을 열 수 있는 곳이어서 결정하게 됐는데요. (중략) (다른 곳에 가면) 새로 뭔가를 작성해야 하고. 처음 만나는 선생님과 또 얘기하는 게 불편하거든요. 그런 게 불편해서 다시 선택한 거고. P기관을 (첫 아이와) 다녔으니까 어차피 (둘째 아이 때문에) 또 다녀야 하니까……. (중략) C의 대기실에는 여러 아이가 있었는데 한 명은 굉장히 시끄럽게 계속 떠들고, 또 한 명은 쿵쿵거리고, 한 명은 휴대 전화를 하면서 〈휴대 전화를 만지는 손가락 흉내를 내며〉 이렇게 정신이 없는 상황이었어요. (중략) (기다리는 시간 동안 마음에 드는 아이만 있는 건 아니지요) 네. 그렇지요. 대기실에서도 다 연계되는 교육상황인 것 같아요. 상담실 안에서도 그렇게 훈련을 받는 거잖아요. (그렇죠) 그런데 '밖에서도 저 안에서 배운 대로 똑같이 해야 돼'라고 알게 되는 건 대기실 직원과 연계하여 아이한테 똑같이 교육하는 것 같다는 생각이 드네요. 직원도 똑같이 동참해서 되고 안 되는 것을 분명히 인지할 수 있도록…….

Q20 아이가 나가 있어야 할 때 거부했던 모습을 어떻게 표현했는지요?

A20 Y에서는 (둘째 아이가) 상담자한테 대답을 하지 않고 가만히 있었고, 선생님이 사탕을 하나 주셨는데 먹으면서도 정말 작은 소리로 대답했던 걸로 기억이 나요. 그리고 엄마랑 잠깐 얘기할 시간이어서 아이가 나가야 되는데 나가길 많이 거부해서 그냥 제가 메모해서 답변을 드렸던 것 같아요. 질문을 적어서 달라고 했더니 다행히 써 주셔서……. (중략) 저한테 "엄마! 나가는 게 무서워!"라고 했고 제 손을 꼭 잡았던 것 같아요. 잠깐 내보내도 될 것 같았는데 많이 울먹였던 것 같아요. (아이가?) 네. 그래서 '제가 한 번 더 오면 되니까'

라는 생각이 들어서 굳이 내보내진 않았거든요. (중략) C도 똑같이 방으로 되어 있었고요. 아이들도 많았어요. 근데 거기는 갈색 톤이었던 것 같고. 그냥 전체적인 분위기를 생각하면은요……. 장난감은 굉장히 많았지만 어질러져 있었고요. 처음 안내하는 분이 굉장히 사무적으로 이야기를 하셨어요. (아!) 저는 마음이 급해서 "빠르게 상담할 수 있는 날짜는 언제일까요?"라고 물어봤는데 그때가 4월 말이었는데 6월말 쯤 놀이치료가 진행이 될 거라고 절차만 짧게 이야기하고 마무리가 됐어요. (중략) 그냥 알았다고 하고 상담 날짜는 잡지 않고 왔어요.

Q21 조금 더?

A21 (상담자가 둘째 아이에게) 물었을 때 굉장히 작은 목소리로 대답했고, 다시 제가 전해 줘야만 할 정도로. (가까운 거리임에도?) 네. 대답하지 않았고 '잘 모르겠다'고만 하고 가만히 앉아 있는 상황으로. Y에선 가만히 의자에만 앉아 있었고. (의자에만?) 네. 제 옆에만. 제가 아주 짧게 선생님이랑 상담하고 나왔음에도 불구하고 옆에 계속 있으려고만 했던 것 같아요.

Q22 안내하는 분이 사무적이었다는 것은 어떤 의미인가요?

A22 안내는 전혀 없으셨고. 그냥. (중략) 가장 붐비는 시간이었겠지만 그래도 처음 오는 사람에게는 "이곳은 이런 것을 상담하는 곳이고, 어떻게 놀이치료가 진행이 되고, 그 다음에 아이의 경우에는 어떤 선생님이랑 상담을 할 거예요."라고 해야 하는 건 아닌지……. 그렇게 해서 다른 곳으로 가게 됐는데. (중략) 업무만 볼 뿐이지. 컴퓨터나 전화 오는 거라든지, 뭐, 그 외 업무. 아이와의 교류나 그런 건 전혀 없었던 것 같아요. (상담하러 온) 엄마랑 교류도 전혀 없었고 질문하는 상황에 짧게 대답만 하거나 그냥 사무적으로 자기 업무만 보고 있고……. (중략) 정기적으로 상담을 받으러 오는 엄마들이었던 것 같은데 그 엄마들도 거기 있는 선생님이랑 이야기를 한다거나, 질문을 한다거나 그런 건 없었어요. 거기선 아이가 질문을 하지도 않죠! (중략) 근데 P의 (안내 데스크에 있는) L선생님은 어떤 아이가 오든지 간에 밝게 인사를 해 주고. 출입구에 있는 분이 항상 즐겁게 시작하고

즐겁게 마무리를 하는 부분이 굉장히 좋았던 것 같아요. 엄마가 (상담실 안으로) 들어가는 상황에서는 형제자매가 (같이) 와 있는 경우도 있잖아요. (네) 그때 좀 어린 아이 같은 경우에는 놀아 주기도 하고 "뭐가 필요하니?" 이렇게 묻기도 하고……. (중략) L선생님 같은 경우에는 아이가 어떻게 해야 되는지 적극적으로 개입하시는 것 같았어요.

Q23 다 그런 줄 알았다는 것은 어떤 것인지요?

A23 분위기가 방 같은. 잔잔한 음악도 나오고 겨울이면 온돌 바닥이고. 집 같은 그런 따뜻한 분위기에서 진행이 되는 곳. (중략) 다른 곳은 차가운 것 같았어요. 그러니까 (상담실은) 마음이 아파서 가는 곳인데 아이들이 딱딱한 그냥 차가운 벽, 차가운 시멘트랑 문도 그냥 똑같이……. (중략) 아이들은 놀이치료라는 것을 모르지만 놀면서 규칙도 배워 가고, 해야 될 것과 하지 말아야 할 것을 구분하기도 하고……. 거부감 없는 그런 인테리어라든지, 부드러운 분위기가 형성이 되는 곳…….

참고 문헌

강갑원(2012). 상담심리학 이론과 실제. 서울: 양서원.

강문희, 손승아, 안경숙, 김승경(2008). 아동상담. 서울: 교문사.

강은주, 김광웅(2010). 놀이치료에서의 부모의 상담욕구에 대한 조사연구. 한국놀이치료학회지, 13(4), 59-74.

구본권(2009). 아동심리치료. 서울: 시그마프레스.

김계현(1990). 대학상담소에서의 접수면접. 대학생활연구, 8(1), 21-36.

김계현(1995). 상담심리학. 서울: 학지사.

김계현, 황매향, 선혜연, 김영빈(2005). 상담과 심리검사. 서울: 학지사.

김광웅(1999). 아동놀이의 속성과 치료적 요소에 관한 고찰. 한국놀이치료학회지, 2, 49-57.

김광웅(2009). 놀이치료에서의 부모상담 실태조사 연구. 한국놀이치료학회지, 12(1), 47-63.

김나영, 이승희(2001). 아동임상 및 상담심리. 서울: 동문사.

김순혜(2004). 현대아동상담. 서울: 학지사.

김재환, 최동옥(1990). 초기상담과 심리검사. 대학생활연구, 8(1), 123-132.

김청자, 정진선(2012). 상담의 이론과 실제. 서울: 동문사.

김춘경(2004). 아동상담: 이론과 실제. 서울: 학지사.

김충기, 강봉규(2001). 현대상담이론과 실제. 서울: 교육과학사.

김형태(2003). 21세기를 위한 상담심리학. 서울: 동문사.

김홍규(2003). 상담심리학. 서울: 형설출판사.

노안영, 송현종(2006). 상담실습자를 위한 상담의 원리와 기술. 서울: 학지사.

박랑규, 이정숙, 장미경, 정승아, 정혜정, 조용범(2011). 아동심리치료학개론. 서울: 학지사.

박현주(2015). 내담아동 어머니의 접수상담 경험에 관한 현상학적 연구. 숙명여자대학교 대학원 박사학위논문.

박현주, 김광웅(2013). 접수상담의 개념 및 내용에 관한 문헌고찰 연구. 한국놀이치료학회지, 16(2), 107-123.

박현주, 김광웅(2015). 아동상담에서 어머니의 접수상담 경험에 관한 현상학적 연구. 한국놀이치료학회지, 18(4), 307-327.

박현주, 차은미, 김광웅(2013). 아동상담에서의 접수상담 현황과 접수상담 교육 및 슈퍼비전에 관한 연구. 한국놀이치료학회지, 16(4), 189-209.

백용매, 천성문(2003). 아동의 심리치료(Morton Chethik 저) 서울: 학지사.

송영혜, 김은경, 김향지, 김영순, 권영주, 김경선, 박진희, 이은진, 장경연(2005). 놀이진단 및 평가(Karen Gitlin-Weiner 저). 서울: 시그마프레스.

신경진(2010). 상담의 과정과 대화기법. 서울: 학지사.

유미숙, 최명선(2006). 놀이치료(Garry L. Landreth 저). 서울: 상조사.

이규성(2005). Intake Interview의 의미, 기능 소고. 교육과학연구, 10, 179-188.

이장호(1990). 초기상담의 중요성과 기초 면접. 대학생활연구, 8(1), 5-20.

이장호(1995). 상담면접의 기초. 서울: 중앙적성출판사.

이장호(2005). 상담심리학. 서울: 박영사.

이장호, 정남운, 조성호(2005). 상담심리학의 기초. 서울: 학지사.

조수철, 신민섭, 김붕년, 김재원(2011). 아동 청소년 임상면접. 서울: 학지사.

현정환(2009). 아동상담. 서울: 창지사.

찾아보기

인명

내용

저자 소개

박현주(Park Hyun-Ju)

중앙대학교 학부 졸업 후 숙명여자대학교 대학원에서 석사와 박사 졸업(문학 박사, 아동심리치료 전공), 아동과 청소년을 대상으로 심리치료를 하고 있으며, 부모교육과 부모상담에 많은 관심을 기울이고 있다.

필자는 놀이치료와 접수상담 연구를 통해 아동상담 분야에서 접수상담자가 보다 전문적인 역할을 하도록 강조한다. 저자의 관련 논문으로는 「놀이치료 현황 및 놀이치료에 대한 어머니의 상담 만족도 연구」「접수상담의 개념 및 내용에 관한 문헌고찰 연구」「아동상담에서의 접수상담 현황 및 접수상담자의 교육과 훈련에 관한 연구」「내담아동 어머니의 접수상담 경험에 관한 현상학적 연구」「아동상담에서 어머니의 접수상담 경험에 관한 현상학적 연구」가 있다.

hjpark312@hanmail.net

아동을 위한
접수상담
Intake Interview for child

2019년 6월 20일 1판 1쇄 인쇄
2019년 6월 25일 1판 1쇄 발행

지은이 • 박현주
펴낸이 • 김진환
펴낸곳 • ㈜학지사
04031 서울특별시 마포구 양화로 15길 20 마인드월드빌딩
대표전화 • 02-330-5114 팩스 • 02-324-2345
등록번호 • 제313-2006-000265호

홈페이지 • http://www.hakjisa.co.kr
페이스북 • https://www.facebook.com/hakjisa

ISBN 978-89-997-1838-0 93180

정가 19,000원

저자와의 협약으로 인지는 생략합니다.
파본은 구입처에서 교환해 드립니다.

이 도서의 국립중앙도서관 출판시도서목록(CIP)은 서지정보유통지원시스템 홈페이지(http://seoji.nl.go.kr)와 국가자료공동목록시스템(http://www.nl.go.kr/kolisnet)에서 이용하실 수 있습니다.
(CIP 제어번호: CIP2019020176)